房地产投资信托基金（REITs）理论研究与实践

龙天炜　著

中国建筑工业出版社

图书在版编目（CIP）数据

房地产投资信托基金（REITs）理论研究与实践/龙天炜著. —北京：中国建筑工业出版社，2019.12
ISBN 978-7-112-24711-0

Ⅰ. ①房… Ⅱ. ①龙… Ⅲ. ①房地产投资-信托基金-研究-中国 Ⅳ. ①F832.49

中国版本图书馆 CIP 数据核字（2020）第 016234 号

责任编辑：李笑然　牛　松　毕凤鸣
责任校对：姜小莲

房地产投资信托基金（REITs）理论研究与实践
龙天炜　著

＊

中国建筑工业出版社出版、发行（北京海淀三里河路 9 号）
各地新华书店、建筑书店经销
霸州市顺浩图文科技发展有限公司制版
北京建筑工业印刷厂印刷

＊

开本：787×1092 毫米　1/16　印张：14　字数：349 千字
2020 年 5 月第一版　2020 年 5 月第一次印刷
定价：**46.00** 元
ISBN 978-7-112-24711-0
（35092）

前　言

2019 年 1 月《中共中央国务院关于支持河北雄安新区全面深化改革和扩大开放的指导意见》明确提出"创新投融资机制，支持发行房地产投资信托基金 REITs 等房地产金融创新产品"的要求，为金融创新实践提供巨大机遇。商业地产的开发与运营是典型的资本密集型活动，具有高杠杆、高回报和高周转的特征，在新经济形势下，商业地产处于自身转型和外部调控的考验，为保证商业地产的持续发展，提高直接融资规模和拓展融资渠道的能力将对企业的发展至关重要。REITs 作为一种金融工具，将物业资产变化为具有流动性较强的现金资产，成为企业实现轻资产转型的重要手段，目前社会各界对房地产投资信托基金（REITs）的关注度不断提升，一些机构在我国初步开展了不同模式 REITs 的实践。

REITs 创始于美国，是促进其房地产行业蓬勃发展的一项重要的金融创新工具。2017 年美国上市股票型房地产投资信托基金在美国拥有超过 511000 处房产，总资产近 2 万亿美元。根据富时 Nareit All U. S. REITs 指数，2017 年 REITs 行业的总回报率为 9. 27%。从 1972 年初创建全美国房地产投资信托指数（All U. S. REITs Index）开始，到 2017 年底，总回报率平均为每年 9. 72%。由于法律、税收、会计准则、投资监管等制度不同，各个市场推出的 REITs 产品结构难免存在一定差异，但是出发点都是基于机构与投资者在税收减免、流动性强和收益稳定等政策或者法规的支持并取得了较好的成效。全球共有 38 个国家（地区）发行了 REITs，REITs 总市值达到 1.8 万亿美元。究其原因不外乎房地产投资信托基金（REITs）兼具融资、投资和优化财务杠杆多重属性，成为美国等国家和地区的房地产融资的重要工具，尤其在商业地产方面，通过发行和运作 REITs，能够为企业融资带来新机遇，优化资本结构，缓解企业融资压力，使商业地产得到了持续稳定的发展。

编者课题组从制度变迁和法律法规的视角总结了美国、新加坡和中国香港等 REITs 发展的历程，聚焦组织制度、收入制度、税收制度和税收优惠驱动和专项立法开展了比较分析，梳理了各国（或地区）REITs 上述方面的制度演进过程，取得了部分对我国发展 REITs 的一些可借鉴的经验及应汲取的教训等成果。虽然 REITs 作为房地产较为成熟的投资工具，但是 REITs 本身的风险因素不容忽视。因此，编者课题组从 REITs 涉及的相关金融与经济理论入手，对 REITs 与宏观和微观环境相互作用产生的风险、公司治理结构和运营模式等问题进行了探讨，对识别和建立 REITs 公司的风险评价指标体系也做了初步的设计与实证。最后，在对我国发展 REITs 的可行性与必要性进行深入分析的同时，结合现有房地产市场和法律环境探寻符合我国发展现状的 REITs 产品，提出了我国发展 REITs 的制度选择，以及推进我国商业地产积极布局 RETTs 业务的可行路径的战略构想和政策建议。

参与本书撰写工作的有龙天炜、谌雪燕、于遨洋、陈飞虎、朱鲜华、王坤建、彭泽文、侯冰琪、薛培娜和张瑞敏等，最后由龙天炜、谌雪燕统稿。此外，研究生张飞霞、范凯歌、唐娟、姜湾湾、石云峰和陈亚东在本书成稿过程中做了大量的文字整理、数据修正和图表绘制工作。在此对他们在研究工作中付出的努力表示衷心的感谢。

由于作者水平有限，书中难免出现不妥和疏漏，恳请读者批评指正。

编　者

2019 年 5 月于天津

目　　录

第1章　房地产投资信托基金概述 ·································· 1

1.1　房地产投资信托基金的内涵 ······················· 1

1.2　REITs 的特点及优势 ································· 1

1.3　REITs 的投资收益来源 ····························· 3

1.4　REITs 运作模式 ··································· 6

1.5　REITs 相关概念区分 ······························· 7

1.6　REITs 的分类 ···································· 9

1.7　REITs 制度的变迁 ································· 10

参考文献 ··· 12

第2章　房地产投资信托基金发展现状与经验借鉴 ············ 13

2.1　美国 REITs 的特征与发展现状 ····················· 13

2.2　亚洲 REITs 的特征与发展现状 ····················· 18

2.3　美国 REITs 与亚洲 REITs 的比较分析 ················ 19

2.4　国外经验对我国发展 REITs 的启示 ·················· 26

参考文献 ··· 27

第3章　房地产投资信托基金理论研究 ···················· 28

3.1　REITs 风险理论 ··································· 28

3.2　投资组合理论 ···································· 34

3.3　公司治理理论 ···································· 36

3.4　契约型 REITs "委托—代理" 理论 ·················· 46

3.5　制度理论及制度变迁理论 ·························· 54

3.6　宏观环境对 REITs 的影响作用分析 ·················· 59

3.7　REITs 风险对宏观环境的影响分析 ·················· 62

参考文献 ··· 65

第4章　房地产投资信托基金风险分析研究 ················ 72

4.1　REITs 风险的实证研究方法设计 ···················· 72

4.2　实证研究方法 ···································· 73

4.3　实证结果分析 ···································· 75

4.4　协整检验 ······································· 76

4.5　建立向量误差（VEC）模型 ………………………………………… 77
4.6　脉冲响应函数和方差分解 …………………………………………… 79
4.7　格兰杰因果检验 ……………………………………………………… 81
4.8　实证结果分析 ………………………………………………………… 82

第5章　REITs 的信用风险实证研究——以中国香港 REITs 为例 ………… 83
5.1　REITs 信用风险分析 Logistic 回归和 BP 神经网络模型简介 ……… 83
5.2　REITs 的信用风险研究样本与指标筛选 …………………………… 85
5.3　上市 REITs 企业信用风险的实证研究 ……………………………… 88
5.4　验证结论 ……………………………………………………………… 90

第6章　公司治理结构对 REITs 企业绩效的影响研究 ……………………… 91
6.1　REITs 企业的综合绩效评价模型与实证分析 ……………………… 91
6.2　REITs 公司治理对企业综合绩效的影响研究设计 ………………… 96
6.3　实证结果总结及对策建议 …………………………………………… 99
参考文献 ……………………………………………………………………… 104

第7章　我国发展商业地产 REITs 模式研究 ………………………………… 106
7.1　商业地产基本概况 …………………………………………………… 106
7.2　现阶段融资模式对商业地产发展趋势的计量分析——以天津为例 … 109
7.3　REITs 在商业地产中的应用分析 …………………………………… 119
7.4　商业地产 REITs 投资组合绩效优化的实证研究 …………………… 129
7.5　我国发展商业地产 REITs 的模式及对策建议 ……………………… 137
参考文献 ……………………………………………………………………… 144

第8章　我国 REITs 的发展现状及其障碍 ………………………………… 145
8.1　我国 REITs 的发展历程 ……………………………………………… 145
8.2　我国现行 REITs 产品的主要缺陷 …………………………………… 146
8.3　我国发展 REITs 所面临的主要障碍 ………………………………… 147
8.4　我国 REITs 发展的必要性分析 ……………………………………… 149
8.5　我国发展 REITs 的可行性分析 ……………………………………… 150
参考文献 ……………………………………………………………………… 155

第9章　我国发展 REITs 路径选择及政策建议 …………………………… 156
9.1　我国发展 REITs 的路径选择 ………………………………………… 156
9.2　我国发展 REITs 的政策建议 ………………………………………… 172
9.3　完善 REITs 公司治理结构的对策建议 ……………………………… 175
9.4　我国发展商业地产 REITs 的对策建议 ……………………………… 176
参考文献 ……………………………………………………………………… 177

附录　美国、中国香港及新加坡 REITs 发展和比较 ……………………… 178

第1章 房地产投资信托基金概述

1.1 房地产投资信托基金的内涵

房地产投资信托基金（Real Estate Investment Trusts，REITs），是指通过公司、信托或其他组织形式募集资金并投资于具有稳定收入的房地产，由专业的机构进行管理，并将大部分收益分配给投资者的一种金融工具。

REITs 往往通过向大众公开发行股票或受益凭证来募资，用所募资金购买物业资产获取投资收入，然后将投资收入以分红形式分配给投资者。REITs 通常由发起人专门组建的资产管理公司进行管理，对公开上市交易的 REITs，投资者可在公开市场上交易所持有的份额。

1.2 REITs 的特点及优势

1.2.1 REITS 的特点

REITs 作为资产证券化和不动产的结合，能够使投资者以类似购买股票或基金的形式投资于大型物业组合，而不必实际购买房地产。这使得 REITs 具有了与其他资产不同的特点，主要体现在：

1. 分散化投资

现代投资理论认为分散化能够降低资产组合的波动性，因此投资者愿意通过分散投资组合以实现自己的财务目标。而长期以来，美国 REITs 与股票、债券等其他资产的相关性较低且稳定，有助于增加投资组合的长期回报而不增加额外风险。图 1-1、图 1-2 显示了加入 REITs 后投资组合的风险收益变动情况，不加入 REITs 的投资组合年平均收益率为 8.32%、波动率为 9.57%，加入 REITs 的投资组合年平均收益率为 8.57%、波动率为 9.36%，表明 REITs 具有分散化投资优势。

2. 持续分红

上市发行的 REITs 能够给投资者带来持续的、具有增长动力的分红收益。权益型 REITs 将拥有和管理的物业所产生的租金收入作为分红的来源，而抵押型 REITs 将提供融资产生的利息收入作为分红的来源，从房地产物业获得的可靠收入始终是 REITs 业绩的主要驱动力之一。由于 REITs 必须将大部分收入发放给投资者，高派息率的要求意味着与其他股票相比，REITs 的投资回报中分红占据了较大比例。历史数据表明，REITs 的股息收益率高于标普 500 指数的平均收益率，并且 REITs 的总回报约一半来自于分红，而标普 500 指数下的股票收益中股息占比不足四分之一。对长期投资而言，分红意味着更加稳定、足额的未来现金流。

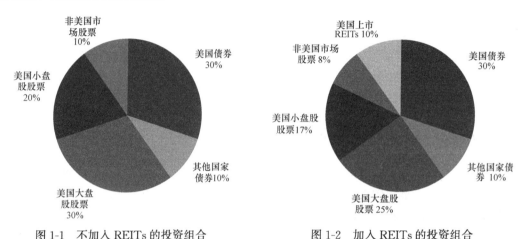

图 1-1　不加入 REITs 的投资组合　　　　图 1-2　加入 REITs 的投资组合

3. 流动性高

公开上市的 REITs 可以自由买卖，使房地产投资变得简单有效。每天各大证券交易所都可以交易 REITs 股票，美国股票交易所上市的 REITs 超过 200 支，市值接近 1 万亿美元。由于公开市场的流动性，相较于直接购买、管理和维护房地产 REITs 使得个人投资房地产更加便捷有效。同时，REITs 通常由专业人士管理，能够较好地降低流动性不足的风险。

4. 公开透明

REITs 必须向投资者披露财务信息，报告实质性的商业活动和风险。这种透明度使投资者能够独立分析 REITs 并对其估值。金融市场重视投资者对 REITs 股票的实时分析，并以投资者对前景的判断做出投资决策。REITs 与证券交易所的其他公司受到相同的标准和要求的约束，REITs 报告按照美国证券交易委员会的要求和一般公认会计准则进行编制。除此之外，REITs 还需要报告营运基金（FFO）指标作为 REITs 收益的补充。FFO 是公认的评估房地产物业收入的最可靠的指标，而且也是 REITs 分红能力的预估指标。

5. 流动性与变现性高

具有较好的流动性和持续稳定运营收益，避免了急于变现的房地产项目通常会导致较大的不确定性，面向个人和机构投资者发行上市交易的 REITs 股份基本上可以很快地买入或卖出。

6. 投资门槛低，避免双重课税

REITs 投资门槛较低，为中小投资者分享房地产业发展收益提供了一条便捷途径。税收优惠，REITs 在税法上是独立的经济实体，根据税法 REITs 需将每年度盈余的大部分以现金分红的方式回报投资者，不需重复缴纳公司所得税，从而避免了对 REITs 和股东的双重课税。

1.2.2　REITs 的制度优势

从房地产投资信托基金 REITs 制度的发源地美国来看，该制度的设计基于"避税"和"稳健"的理念，使投资者减免企业所得税，通过 REITs 公司运营过程中减少风险以保护中小企业投资人利益；几十年来被欧洲经济较发达国家、新加坡和中国香港引入，并结合各国或地区税制与相关法律，逐渐成为一种成熟的商业营运模式。这一商业模式被其他国家和地区成功复制和发展，从侧面说明这一资产证券化发展模式具有独到之处，与其他房地产金融投资工具相比较，在诸多方面有其独特的制度优势。

1. 营运透明化

为了确保投资人的权益，使投资人能依其风险承担的能力来决定是否参与投资，使其充分了解经营状况损益，因此要求对于投资标的的投资与营运过程，都须要对公众公开。由于房地产投资信托基金是采取经营权与所有权分离，若无法建立起营运透明化的制度，势必无法使投资人安心，亦因此无法吸引投资大众[1]。

2. 加速资本积累

REITs 是以受益证券在资本市场募集资金，再以直接经营或间接融资方式投资于房地产市场，有效地结合了房地产市场和资本市场。通过这两个市场的结合，有助于房地产开发商在大规模房地产开发中获取资金，加速资本的积累，助推房地产升级转型，促进土地的有效利用[2]。

3. 分散投资风险

由于房地产投资资金的投入大、周转期长，对于投资人风险集中度高。REITs 是以募集大众资金并由专业化的机构来从事多样化的投资，不仅可以通过投资不同地点和区域，以及不同种类的房地产资产，形成更优化的投资组合，达到分散投资风险并获得合理收益。

4. 提高房地产市场信息的透明度

市场机制不健全是国内房地产市场最大的问题，而信息不健全则是问题背后最大的原因。由于 REITs 的发行需要通过完整市场信息来进行评估，因此通过房地产证券化的发行，能加速促进国内的房地产信息平台的建设，从而促进房地产市场信息的流通、透明与健全[3]。

5. 监督机制完善，投资人权益有保障

美国《房地产投资信托法案》《税收改革法案》和《REITs 现代化法案》为 REITs 的会计师、房地产评估师、信用评级机构、REITs 投资分析师和主管机关等各方提供了投资运营和管理的依据，这些也使监督审查工作确定了监督，保障了投资人的权益不受损失。

1.3　REITs 的投资收益来源

REITs 的收入主要包括出租房地产物业的租金、不动产物业出售实现的资本利得、投资于其他 REITs 股票所得的股利、在证券市场出售 REITs 股票的资本利得、投资于房地产抵押贷款和短期债务工具的利息收益。

1.3.1 租金

受利率影响相对较小，商业地产 REITs 以出租经营性物业，获取持续稳定的租金收益。租金收入是 REITs 从租赁该出租物业的租户处获得的收入，包括地租、管理费、折旧费和维修费等。

1.3.2 股利收入

股利收入是股息和红利。REITs 基金管理者通过在一级市场或者二级市场购买并拥有房地产企业发行的 REITs 股票，从而每年都可能获取一定数量的红利和股息。

1.3.3 利息收入

REITs 将募集的部分资金用于投资其他短期债券或购买 MBS 获得的利息收入。另外 REITs 在日常运作中须要保留一定比例的现金，该资金用于投资者赎回 REITs 受益凭证及存入银行获取一定利息收入。

1.3.4 资本利得

从国际经验来看，公司型和基金型是公募 REITs 的主要模式，作为机构管理者基于利益最大化的原则，资本利得也是企业高度重视的问题，可能存在通过高卖低买得利或者出售不动产获得高额溢价收入，但也存在对公司整体估值产生影响的风险。

1.3.5 REITs 的风险分析

系统风险和非系统风险组成了 REITs 的风险。系统风险是指该因素可以影响整个房地产市场，不能通过分散化投资来实现。该类风险涵盖了法律政策风险、宏观经济因素变化引起的风险、市场风险及流动性风险。非系统风险往往是由于企业自身因某一个事件的发生导致 REITs 的收益风险异常，这类风险能够通过分散化投资组合分散掉。如投资失误引发的投资决策风险、财务风险、信息不对称引发的委托代理风险、管理不善引起的经营风险及规模风险等。

1. 系统性风险

（1）法律政策风险

政策体系的不完善、政治策略发生变化及执行力度不足在 REITs 的运行过程中都能够给投资者带来风险，这类风险被归结为法律政策风险。国家强制力的规定能够对 REITs 的设立、运营至最后的退出起到规范各方的行为，如果无法律、政策的支持，就无法保障 REITs 的收益，致使造成损失。

（2）市场风险

资产交易价格波动产生的风险被称为市场风险，REITs 作为资产证券化的一种工具，同时受到资本市场和房地产市场的双重影响。在资本市场，股票市场的整体景气程度与 REITs 股票收益率存在一定比例的正相关，当股票市场行情较好时，对于经营不善的 REITs 容易隐藏问题，诱导投资者继续持有其股票，一旦资本市场所处环境发生变化，将致使投资者遭受巨大损失。在房地产市场方面，房地产市场的供需关系、房地产租金水平、房地产相关行业的景气度等因素的变化都能对投资者的预期决策产生影响，使 REITs 价格发生波动，进一步给投资者带来风险。如房地产市场某种类型房产供给大于需求，投资者面临房地产商品积压，无法找到买主且无人愿意承租，最终导致资金无法收回，预期收益无法实现[4]。

（3）宏观经济因素风险

汇率、利率及通货膨胀等宏观因素的变化能够影响 REITs 的收益。国际市场 REITs 的收益能够通过汇率的变化表现出来。货币升值能够导致海外 REITs 价值缩水。房地产对利率十分敏感，REITs 资产负债比、管理者的管理策略、财务杠杆比例及资产组合之间的差异都会影响 REITs 对利率风险的敏感度。利率的变动对抵押型 REITs 的影响要高于权益性 REITs，当利率上升时，REITs 资金成本增加致使 REITs 收益降低[5]。通货膨胀降低投资者的收益率，影响投资者的积极性，降低了房产投资的价值，造成投资受损从而带来风险。宏观经济因素与 REITs 的收益存在很大联系，一旦发生变动容易带来风险。

（4）周期风险

房地产行业一般需经历复苏、发展、繁荣、危机、衰退和萧条六个阶段，房地产的发展本身具有周期性，REITs 的投资标的为房地产，因此 REITs 的运作随着房地产的周期性变化而逐渐变化。

2. 非系统性风险

（1）投资决策风险

投资者在投资 REITs 物业类型时产生了错误的判断而遭受损失。由于不同类型 REITs 的经营模式、盈利特点及对宏观环境的敏感程度存在差异使得收益率和风险的敏感度也不尽相同，因此 REITs 管理者的管理技巧和专业能力将十分重要。如管理者的管理能力能够较大程度地影响酒店型 REITs 的收益的高低。针对多变化的市场环境以及不同类型 REITs 特征，REITs 投资者在进行投资决策时需做出正确的评估，否则将给 REITs 带来极大的风险[6]。

（2）财务风险

REITs 的财务风险主要有财务杠杆过高、利率升高及再筹资三方面。同其他公司类似，管理者通过提高 REITs 的杠杆比率进行负债经营进而扩大收益。一旦使用杠杆比率不当，致使负债过多，收入不足，导致债务生产风险增加。在公司负债期间如果利率增加，会使得公司资本成本增加，减少预期收益；当负债经营致使公司的负债比例加大时，债权人的债权保障度下降，公司从其他融资渠道筹集资金的难度增加，从而诱发债务危机风险。

（3）委托代理风险

委托代理风险的产生是由代理人与被代理人之间信息不对称而造成的逆向选择和道德风险。在 REITs 的操作过程中存在多重委托代理关系，如投资者和 REITs 管理者、REITs 管理者和基金管理公司。由于各方都想使自己达到利益最大化，就有可能产生由于信息不对称造成的利己交易、关联交易及费用转移所带来的风险。如 REITs 基金管理人采用有利于自己的行为频繁交易而削弱投资者的利益。为取得更多利润，基金管理公司在 REITs 的物业管理中表现出不公平的行为。委托代理风险对 REITs 的稳健发展产生不利影响，因此在 REITs 的投资过程中必须考虑委托带来的风险[7]。

（4）经营管理风险

管理者管理不当和治理结构不合理是产生经营管理风险的主要因素，由于 REITs 内部管理模式和外部管理模式对管理者的约束和激励不同，致使 REITs 的绩效出现不同的结果。REITs 的收益在一定程度上受 REITs 董事会规模的大小和内部机构投资者的规模的影响。除此之外，管理者在 REITs 管理的过程中对信息的识别、判断和决策，都能够影响 REITs 的收益，如果管理的失误和治理结构的不合理都将为 REITs 带来风险[8]。

（5）规模风险

REITs 的规模与投资策略相匹配，否则将为 REITs 带来风险。如小规模 REITs 抗风险能力差，应选择投资一类物业类型，占据信息优势；大规模 REITs 投资多样化，抗风险能力强但需要承担高额运营费用、专业化程度分散风险。

1.4 REITs 运作模式

基于不同的国情，特别是各区域发展背景环境的差异，各国家和地区的 REITs 在运作模式略有不同。在美国，《证券投资法》和有关税法是 REITs 设立和运作的依据。几十年间，相关税法的变更也推动了美国 REITs 在结构、特点方面的演进，税收优惠也一直是美国 REITs 发展的最大特征。而在亚洲，专项立法和相关法律法规对 REITs 作出了明确要求。以税收优惠为特点的美国模式和以法律规定为特点的亚洲模式在组织结构、管理模式、资产要求等方面具有不同的特点，下面以美国和中国香港为例具体分析。

1. 组织形式

美国 REITs 以公司型为主。REITs 通过在证券市场公开上市以筹措资金，拥有并经营标的资产。REITs 持有人是公司股东，他们通过在资本市场交易，获得资本得利和流动性。中国香港 REITs 采用契约型。REITs 投资于房地产资产并交由资产管理公司运营，资产管理公司分别与投资者和托管机构签订契约。两种形式的本质区别在于 REITs 经营权与所有权是否达到分离状态。公司型 REITs 的运作既包括公司经营也包括资产管理，从而更容易通过管理激励和创新激励，实现高效管理并降低组织成本。但可能出现管理层和股东间的利益冲突，因此必须通过有效的约束解决代理人问题；契约型则能体现专业分工优势，对外部信用环境要求较高。

2. 资金运作

与美国相比，中国香港对资金运作的要求更为严格。在投资标的上，美国可以投资于住房抵押贷款，而中国香港只能投资于可产生定期收入的房地产资产，不能从事开发活动。在资产结构上，美国要求至少 75% 的资产由房地产租金、利息、抵押贷款利息等构成。中国香港则规定 REITs 必须投资于本土物业。对于长期负债要求，美国没有限制，中国香港要求债务比例以总资产的 35% 为限。对资金运作的限制一方面有助于防范风险，另一方面也在一定程度上限制了 REITs 的成长性。

3. 收入分配

REITs 分配给投资者的分红数量较高，成为吸引投资者的重要因素。美国和中国香港 REITs 均规定 REITs 收入的 90% 以上必须分配给投资者，特别地，美国对这部分收入免征公司所得税，更加鼓励 REITs 分红。美国 REITs 还规定临近年份的收入分配可互相抵扣，使得 REITs 可以根据盈利状况更加自由地分配收益。

4. 风险监控

美国和中国香港对 REITs 风险的控制采取立法约束与自律管理相结合的方式，一方面通过法律法规和监管制度对 REITs 市场交易行为进行管理；另一方面，市场参与者对自身行为进行自我约束。与美国相比，中国香港有针对 REITs 的《房地产投资信托基金守则》，明确规定了 REITs 的组织结构、资金运作等内容，且中国香港引入了第三方中介机构介入评估，资产评估师要对 REITs 持有的物业项目进行定期的价值评估，保证结果的公正性。

1.5　REITs 相关概念区分

1.5.1　REITs 与 REATs

房地产资产信托（Real Estate Asset Trusts，REATs）是指委托人移转其不动产或不动产相关权利予受托机构，具有管理运作能力的信托机构等受托人，并由受托机构向不特定人募集发行（公募）或向特定人私募交付不动产资产信托受益证券，受益人对该信托之不动产、不动产相关权利或其所产生利益、利息及其他收益权利而成立的信托。

REITs 与 REATs 主要区别[9]　　　　　表 1-1

	房地产投资信托 REITs	房地产资产信托 REATs
本质	现金信托	实物信托
信托财产	现金	土地所有权或不动产相关权利
产权属性	股权	债权
信托关系	存在于投资人和受托人之间	存在于不动产所有人与受托人之间
投资期限	一般无期限	有到期日（3～5 年）
业务特征	直接、主动从市场上公开募集不动产中长期投资、开发资金	由募集资金发行受益证券，以从事不动产的经营与开发
还本付息形式	无固定利息；收益主要来自租金收益，并享受资本利得	有固定利率，期末偿还本金

1.5.2　REITs 与房地产信托

房地产信托是信托投资公司通过实施信托计划筹集资金，为委托人获取一定的收益。由于自身属性决定其本身资金成本高，用于房地产开发项目要求的房地产信托产品收益率更高，使得房地产信托兑付风险较大。

REITs 与房地产信托主要区别[10]　　　　表 1-2

	房地产投资信托基金 REITs	房地产信托
是否上市及流通性	REITs 是标准化产品，可流通，且能在交易所上市交易，也可不上市	房地产信托是非标准化的金融产品，目前还不能上市交易，流通性较弱
最低投资资金与募集份额规定	REITs 对于最低投资金额和募集份额并无具体规定	房地产信托的最低投资金额一般不低于 100 万元，且募集份额不能多于 200 份
收益分配	REITs 按照规定需要将收入的绝大部分分配给投资者，投资者享有的收益与 REITs 经营成果有关	房地产信托根据信托协议的约定向投资者分配收益，投资者享有的收益率一般是固定的

续表

	房地产投资信托基金 REITs	房地产信托
运行方式	REITs 负责成立资产管理公司或精英团队进行运营管理，更重视后期运营管理	房地产信托主要提供资金并监管资金安全，很少自己参与项目运营
运营周期	REITs 更注重已完工房地产项目的运营，周期一般在 8 至 10 年，或者永久	房地产信托主要存在于房地产开发过程中，周期为 1 至 3 年
税收优惠	国际上 90% 以上的应税收入（资本利得除外）作为股利方式用于分配给投资者，这部分免除企业所得税（我国暂无）	目前房地产信托无税收优惠政策
还本付息形式	股利支付＋资本利得	固定利率＋期末偿还本金

1.5.3 REITs 与 BT

"商业信托"一般泛指经营活跃业务的信托，是一种利用信托制度来进行商业运营和资产管理的工具。广义而言，BT 只可投资信托委托人控股的证券及其他权益（为一家），是一种法律关系，即在信托契约所指定的情况下，由其中双方持有信托资产的权益，可以依照信托合同的约定分派比例，并代为处理有关资产。

REITs 与 BT 主要区别[11]　　　　　　　　　　　　　　　　表 1-3

	房地产投资信托（REITs）	商业信托（BT）
基金托管人——经理的管理权限	REITs 的基金托管人——经理拥有更广泛的权力，可按既定的投资主题或授权投资、管理不同实体发行的证券组合或资产	BT 只可投资信托委托人控股的证券及其他权益（为一家）。基金托管人——经理担任特定且受限的角色，不主动管理
房地产投资内容	REITs 投资的方向一般均严格限制为具有稳定、持续收入来源的不动产	BT 可投资尚未形成租金收入的商业、酒店、服务式公寓开发类项目且比例没有限制
分派比例	中国香港及新加坡 REITs 均规定必须向单位持有人分配不少于税后收入净额的 90%	BT 可以依照信托合同的约定分派比例
举债能力	REITs 对于负债比例均有不同程度的限制，新加坡的负债额限于总资产的 45%，目前可提高至 60%	BT 根据信托契约，并无对商业信托举债能力的任何限制，但是发起人能选择把资产负债比率限制列入信托契约
上市主体控制权	根据中国香港 REITs 守则，中国香港 RE-ITs 在任何时候应就每项物业拥有大多数（超过 50%）所有权及控制权	BT 上市主体的所有权及控制水平一般没有限制

1.5.4 REITs IPO 与房地产公司 IPO

首次公开募集股票（IPO）是指一家企业或公司（股份有限公司）第一次将它的股份向机构投资者及个体等公众出售（首次公开发行，指股份公司经过一级发行商通过路演，面向社会公众公开招股的发行方式）。

REITs IPO 与房地产公司 IPO 主要区别　　　　表 1-4

	房地产投资信托基金公募(REITs IPO)	房地产公司公募(IPO)
业务范围	REITs 有明确清晰的投资政策,主要投资于可以带来稳定租金收入的房地产项目,例如,美国股利分红从应纳税收入的 90%,新加坡金管局规定不少于 75%	上市地产公司则可以同时从事房地产投资,以及房地产开发活动以外的业务
派息比例	根据现行新加坡金管局和中国香港证交所的规定,REITs 的股息分派比率最少须为 90%	上市地产公司的股息政策则可能随时改变
借贷比例	中国香港 REITs 的借贷比率占资产总值的 45%,新加坡 REITs 占资产总值的 60%	上市地产公司,则可更灵活做更大幅的借贷,无明确限制
上市组织形式	REITs 可以是信托或公司	上市地产公司必须以公司的形式组成

1.5.5　房地产相关证券与 REITs 的特点比较

房地产相关证券与 REITs 比较[12]　　　　表 1-5

证券类别	特　　点
房地产股票	投资具备较高成长性,但现金流风险和市场风险均较高
房地产债券	固定收益回报稳定,但债权仅锁定保底收益,缺少增值空间
房地产私募基金	收益和风险均较高,有最低出资规模要求,通常缺乏流动性
REITs 股票	高分红率稳定现金流,高流动性可享受物业升值带来的股权增值

1.6　REITs 的分类

REITs 产生于美国 20 世纪 60 年代,20 世纪 90 年代后得到迅猛发展,目前世界共有 38 个国家(地区)发行了 REITs,全球 REITs 市值达到 1.8 万亿美元,主要市场有美国、法国、加拿大、澳大利亚、英国、日本、新加坡、中国香港等,全球其他国家和地区的 REITs 也逐步得到发展,REITs 根据组织结构分为公司型 REITs、契约型 REITs 和有限合伙型 REITs。根据收入来源及投资性质的差异可以将 REITs 划分为混合型、权益型和抵押型。根据 REITs 资金募集形式,分为私募和公募。根据 REITs 运行方式,可以分为封闭式和开放式。

1.6.1　公司型 REITs、契约型 REITs

公司型 REITs 是指投资者通过组织建立专门成立的房地产投资公司,投资股东通过资产增值、股息和红利等形式获得投资收益。契约型 REITs 是通过发行收益凭证向投资者募集资金,依据《信托法》投资者与基金管理公司订立信托契约合同构成信托法律关系,契约型 REITs 也叫信托型 REITs。

1.6.2　权益型 REITs、抵押型 REITs 和混合型 REITs

权益型 REITs 是指通过投资人直接投入资金收购开发房地产或者控股房地产,通过入股参与经营房地产公司，成为股东的方式获得房地产股份，进而从房地产经营中参与经营和管理，其属于股权投资的权益型 REITs。抵押型 REITs（Mortgage REITs），机构本身不直接拥有物业，所有权未发生转移，而将其募集资金向房地产所有者及开发商提供抵押贷款方式借贷出去，从而获得商业房地产抵押款的债权并赚取利息收入。利益相关人为投资者、资产管理支持计划、项目公司（物业持有人），还有增信机构和优先收购权人等。混合型 REITs 是指同时兼具权益型和抵押型两种投资功能的房地产投资信托的混合体，其既可以投资经营房地产，又向房地产所有者和开发商提供资金。

1.6.3 公募 REITs 和私募 REITs

公募型 REITs 以公开发行的方式向不特定的社会公众筹集信托资金。

私募型 REITs 以非公开发行的方式向特定的投资者募集信托基金。

1.6.4 封闭型 REITs 和开放型 REITs

封闭型 REITs 发行完成后，投资基金总额及份额在相当期限内不得增减，在 REITs 存续期间，投资人不可要求赎回基金，但仍可通过证券交易市场转让。

开放型 REITs 处于变动状态，其信托基金总额不固定，可以增加发行受益凭证，投资者也可随时赎回。

1.7 REITs 制度的变迁

REITs 基本组织形式的理念，起源于 18 世纪末美国马萨诸塞州设立的商业信托，这类商业信托被定义为持有财产的商业实体，它由受托人管理并为委托人获取收益[13]。其设立的最初目的，是为富有的投资者提供一条通过多元化的投资组合及专业管理获取收益的渠道，但不久便面向普通投资者。当时法院认为，以信托形式组成的商业实体属于非法人组织，不是纳税主体，从而避免缴纳企业利得税。正是由于享受税收优惠待遇，这类信托吸引了大量的投资者，并且在波士顿成功之后，很快便复制推广到芝加哥、丹佛、奥马哈等地开发投资房地产。1935 年，美国最高法院在（Morrissey V. Commissioner）案中认为，这类信托公司具有很多类似的特征，比如有限责任、集中管理等，应该缴纳企业利得税。由于取消了其税收优惠的待遇，导致这类信托以及其他一些类似信托基金处于低迷状态。1945 年前，由于受到战争的直接影响，美国经济出现大萧条，许多中心城市的发展停滞。战争结束后，大量退伍军人返乡，现有住房已无法满足人们住房需求，而且多年久失修，住房需求受到严重抑制。在"城市更新"的思路指引下，美国基础建设在 50 年代开始大规模展开。一方面，房地产业作为一个典型的资金密集型行业，具有周期长、投资大、风险高的特点，随着基础建设的大规模展开，资金短缺成为制约房地产业发展的首要难题；另一方面，随着房利美等政府机构发展壮大，形成了少数垄断企业争霸的局面，导致企业失去生机和活力，出现效率低下的状况。正是基于解决存在的这些问题，1960 年，美国总统艾森豪威尔正式签署《房地产投资信托法案》，随后美国国会通过《国内税法典》的修正条款，其中第 856～860 节对 REITs 的含义、税收等进行规定，正式确立了 REITs 的法律地位，并给予 REITs 一定的税收优惠。REITs 的出现为房地产企业提供一个高效、灵活、成本低的融资渠道，优化调整了房地产企业的资产结构；同时，扩宽了中小投资者的投资渠道，使其享受经济发展带来的红利。1961 年，第一只 REITs（Continental Mortgage Investors）进入市场时，其内涵的信托理念事实上已有百年左右。

REITs 制度变迁对美国房地产业持续、稳定增长做出了不可磨灭的贡献，现如今 REITs 在美国已成为除股票、债券及现金之外的第四类重要资产配置选择。当然，我们也不排除 REITs 制度扭曲、僵化所产生的负面效应。总体上看，REITs 制度是在向积极主动商业实体的方向变迁，尽管期间经历些曲折，但是，这一方向是不可逆转的。在由被动商业实体向主动商业实体方向转变的过程中，REITs 制度变迁大体上经历了以下三个阶段。

1.7.1　灵活化尝试

在 1960 年之后的最初几年，REITs 发展缓慢，但它仍然获得了相当可观的收益。1968 年以后，REITs 暴露了不少问题，被动性的商业实体开始进行灵活性改革。1976 年，美国国会修订了《1976 年税制改革法案》，调整了一些适用于 REITs 的法律条款：（1）收益分配制度安排的调整：将投资者的收益分派比例由起初的 90％ 提高到 95％；（2）收入结构制度安排的调整：废除了对于因"善意"经营而不满足"75％ 和 95％ 总收入检验标准"的相应处罚规定；（3）资产制度安排的调整：对于 REITs 的资本利得和经营损失的会计处理做出相应的修改，允许 8 年期的亏损结转[14]；（4）税收制度安排的调整：废除了对于 REITs 出售房地产，将要缴纳 100％ 特许权税的规定，给予了 REITs 为转售目的而持有物业的权利，按照规定转售房地产免收特许权税。

1.7.2　自主性加强

同《1976 年税制改革法案》的灵活性尝试相适应，这一阶段 REITs 灵活性、自主性进一步加强，确立了 REITs "公司"主体地位。《1986 年税制改革法案》对关于 REITs 的法律制度安排进行了以下几个方面的调整：（1）组织制度安排的调整：允许 REITs 实行类公司化的积极内部管理，自主决策和投资、经营房地产，而不需要再委托外部专业机构进行；（2）收入制度安排的调整：废除了 REITs 所持有房地产必须由独立承包商提供物业服务的规定，给予了 REITs 较大的物业经营控制权，允许其在不使用独立承包商的情况下，为承租人提供某些常规的物业管理服务，获取服务管理收入；（3）间接的税收制度安排的调整：取消了房地产加速折旧的规定，削减了对于房地产有限合伙企业和业主有限合伙企业的税收优惠；（4）直接的税收制度安排的调整：允许先前那些不符合房地产税收优惠条件的物业，经过 REITs 对其投资一年后，享受税收优惠待遇。

1.7.3　商业实体更加主动灵活

进入 20 世纪 90 年代以后，REITs 行业获得了蓬勃发展，制度体系逐渐健全，品种丰富又有了新的变化，由本土化投资开始转向全球化投资，被动商业实体向主动商业实体迈进。为了延续 REITs 制度灵活性、自主性的改革，使 REITs 获得更充分的发展，美国国会分别于 1997 年和 1999 年通过了《1997 年纳税者减免法案》和《REITs 现代化法案》，对 REITs 制度安排进行了以下几个方面的调整：（1）组织制度安排的调整：认可了

UPREITS 和 DOWNREITS 的组织结构，给予房地产商将所持有房地产出资组建 UPRE-ITS 和 DOWNREITS 的税收优惠待遇。（2）收入制度安排的调整：允许 REITs 向其所属 REITs 的租户提供"常规服务"与少量"非常规服务"；允许其子公司可以从事其他活动，但不能经营或管理旅馆和卫生医疗等特许权业务。（3）资产制度安排的调整：取消了 REITs 对其子公司的持股比例限制，允许 REITs 持有 100% 的 REITs 子公司股份，但 REITS 持有子公司和其他应税子公司的证券不得超过 REITs 总资产的 20%，限制其子公司向所属 REITs 只付利息和租金的数额。（4）分配制度安排的调整：将 REITs 的收入分配比例由 95% 降低到原来的 90%。（5）税收制度安排的调整：取消了 REITs 为承租人提供不符合条件的服务，而其租金收入不享受税收优惠的条款；允许为其租户提供某些服务，并给予一定税收优惠[15]。

参考文献

[1] 毛志荣. 房地产投资信托基金研究［R］. 深圳：深圳证券交易所综合研究所，2004（0089）.

[2] 倪韵婷，陈韵骋. 房地产投资信托基金系列研究报告［R］. 上海：海通证券股份有限公司研究所，2014.

[3] 程一. 房地产投资信托基金发展设想［J］. 经济纵横，2015（20）：74-75.

[4] 李志辉，王颖. 中国金融市场间风险传染效应分析——基于 VEC 模型分析的视角［J］. 现代财经（天津财经大学学报），2012，07：20-27＋36.

[5] 吴信如. 人民币汇率与购买力平价的互动关系：一个 VEC 模型分析［J］. 财经研究，2007，08：4-16.

[6] 刘玲. 基于向量自回归方法的股票价格与宏观经济变量关系研究［D］. 长沙：湖南大学，2006.

[7] 唐文进，张坤. 基于 VEC 模型的家庭债务、房价与消费的动态关系研究［J］. 统计与决策，2013，15：108-110.

[8] 王静静. 房地产投资信托基金风险分析与控制研究［D］. 哈尔滨：哈尔滨工业大学，2010.

[9] 张潇宇. 新区新建商品住宅量价齐升［M］. 渤海早报，2016-01-06（3）.

[10] 鹏飞. REITs 海外市场发展现状及国内前景展望［N］. 中国基金业协会，2016.

[11] 邓启峰. 新加坡 REITs 的发展和借鉴［J］. 中国房地产金融，2008（2）：1-2.

[12] 殷醒民. 2015 年 2 季度中国信托业发展评述［EB/OL］.

[13] Handler S L. The public trust：real trust［D］. Massachusetts：M. I. T，1985.

[14] 陈淑敏等. 房地产投资信托-结构、绩效与投资机会［M］. 刘洪玉等译，北京：经济科学出版社，2004.

[15] 唐时达. REITs 的国际比较及启示［J］. 中国金融，2014（13）：74-75.

第2章 房地产投资信托基金发展现状与经验借鉴

全球共有 38 个国家（地区）发行了 REITs，全球 REITs 市值达到 1.8 万亿美元，主要市场有美国、澳大利亚、英国、日本、加拿大、新加坡、中国香港等。

2.1 美国 REITs 的特征与发展现状

2.1.1 美国 REITs 的产生与发展

REITs 源于 19 世纪中叶在美国马萨诸塞州波士顿设立的商业信托（Massachu setts Businesstrust）。当时该州法律规定，公司一般禁止拥有房地产，除非房地产是其整体商业的一部分。公司为了对房地产享有权益、参与管理，不得不"被迫"将自己的资产信托与他人[1]。

美国 REITs 经历了不同的历史发展时期，其中[2]：20 世纪 60 年代：1960 年 9 月 14 日，经美国国会批准，美国总统艾森豪威尔签署了《房地产投资信托法案》（Real Estate Investment Trust Act），该法案批准设立 REITs，并纳入法律管辖。REITs 第一次将商业房地产投资的利益面向所有投资者，而这些利益以往只有通过大型金融中介机构和富有的个人才能获得。在随后的日子里，随着婴儿潮，人口快速增长，美国的经济和住房需求也急剧增长，成为第二次世界大战之后 60 年代的第一次房地产繁荣。在房地产开发热中，不同投资模式 REITs 的金融创新不断涌现。60 年代中期，美国侵越战争致使国际收支进一步恶化，1968 年 3 月爆美元危机并引发了严重的第二次经济危机，到了 1973 年的粮食危机及 1978 年的第二次石油危机，造成美国 70 年代前后经济增长停滞，支持美国经济增长的动力消失殆尽，受通胀与滞涨双重打击，由此引发的高利率 REITs 价格暴跌。1976 年《税收改革法案》批准在原有商业信托的基础上建立公司形式的 REITs，公司制 REITs 开始成为主流。

1999 年底，REITs 现代化法案（RMA）被批准。新法案最重要的特征是每个 REITs 组织或机构能够建立并视为一个应税 REITs 主体（Taxable REITs Subsidiary，TRS）。REITs 持有最多 100% 的 TRS，能够开发并迅速出售物业，还能够在不损害 REITs 法律地位的前提下，为其承租人和其他主体提供主要服务，法案拓展了 REITs 投资活动的特性和程度，REITs 投资领域日趋多元化，房地产部门也迅速扩展至购物中心、营销中心、工业地产、居住区、自储设施和宾馆/酒店等（图 2-1）。法案还允许 REITs 母公司纳税的子公司进行房地产以外业务的服务，并将股利分红从应纳税收入的 95％ 下调为 90％，2004 年布什总统签署的《美国创造就业法案》取消了对国外投资者投资在美国公开交易 REITs 的差别对待政策。REITs 为代表的美国房地产金融业发展迅猛。2015 年全美最大的商业零售 REITs—西蒙地产（SPG）市值达到 636 亿美元。大多数房地产投资信托基金在主要的证券交易所交易，它们为投资者提供了许多好处。超过 8000 万美国人通过 401（K）和其他投资基金投资于房地产投资信托基金。

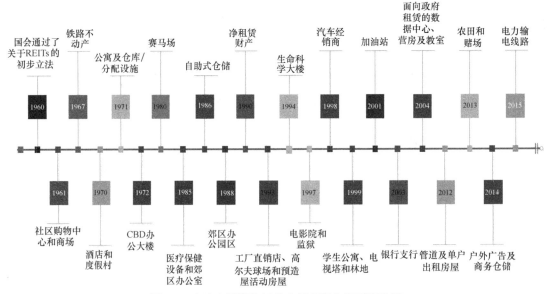

图 2-1　房地产投资信托基金标的资产类别演进图

2.1.2　美国 REITs 的设立条件和特点

美国大多数 REITs 是采取公司型基金的组织模式，将多个投资者的资金集中起来，收购收益类房地产或者为房地产提供贷款，并享有税收优惠的机构。目前美国多数 RE-ITs 由房地产公司发起。

为了取得免缴公司所得税的资格，房地产投资信托基金必须满足《国内税收法》（InternalRevenue Code）第 856-858 条的法定要求。要求被称为取得房地产投资信托基金免税资格条件，包括以下 4 个方面：

（1）REITs 的含义与资格限定：一般而言 REITs 由公司、商业信托或者协会的组织形式，并要求具备几个方面条件。

★ 并由一个或者多个董事或者受托人管理；

★ 征税时视作国内公司法人；

★ 以可转让股份或可转让的受益证明书证明其受益所有权；

★ 既不是（A）第 582 条款（c）（2）条所指的金融机构，也不是（B）L 分章适用的保险公司；

★ 由 100 人以上持有的实益所有权；

★ 除第（k）条款的条文另有规定外，该等条文并非由少数人持有（根据第（h）条款决定和 7. 符合第（c）条款的规定）。

（2）REITs 的确定状态。所描述的条件（1）到（5）的（b）条款的这部分必须满足在整个应税和描述的条件第（6）款（b）至少 335 天期间的这一部分必须存在一个纳税年度的 12 个月或在适当的部分应税少于 12 个月。后一种情况必须存在的日子不必是连续的。在确定本节（b）条款第（6）项所述条件必须在不少于 12 个月的纳税年度中存在的最少天数时，应不考虑小数日。例如，在 310 天的纳税年度中，实际规定的天数是 284 38/73 天（335 天中的 310/365 天），分数日被忽略，因此在该纳税年度中所需的条件只需要存在 284 天。

（3）REITs 的适用于状态要求的规则。为确定组织是否符合第 856（a）条的条件和要求，应适用下列规则。

★ 受托人。"受托人"一词意味着一个人拥有合法的房地产投资信托基金的财产所有权等权利。因此，受托人必须对信托的管理、事务的处理以及（除第 856（d）（3）条款和第 1.856-4 条所限制外）信托财产的管理和处置具有持续的排他性权力。例如，即使信托文件授予股东下列任何或全部权利和权力：选举或罢免受托人；终止信托；批准对受托人提出的信托文件的修改。就第 856（a）（1）条款而言，仅存在信托关系本身并不使人成为受托人。受托人将被视为持有合法的财产所有权的信托基金。

★ 受益权。实益所有权应由可转让的股份或可转让的受益权证明书证明，并且（根据本条（c）款的规定）必须由 100 名或 100 名以上的人持有，其确定不得参考任何归属规则。条款规定信托工具或公司章程允许受托人或董事转让或者赎回股份。在任何情况下，受托人或董事赎回股票或股份转让失败将不会呈现"不可转让的股份"。

★ 境内公司纳税的非法人组织。确定一个非公司组织是否应纳税的国内公司，由于没有在第二部分规定的条款，应当依照本法第 7701 条（a）（3）和（4）的法规，另外依据合格的房地产投资信托基金被认为是满足"客观进行业务"（a）条款 § 301.7701-2 要求。

★ 持有待售财产。在 1976 年 10 月 5 日前开始纳税年度的情况下，房地产投资信托不得持有主要用于在其正常贸易或业务过程中出售给客户的任何财产（止赎财产除外）。在房地产投资信托的一般贸易或业务过程中，物业是否出售给客户，视乎每宗个案的事实和情况而定。

★ 个人控股公司。一家公司、信托或协会，即使它可能满足第二部分的要求，将不是一个房地产投资信托基金，如果通过考虑所有的收入作为个人控股公司总收入 543 条款下，这将是一个私人控股公司被定义 542 部分。因此，如果在任何时候在过去半年信任人的应税价值超过 50％ 的已发行股份拥有第 544 节的规定下（直接或间接）或不超过 5 个人，股票所有权要求 542（a）（2）将是一个个人的控股公司。

（4）其他适用规则。就《税法》第一章的其他规定而言，与本条例第二部分 M 分章和本条例的规定不一致的，这些规定将对房地产投资信托基金和股东以同样的方式，他们将适用于其他组织将应税作为国内公司。例如：

★ 房地产投资信托的应纳税所得额与境内公司的计算方法相同；

★ 有关财产分配的第 301 条适用于房地产投资信托的分配，其方式与适用于国内公司的方式相同；

★ 第 302、303、304 和 331 条适用于确定房地产投资信托的分配是否应被视为股票交换；

★ 第三百零五条适用于房地产投资信托以其持有的股票进行发行；

★ 第 311 条适用于房地产投资信托的发行；

★ 除第 857（d）条规定外，房地产投资信托的收益和利润的计算方法与国内公司相同；

★ 第 316 条有关股息的定义，适用于房地产投资信托的分配；

★ 第 341 条与可解散公司有关，适用于与国内公司相同的方式，从房地产投资信托的股票的出售、交换或以股票交换的分配中获得利益。

某些应纳税年度所需的非法人地位。从 1976 年 10 月 5 日以前开始的纳税年度，房地产投资信托必须是非法人信托或者非法人协会。

2.1.3 美国 REITs 的运作流程和特征

1. 美国 REITs 的运作流程

美国 REITs 向证券市场发售可在二级市场自由流通的上市受益凭证，集中投资者的资金，发挥专业优势选择投资组合，主要进行房地产领域的不同种类项目投资，并将大部分收入作为股利分配给股东。其运作流程分为发起设立、资金募集、运营和收益分配四个阶段[4]。REITs 的特点：专业化管理规范的信息披露与监督机制，透明度较高。大都通过公募发行，认购金额低；程序简单，政策灵活；是具有吸引力的税收优惠政策。

以下为美国早期 REITs 基本运作流程图（图 2-2）。REITs 通过在股票市场发行股票（IPO 或增发）募集资金后，持有和管理房地产资产，投资者通过购买 REITs 股票间接投资于房地产，并可以在证券市场进行交易，获得资本利得和资金流动性。REITs 的收入主要包括出租房地产的租金、投资于其他 REITs 证券市场产品所得的股利、资本利得和投资于房地产抵押贷款和短期债务工具的利息收益[5]。

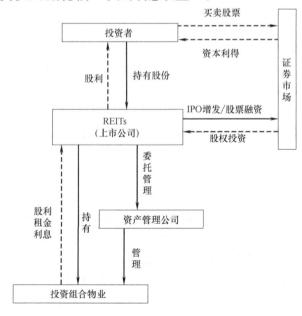

图 2-2 REITs 的基本运作模式

REITs 高级管理层与上市公司一样，对董事会、股东和债权人负责。对房地产专业化管理和建立有效的激励机制。

2. 美国 REITs 特征

美国 REITs 相对于其他产业投资基金有其显著的特征[6]。第一，价值基础来自房地产与不同物业。房地产投资信托基金的价值源于特定的房地产物业项目或者房地产物业组合投资收益。第二，享受税收优惠。美国税法赋予房地产投资信托机构免缴公司所得税，但对其收益分配规定较严格，要求其投资收益的 90% 以上分配给投资者。如果一家公司符合所有这些要求，他们可以填写 IRS 表格 1120-REIT，并在公司的年终税务文件上声称自己是一家房地产投资信托公司。在符合条件的公共和私人房地产投资信托基金中，它们既可以是股权房地产投资信托基金，也可以是抵押房地产投资信托基金。所有的 REITs 都是通过运营资金（FFO）来盈利的。营运资金的计算公式如下：FFO＝净利润＋折旧 & 摊销＋递延税款－房产投资盈亏。净利润可以来自租金收入，也可以来自 REIT 拥有的抵押贷款利息收入。由于 REITs 持有如此多的房地产资产，每年的折旧费用会使收益为负，所以折旧会被加回来。房地产销售的任何收益也将被移除，这意味着 REITs 可以自由地对其进行再投资。第三，基金管理机构承担资金聚集、财产专业管理以及资源优化配置的职能。房地产基金管理机构通过信托合同，将社会闲散资金聚集起来，投资于房地产领域，同时将房地产项目原来的物权转变为证券化的股权或者债权，将不动产转化为具有流动性的可分割的大众金融产品。

2.1.4　美国 REITs 的现状与优势

美国 REITs 发展迅速，由 1971 年的 34 只发展到 2015 年 12 月 3 日的 257 只，美国上市公司 REITS 总市值由 1983 年的 43 亿美元上涨到 2015 年的 9846 亿美元，保持 30 年年均复合增速 14.5% 的高增长，包括商业股权 REITs、抵押贷款 REITs、在主要证券交易所交易的 REITs、上市的非上市 REITs 和私人 REITs，这些行业总计拥有近 3 万亿美元的房地产资产。其组织机构 Nareit 的使命是与政策制定者和全球投资界共同倡导以房地产投资信托为基础的房地产投资，确保每个人都有机会从房地产投资中获益。美国 REITs 发展迅速规模大。其优势包括以下几点[7]：

1. 投资风险较低，且投资规模巨大

REITs 通过投资不同类型和不同地区房地产项目，通过他们拥有、融资和经营的各种各样的房产和多元化的投资组合来充分分散风险。更为重要的是，REITs 定期发放股息收益，并且收益颇丰。2015 年美国 REITs 的年收益率为 6.47%，而同期的标准普尔 500 指数的年收益率仅为 1.98%。所有类型的房地产投资信托基金在美国总共拥有超过 3 万亿美元的总资产在美国，上市的房地产投资信托基金拥有约 2 万亿美元的资产。美国上市的 REITs 的股票市值超过 1 万亿美元。此外，超过 8000 万美国人通过 401（K）和其他投资基金投资于房地产投资信托基金。

2. 资本金低，持股灵活流动性较高

美国 REITs 对投资者的持股数量没有限制，任何投资者都可以参与投资；REITs 作为一种证券化产品，其标准化程度高，具备流动性强可随时变现。

3. 税收优惠，并保证投资者利益

美国税法赋予 REITs 机构免缴公司所得税，将其投资收益的 90％分配给投资者。减轻 REITs 公司的税收负担和投资者的收益。使得房地产从固定资产转变成流动性强的证券化形态，REITs 使商业物业的经营由买卖为主的重资产模式逐步转变为出租为主轻资产，这种转变减轻了资金运营负担，加快其资金周转，使得房地产经营更加集中化、专业化和特质化。

4. 行业管理高效与可持续发展

Nareit 通过其 ESG（Environmental Sustainability，Social Responsibility and Responsible Governance）开展知识共享和能力建设倡议，积极鼓励开发和采用有效的房地产环境、社会和治理实践。Nareit 房地产可持续发展委员会（RESC）由 Nareit 企业成员和领袖代表所有 REIT 行业，以帮助塑造和领导房地产投资信托行业的 ESG 问题。

对房地产业主和经营者来说，环境可持续性、社会责任和负责任的治理实践是经商的重要组成部分。房地产是经济社会的基础，Nareit 认为房地产不仅仅是我们生活、工作和休闲的地方，它有助于团结和界定当地社区，并为数百万美国人提供了重要的投资资源。自 1960 年 REITs 行业 ESG 报告创建以来，在环境管理、社区层面的价值创造、良好治理、透明度和通过公开披露的问责制方面建立了良好的记录。REITs 已被证明是可持续的投资，帮助引导整个房地产行业的 ESG 表现。根据一项行业调查，REITs 在董事会层面可持续性监管方面的表现优于美国企业和上市公司。在董事会一级将可持续性制度化，表明组织承诺将可持续性贯穿于企业文化和业务；增加对可持续发展目标、行动和指标的责任和承诺；确保适当调配资源和预算；并在业务部门之间建立协同效应。通过提高社会参与报告和披露的比率，REITs 报告和披露显示出对透明度和问责制的承诺。REITs 报告的各种社会指标，包括社会影响、劳动力发展、多样性和平等机会，以及健康和安全政策。REITs 在 2018 年对租户参与计划和 KPI 的报告和披露增加了 1％，对社区发展计划和 KPI 的报告和披露增加了 2％。为了更好地传达房地产行业产生的积极社会影响，REITs 和上市房地产公司需要在未来几年报告和披露核心的社会 KPI 和绩效指标。

2.2 亚洲 REITs 的特征与发展现状

2.2.1 新加坡 REITs 的历史与沿革

新加坡金融管理局（MAS）于 1999 年 5 月颁布了《新加坡房地产基金指引》，并在 2001 年的《证券和期货法》（Securities and Futures Act）中《集体投资计划守则》284 条款中明确适合情况：（1）为了更有效地管理、监督和控制集体投资计划，管理局应根据第 321 条颁布一项守则，称为集体投资计划守则。（2）市建局可不时修订《集体投资计划守则》，删除、修订或增加其条文。（3）《集体投资计划守则》不应视为附属法例，可能不适用于某些要约、不适用于某些集体投资计划。

2002 年颁布《集合投资计划准则》对 REITs 的要求做了进一步的修订。2015 年新版《证券与期货法则》，新加坡金融管理局（MAS）宣布了一系列旨在加强房地产投资信托市场的改革措施。变化如下：（1）加强公司治理；（2）激励措施的一致性；（3）允许更大的运营灵活性。在这三类变化中，最重要的一组投资者应该注意的是那些在增加业务灵活性的范围内的变化。注意在这部分的两个点是：（1）采用单层杠杆限制为 45%，而不是目前的等级上限 60% 的房地产投资信托基金，对没有信用评级定为 35%；（2）增加了发展限制，即房地产投资信托基金可以用于开发活动的资产高达 25%，而目前的上限为 10%。额外的 15% 必须只用于已由 REITs 持有至少 3 年的现有物业的重建，而该物业在重建后将继续持有至少 3 年。重建工程是指与《建筑物管制法》（Building Control Act）（第 29 章）第 2（1）条所界定的建筑工程具有相同含义的工程。过去的监管规定将市场划分为信用评级的 REITs 和非评级的 REITs，并设定了不同的借款上限，目的是让评级较高的公司大幅扩大资产基础。

新加坡 REITs 具有明显的亚洲 REITs 模式，在运作模式借鉴了美国的经验，S-RE-ITs 的特点是在监管与法律约束上通过专项立法，而美国主要通过税收来推动。

2.2.2　中国香港 HK-REITs 发展与现状

2003 年 7 月，中国香港证监会正式公布了《REITs 守则》，2005 年 6 月，中国香港证券与期货事务监察委员会对部分内容进行修订，主要内容如下：首先，HK-REITs 投资范围不再受到地域限制；把 HK-REITs 的最高负债比例由 30% 提升到了 45%。中国香港 REITs 除了要遵守该守则外，还须遵守《证券及期货条例》和中国香港联合交易所有关上市公司的相关规定。HK-REITs 红利分配要求每年至少将净收益的 90% 以分红形式分配给单位信托持有者，在税收方面规定投资于 REITS 的个人股东，免征个人所得税。

根据中国香港联交所统计数据，截至 2015 年 10 月 31 日，共有 11 个 HK-REITs 在中国香港联交所上市，总市值已到达 310 亿美元。

2.3　美国 REITs 与亚洲 REITs 的比较分析

2.3.1　REITs 立法模式

1. 税收优惠驱动模式

在美国，有关 REITs 的法律主要是税法，其相关的税法规定被纳入了《国内税法典》中《房地产投资信托基金部分》第 856～859 节，包括 REITs 的定义、税收、股利支付和年度会计期间的采用四节。税收优惠驱动模式以美国为代表，成立 REITs 目的就是享受税收上的优惠。由于税收优惠是 REITs 发展的主要驱动力，美国相关税法的演变是决定其 REITs 结构、发展和演变的主要因素。并根据市场的发展不断创新，选择合适的结构和发展策略[8]。

2. 专项立法

新加坡、中国香港等 REITs 的发展主要通过出台专项立法，明确 REITs 在组织结构、收入结构、受益分配等规定明确，提出设立条件和监管要求。由于新加坡和中国香港发展 REITs 基于美国的经验改良，因此对 REITs 的具体要求虽然有所不同，但还是在对大股东加以限制、75% 的资产投资于房地产、主要收入来自不动产的租金和物业的增值和设定最小分红比例（通常不低于 90%）方面表现出了许多共性。

3. 税收优惠驱动和专项立法比较分析

比较美国 REITs 模式和亚洲国家和地区 REITs 模式，税收优惠驱动属于共性与根基，虽然亚洲 REITs 模式在立法上属专项立法，亚洲 REITs 在总结美国 REITs 的基础上，对于 REITs 的法律比美国更为稳健（表 2-1）。

美国 REITs 与亚洲主要国家和地区 REITs 立法比较[9] 　　　　表 2-1

国家和地区	美国	新加坡	中国香港
立法	税法	专项法规	专项法规
法律结构	公司与契约	公司与契约	契约
投资地点	无限制	无限制	无限制
最低持有年限	无	2 年	2 年
房地产投资比例	至少 75%	至少 75%	至少 75%
收益分红要求	至少 90%	至少 90%	至少 90%
负债比例要求	无限制	45% 无评级；60% 有评级	45%
收入来源	75% 以上必须从租金、抵押贷款利息、不动产物业出售实现的资本利得中获得	90% 以上为租金收入、利息收入及出售物业实现的资本利得中获得	收入的较大部分必须源自房地产项目的租金收入
持股比例要求	最大的 5 个股东所持股份不大于 50%	股东持有 5% 以上的股份，必须通知 REITs 的管理人	无专门限制

2.3.2 REITs 税收政策

纵观世界各地 REITs 发展的动力，税收优惠是核心，其从最初的组织结构到后来的结构创新都是围绕如何合法地避税。REITs 的税收优惠政策主要是为了防止双重征税。税收大都假定 REITs 将大部分收入进行分配，则在 REITs 层面免收所得税。根据"优惠"的立法原则，各国均将 REITs 单独制定税收法规，在满足一定条件下 REITs 可以减免征税（表 2-2）。税收通常主要包括 REITs 和投资者两个层面。其中对 REITs 征税表现在 REITs 所得税环节和交易环节，同时各国采取税收中性原则避免对 REITs 在交易中重复纳税；对于境内外机构和个人投资者，给予投资者一定的税收减免。

主要国家和地区 REITs 的税收政策比较[10] 　　　　表 2-2

国家和地区		美国		新加坡		中国香港	
REITs 层面交易环节	税种	转让税	所得税	印花税	所得税	利得税	印花税
	计税基础	交易价格	出售利得	交易价格	出售利得	出售利得	交易价格
	税率	0.5%~1%	累进税率 15%~35%	3%	18%	16.5%	累进税率 1.5%~8.5%
	优惠	无	分红部分免税	免税	免税	免税	无
REITs 层面持有环节	税种	房地产税	所得税	房产税	所得税	利得税	
	计税基础	物业价格	利润部分	租金	利润	利润	
	税率	1%~3%	累进税率 15%~35%	10%	18%	16.5%	
	优惠	无	用于分红部分免税；其他收入仍须缴纳相应所得税	无	分红部分免税；出售资本利得免税	SPV 工具须就其于中国香港产生或源自中国香港的溢利（资产增值除外），须按现行税率 16.5% 缴纳中国香港利得税，分红部分免税；注：SPV 工具境外收入免税	

国家和地区	美国	新加坡	中国香港
登记	对取得不动产时征收流转税	减免印花税	印花税(设上限)
境内机构投资者	分红及资本利得税均为 35%	分红收入缴纳 18%的企业所得税;出售时减免资本利得税	分红免利得税;出售缴纳利得税 16.5%
境内个人投资者	一般分红税率为 35%;若分红已缴纳公司所得税,则税率为 15%	分红收入原则上免税;出售时减免资本利得税	分红免利得税;出售免除利得税
境外机构投资者	分红缴纳 30%预提税(除非有两国免征税协议),就出售资本利得缴纳 35%预提税,就返还股本缴纳 10%预提税	分红收入缴纳 18%的预提税;出售时减免资本利得税	分红免利得税;出售缴纳利得税 16.5%
境内个人投资者	与境外机构投资者税负相同	分红收入及出售资本利得均免税	分红免利得税;出售免除利得税
SPV 层面税收规定	无税	当分红率超过 90%,则不收税	直接持有物业:15%;通过 SPV:16.5%

2.3.3　管理架构

REITs 的管理方式主要分为内部管理型和外部管理型（表 2-3）。从国际上 REITs 发展趋势看，内部管理型 REITs 已成为主要模式并扮演着更重要的角色。

美国在 20 世纪最初成立 REITs 时，受《国内税法典》中《房地产投资信托基金部分》要求基金管理者必须聘请外部房地产专家负责基金的投资管理，即所谓的"第三方承包商"制度的制约。随着 REITs 逐渐发展成熟，直到 90 年代 REITs 现代化法案（RMA）批准。法案的最重要的特征是每个 REITs 组织或机构能够建立并视为一个应税 REITs 主体（Taxable REITs Subsidiary，TRS），允许信托单位内部负责基金的投资。因此，90 年代的 REITs 大多采取较为灵活的内部管理模式。目前，亚洲地区发展 REITs 的新兴市场，诸如新加坡、日本和中国香港等均采用外部管理模式，对于美洲、欧洲等 REITs 发展成熟的市场，诸如法国、英国和美国等均采用内部管理模式或内外部管理模式并存。

REITs 管理方式　　　　　　　　　　　　　　　　　　表 2-3

内部管理模式	在美国较为常见,即 REITs 本身为公司制实体,只是因为该公司制实体的主业、红利发放等方面符合美国 REITs 条例的有关规定,从而获得了 REITs 的税收优惠等政策;上市流通的凭证实质上就是公司制实体的股票
外部管理模式	是亚洲较为流行的模式,即 REITs 持有人持有的是上市的信托凭证或基金份额,REITs 本身为信托/契约实体,需要有外聘的基金管理人和物业资产管理人
两种模式的差异体现	◆在 REITs 市场发展的初期,采用信托型/契约型的 REITs 结构,做成有期限的、可上市交易的封闭式基金,这样做可以减少 REITs 设立的法律程序,容易为管理层和投资者接受。 ◆由于公司型 REITs 比契约型/信托型 REITs 具有保护投资者的良好组织基础,即一个独立、有效、按照投资者最佳利益行事的董事会,这也是在发达的美国市场上 REITs 产品越来越多采用公司制组织结构的原因

2.3.4 投资范围与物业类型

美国 REITs 投资范围一般限于能够产生现金流的成熟物业（权益型 REITs 为主）或房地产抵押债券（抵押型 REITs），以消极持有和管理为特征。后续发展 REITs 的国家和地区也基本上允许投资成熟物业、有价证券和其他房地产相关资产等，各国和地区的同类型 REITs 的差异主要来自资产组成比例规定的区别。

目前分歧在于是否允许 REITs 涉及房地产开发环节。美国、日本和澳大利亚的 REITs 对开发环节完全没有限制；韩国则限制 REITs 中房地产开发所占比例；新加坡、加拿大和中国香港则完全限制 REITs 介入开发环节。这可能也与各国或地区房地产市场的成熟程度有关以及 REITs 产生的动因有关[11]。

新加坡商业物业中写字楼、零售商铺、物流中心和住宅（公寓）四部分占比 80% 以上。中国香港商业物业中仅写字楼、零售商铺就占比达 75% 以上。以 REITs 的先驱美国为例，在 REITs 发展初期，投资的标的物仅仅涵盖了写字楼、公寓、零售业等物业，发展至今，REITs 的投资已经涉及按物业类型分为九大类：商业零售、工业/办公、住宅、健康医疗、自用仓储、基建设施、酒店旅游、林场、混合。但物业的投资比例仍然存在显著差异，仍投向以工业、办公楼、公寓和零售业类为主[12]。

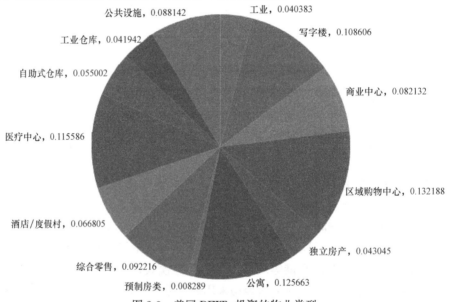

图 2-3 美国 REITs 投资的物业类型

由图 2-3 可知：零售业（综合零售、区域购物中心、商业中心）市值占比 31%，住宅类（公寓类、预制房类）市值占比 17%，工业（工业仓库、工业、自助式仓库）和写字楼类市值占比分别为 13%、11%。中国 REITs 的投资方向将与海外 REITs 投资领域相类似，在天津商业地产中，收益稳中有升的办公楼、刚性或改善型需求的住宅、蓬勃发展的零售业及建造成本较低且收益较高的工业都具有一定的投资性。

2.3.5 组织模式

从国际上 REITs 发展来看，REITs 的法律结构主要可分为公司型、信托型和有限合伙型三大类，在许多国家和地区都纳入了法定范围之内。如美国以公司型和有限合伙型为主，日本以及欧洲地区的 REITs 都是以公司型为主，而澳大利亚、新加坡和中国香港、中国台湾则选择了信托型组织模式。

1. 契约型 REITs 的组织模式

在美国 REITs 的发展历史中，契约制 REITs 是最早的组织形式，目前成为全球 REITs 的主流组织形式和治理结构安排之一，但是 1990 年以后，美国 REITs 越来越多采用公司制和有限合伙制的形式。目前，亚洲国家和地区的 REITs 多采用该类组织结构。契约制 REITs 依据信托契约，发行收益凭证组建。其运作模式由基金管理人与基金托管机构订立契约，向投资人出售受益凭证，投资人将资金交由专业管理人管理，投资人的权利义务由信托契约来约束。

其组织结构如图 2-4 所示：

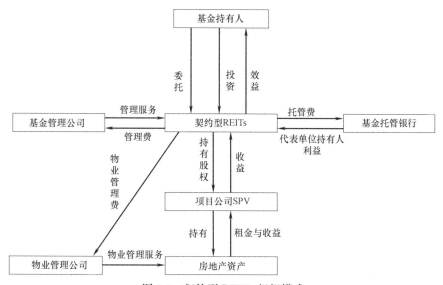

图 2-4　契约型 REITs 组织模式

REITs 涉及的参与主体主要包括 REITs 持有人、基金管理公司、基金托管银行、物业管理公司等。基金管理公司：在 REITs 结构中起着核心作用，代表投资者持有信托财产，负责信托资金的投资、资产的运营及管理，并获得 REITs 的管理费。基金托管银行：安全保管基金的全部资产，监督基金管理人的投资运作，需与基金管理人保持相对独立性。REITs 持有人：拥有 REITs 的资产并对其有最终决定权。物业管理公司：提供物业（产业）管理服务，包括租赁管理及市场营销服务。特设公司（SPV）：主要是出于隔离风险、避税等方面的考虑。

2. 公司型 REITs 的组织模式

在美国，公司型 REITs 的组织形式伴随着美国经济的发展而不断调整，以 1976 年为分水岭，之前须为非法人信托，之后受到美国经济衰退影响，为避免 REITs 的资产水平大幅度下降，新的法案取消约束，调整为公司组织，并一直延续到今天。公司型 REITs 是由投资人依法组成并投资于房地产行业为目的的股份制公司，又称为"共同基金"（Mutual Fund）。公司通过发行股票的方式募集资金，具有独立法人资格。运作模式：发起人向社会发行股票，大众投资人购买股票，并将资金投入设立专营投资（特殊目的载体，简称 SPV）的股份有限公司。公司董事会选聘基金管理人负责管理业务。同时，REITs 公司则委托托管机构（银行）保管资产，形成信托法律关系，公司型 REITs 公司股票可以在主板市场流通（图 2-5）。

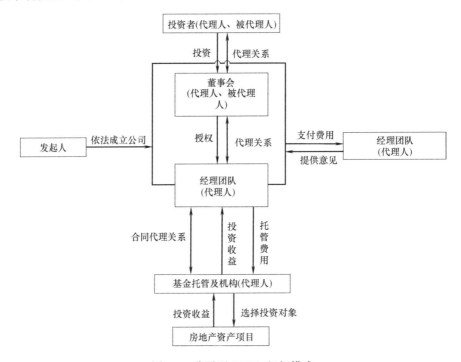

图 2-5 公司型 REITs 组织模式

3. 有限合伙型 REITs 组织模式

美国 REITs 基本上是美国《国内税法典》的产物，所以美国 REITs 是符合税法规定的房地产公司或者信托。REITs 在美国有三种典型结构：传统型结构、伞形合伙结构（UPREITs）和伞形多重合伙结构（DOWNREITs）。传统型 REITs 无需嵌套其他结构而直接拥有房地产及其相关资产。UPREITs 不直接拥有房地产，而是通过拥有伞型结构中的合伙人制的实体，间接拥有房地产。后来在 UPREITs 的基础上又衍生出 DOWNRE-ITs，在 DOWNREITs 中，REITs 直接拥有和经营大部分房地产（初始房地产物业），经营性合伙企业拥有和管理其余房地产（一般是新收购或有限责任合伙人出资形成的房地产）[13]。

以发达的美国经济实践为例，UPREITs 与 DOWNREITs 以其有限合伙 REITs 兼具风险低、效率高、扩展快、规模大的特点。UPREITs 与 DOWNREITs 因其制度优势受到了广泛采用，加之 1993 年美国国会通过法案允许养老金投资 REITs 等利好因素的影响，REITs 市场得到了极大的发展。有限合伙型 REITs 组织模式如图 2-6 所示：

从合伙制企业的发展看，有限合伙设立程序简单易行，当企业同时需要这两类经营要素时，可以将资金和专业人才高效率地组织在一起，体现了对社会发展的良好适应性，是在普通合伙基础上的进一步完善和发展。

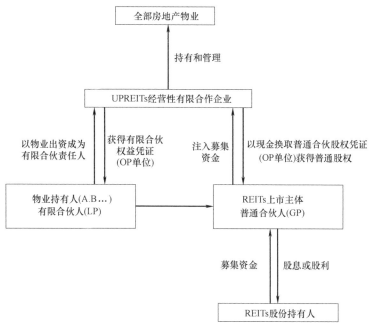

图 2-6　有限合伙型 REITs 组织模式

4. REITs 组织模式的比较与发展

（1）REITs 组织模式的比较

对现有契约制、公司制、有限合伙制 REITs 进行分析，三者所有权结构安排、产权制度安排和治理机制不尽相同，在实践中体现出不同的特点，各有优劣势。现行的国际实践中，三者对比起来，特点见表 2-4。

REITs 组织模式的比较[14]　　　　　　　　　　　　　　　　　　表 2-4

		契约型	公司型	有限合伙型
制度成本	显性成本	签约成本较高；运营成本一般；税收负担各国不同	签约成本低；运营成本一般；税收负担重	签约成本高；运营成本较低；税收负担低
	隐性成本	激励机制和约束机制较差，运作效率较低，隐性制度成本高	激励机制较差；运作效率较差，隐性成本较高	激励机制好，运作效率高，隐性成本低
委托代理		道德风险较高	道德风险集中，容易发生内部人控制	激励和约束机制较为健全，能够有效降低委托代理风险
组织稳定性		较好	较强	较差
债务连带责任		无债务连带责任	无债务连带责任	普通合伙人无限连带责任

（2）REITs 组织模式的比较

美国 REITs 基本上是美国《国内税法典》的产物，所以美国 REITs 是符合税法规定的房地产公司或者信托。REITs 在美国有三种典型结构：传统型结构、伞形合伙结构（UPREITs）和伞形多重合伙结构（DOWNREITs）。UPREITs 与 DOWNREITs 因其制度优势受到了广泛采用，加之 1993 年美国国会通过法案允许养老金投资 REITs 等利好因素的影响，REITs 市场得到了极大的发展。

与美国 REITs 机构相比，亚洲国家和地区的 REITs 中，相关参与方比如受托人和管理人更加受到关注，法律对其职能有严格的规定。中国香港和新加坡都通过立法确定了参与机构必须具备的条件和职责。除此之外，立法要求其不能具有关联性，在职能上独立管理，只有二者是两个独立法律实体才能从结构保障投资者的利益。

对上述结构模式进行比较分析，首先，与美国 REITs 相比亚洲国家和地区 REITs 的结构与其基本相同，都是以信托计划（或房地产公司）设立 REITs，并且聘请专业的房地产地产管理公司和信托管理人进行管理；其次，通过专项 REITs 立法规定 REITs 结构中各方的资格和责任；最后，由于在亚洲 REITs 的起步较晚，并且 REITs 的设立和发展都严格遵照各国专项立法，因此，亚洲 REITs 结构没有因为市场环境变化而出现美国 REITs 结构的演变[15]。

2.4 国外经验对我国发展 REITs 的启示

2.4.1 自身优势是其发展的内因

首先，对于投资者而言，REITs 具有规模效应，降低了交易成本，提高了资金的使用效率，满足了投资者对于收益的要求；同时，REITs 的监管制度比较健全，内部治理结构比较规范和完善，从而减少了信息不对称，充分保证了投资者的利益；另外，REITs 自身不断的改革和创新使得其生命力强大，不断满足投资者新的需求。其次，对于筹资者而言，REITs 给资金需求者提供了一条新的融资渠道，且比从银行等金融机构融资所受限制要少，但筹资规模更大；同时，REITs 的不断创新使得筹资者可以更加灵活地使用这一工具筹集到资金[16]。

2.4.2 大众投资者财富的增加是 REITs 产生的外因

传统的信托契约的投资行为是小范围的、个体的投资，因此这种小规模的信托契约难以满足需要大量资金进行发展的房地产行业，而大众财富的增加和聚集也开始寻找新的投资方向。因此 REITs 的产生与社会财富的增长和积聚密切相关[17]。

2.4.3 发达的证券市场是发展 REITs 的重要外部环境

由于 REITs 同股票、债券一样可在证券市场上交易，因此活跃、规范的证券市场对于 REITs 的发展至关重要。成熟的证券市场有利于 REITs 的流通，从而影响到 REITs 的收益率，也影响到投资者对 REITs 的信心和投资判断。

2.4.4 法律法规的支持是 REITs 发展的动力

无论是依靠税法推动的 REITs 还是依靠专项立法发展的 REITs，政府的法律法规均对其发展起到决定性作用。美国 REITs 的快速发展与繁荣离不开美国税法对其强有力的支撑。从美国的《国内税法典》《1976 年税收改革法案》《1986 年税收改革法案》《1993

年综合预算调整法案》到《2001 年 REITs 现代化法案》，这一税法改革的轨迹明显与美国 REITs 一次次的繁荣紧密相关。

参考文献

[1]　新加坡金融管理局. 集合投资计划准则 [Z]. 2016.

[2]　香港证监会. 房地产信托投资基金守则 [Z]. 2014.

[3]　匡国建. 香港房地产投资信托基金的运作模式及启示 [J]. 中国人民银行广州分行，2009.

[4]　张继强，程昱. REITs：一片待开拓的蓝海 [R]. 北京：中国国际金融股份有限公司，2015.

[5]　郑印霞. 我国房地产金融发展趋势与创新研究 [J]. 中国房地产金融，2011 (2)：6-10.

[6]　巴曙松. 房地产业发展与金融政策发展脉络和趋势 [J]. 金融纵论，2015 (9)：4-10.

[7]　郭连强. 我国房地产金融创新面临的突出问题与对策 [J]. 经济纵横，2015 (3)：7-8.

[8]　杨阳. 房地产信托基金运行模式研究 [D]. 北京：北方工业大学，2014.

[9]　崔光灿. 房地产业发展与宏观调控 [J]. 宏观经济管理，2004 (8)：41-43.

[10]　Glascock J L, Lu C, So R W. Further evidence on the integration of REIT, bond, and stock returns [J]. The Journal of Real Estate Finance and Economics, 2000, 20 (2)：177-194.

[11]　Gyourko J, Nelling E. Systematic risk and diversification in the equity REIT market [J]. Real Estate Economics, 1996, 24 (4)：493-515.

[12]　Peterson J D, Hsieh C H. Do common risk factors in the returns on stocks and bonds explain returns on REITs? [J]. Real Estate Economics, 1997, 25 (2)：321-345.

[13]　Swanson Z, Theis J, Casey K M. REIT risk premium sensitivity and interest rates [J]. The Journal of Real Estate Finance and Economics, 2002, 24 (3)：319-330.

[14]　Liang Y, Prudential W M, Webb J R. Intertemporal changes in the riskiness of REITs [J]. Journal of Real Estate Research, 1995, 10 (4)：427-443.

[15]　Simpson M W, Ramchander S, Webb J R. The asymmetric response of equity REIT returns to inflation [J]. The Journal of Real Estate Finance and Economics, 2007, 34 (4)：513-529.

[16]　高铁梅. 计量经济分析方法与建模：EViews 应用及实例（第 2 版）[M]. 北京：清华大学出版社，2009.

[17]　张晓峒. 数量经济学应用系列：Eviews 使用指南与案例 [M]. 北京：机械工业出版社，2007.

第3章 房地产投资信托基金理论研究

3.1 REITs风险理论

3.1.1 REITs的理论分析概述

1. REITs风险

金融风险可分为微观和系统两个层面。

微观金融风险是相对系统风险的特定资产收益的不确定性而言，对金融风险判断期终收益变化的可能性或损失范围、程度进行估计和衡量，并对损失发生的可能性和损失后果进行定量分析都被称之为风险，可表示为风险事件发生的概率和后果的函数。

$$R = f(P, C) \tag{3-1}$$

其中：R——风险；

P——不利事件发生的概率；

C——不利事件发生带来的后果。

微观金融风险只考虑个别资产的收益波动，因此 REITs 的微观金融风险是指 REITs 收益的波动。

系统金融风险用金融体系的稳定性来刻画。在一个宏观金融系统中，利率、汇率等变量状态的改变，影响了整个金融体系的运行状态，导致系统状态的非平稳，当无序状态超过系统承受的边界，则会引发金融危机。系统风险是从金融系统的角度，研究变量状态改变对系统整体的影响，是微观风险的累积和放大。因此，REITs 在金融系统中，既受到来自系统的冲击和干扰，又会因自身微观风险的积累给整个系统带来冲击。REITs 的系统金融风险是指因 REITs 收益波动引发的金融系统不稳定。

2. 金融基础理论

REITs 是一种主要投资于房地产项目的集体投资产品，其表现形式为基金、股票等，是金融自由化与金融创新背景下的一种新型金融工具。在其产生、运行、管理过程中均受到金融市场的影响，遵循普遍金融规律，形成复杂的运作过程及交易程序，积累不确定性因素进而构成风险。因此 REITs 风险的生成条件、机制、机理具有金融风险生成的一般特性，可以通过金融基础理论解释其风险形成的主要过程。

（1）金融市场脆弱性理论。金融市场具有脆弱性，资产未来收入流量改变而影响投资者的心理预期会引起资产价格的波动，不恰当的或者过度的波动容易扰乱市场交易秩序，触发金融系统风险。经济学家凯恩斯指出，投资者对于未来市场的判断是模糊的、不确定的，其投资行为正是基于这种心理预期，产生偏差引发剧烈的市场波动[1]。Kindleberger 认为资产价格受非理性投机行为的影响，能够引起股市的过度波动[2]。在 REITs 市场存在信息不完全对称的条件下，非理性投资与过度投资是 REITs 风险的重要源头。

（2）金融创新动因理论。金融创新的概念衍生自熊彼特的《经济发展理论》，在金融自由化浪潮与全球资金宽裕的背景下，金融创新现已成为一种必然趋势，但是持续而快速的创新活动容易掩饰并积累其对环境的不协调性，从而诱发系统性金融风险。Greenbaum 提出创新主动论，认为对金融的需要实质是对其收益功能的需要[3]，即创新活动具有主动性。Silbel 则提出创新被动论，认为金融业试图回避或摆脱来自政府控制和来自企业自身的内外部约束是金融创新的根本原因[4]，即创新活动具有被动性。REITs 作为一种金融衍生品，在满足收益需要和回避约束的驱动下，将进行持续创新，增加了风险发生的可能性。

（3）委托代理理论。Ross 最早提出委托代理的概念，在金融市场交易过程中存在多层、复杂的委托代理关系。Akerlof 经典的柠檬理论和 Kotwitz 的研究分别论证了委托代理行为在非对称信息条件下将出现逆向选择和道德风险，引发"劣品逐良品"现象，使市场出现无效均衡[5]。REITs 交易中涉及多重委托代理关系，而受技术、管理等条件局限，市场处于非对称信息状态，容易诱发逆向选择和道德风险，造成投资失当、资产泡沫化等问题，积累并放大市场波动影响，加大 REITs 风险。

（4）唤醒理论。现代金融理论认为金融风险的积累和释放具有阶段性，Goldstein 和 Morris 认为，市场信息具有不完备性，投资者个体理性不充分，对于市场风险的预期存在一定盲目性。危机发生前，投资者对市场预期较好，容易忽略风险，因此风险积累加速，而接近危机发生时，投资者普遍意识到错判，风险因此释放[6]。因此，REITs 风险的形成过程具有隐蔽性，其系统性爆发与扩散具有边界约束。

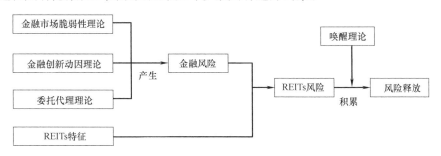

图 3-1　REITs 风险金融基础理论溯源

3.1.2　REITs 风险理论研究现状

1. REITs 风险构成及识别研究

在 REITs 风险的分类上，国内外学者的主流观点均采用金融风险分析中的系统风险和非系统风险概念进行划分，其中系统风险主要包括市场风险、宏观经济因素风险和环境风险；非系统风险包括经营管理风险、治理风险和财务风险。

（1）REITs 系统风险构成

国外学者深入研究了 REITs 系统风险构成。以金融市场运作机制为划分边界，REITs 系统风险可以划分为各子市场体系运作机制产生的市场风险和作用于市场的外生因素所构成的市场环境风险。

REITs 的市场风险是指与 REITs 相关的资产交易价格波动带来的风险。Glascock 等人认为股市、债市、房地产市场的价格波动会给 REITs 带来风险[7]。作为房地产证券化的一种，REITs 同时受到房地产市场和资本市场的双重影响，两类市场的风险构成了 REITs 的市场风险；Gyourko 和 Nelling 认为证券市场风险是最普遍的系统风险，选取标准普尔指数、罗素指数等任意股票市场指数，均可验证证券市场风险的显著性[8]；Peterson 认为 REITs 的标的资产是房地产，REITs 系统风险还包括房地产市场风险[9]。

金融市场的环境条件也是系统风险的潜在构成要素，主要包括宏观经济因素和其他宏观环境风险。经济方面，Liang、Swanson 等人认为利率变动对 REITs 收益影响显著，利率风险是 REITs 风险的重要组成[10-11]。Simpson 认为，通胀程度的变化会引发 REITs 回报的变动，REITs 风险包括由通货膨胀引发的风险[12]；非经济环境包括法律风险、监管风险和政策风险。李智认为个别因素限制了美国 REITs 法律的规制作用，削弱了法律对 REITs 风险的管制[13]。凌辉认为由于 REITs 市场存在市场失灵，因此监管不力会纵容资源错配和低效运行行为的产生[14]。张跃龙认为财政政策、货币政策对经济有干预，构成 REITs 政策风险[15]。

（2）REITs 非系统风险构成

REITs 非系统风险是指 REITs 内部特定事件给 REITs 造成的损失，国内外学者着重研究 REITs 机构的管理风险和财务风险。

在管理方面，REITs 非系统风险的产生包含组织内部管理产生的经营管理风险和组织间管理产生的治理风险。经营管理风险主要是指 REITs 管理者因管理不善而造成收益损失或成本增加的风险。吕焕认为 REITs 管理者的素质高低决定了 REITs 风险，基金管理人在管理经验、能力、品质方面的差异会引发错误的判断，制定不可行的方案，甚至违规，给 REITs 带来风险[16]。Bauer 等人认为 REITs 组织结构、管理模式、股权结构等因素与 REITs 绩效水平相关，管理水平不足是影响 REITs 绩效的重要因素[17]。REITs 治理风险是指 REITs 在治理机制和治理结构上设计不合理而引发的风险。余传伟认为由于 REITs 存在多重委托代理关系，加大了信息不对称程度，产生治理隐患[18]。

REITs 财务风险是指 REITs 无法按期支付负债融资所应付的利息或本金，存在破产的可能性。在大多数国家，REITs 允许负债经营以扩大收益，因此存在债务无法偿还的可能性。Chaudhry 认为资本结构是否合理关系到 REITs 风险和收益水平[19]。楚东坡认为 REITs 财务风险表现为财务杠杆风险、利率变动风险和再筹资风险[20]。丁铄认为由于 REITs 的分红比例很高，必须通过举债进行扩张，隐藏着较大的财务风险[21]。

2. REITs 风险特征研究

不同于对 REITs 风险构成和定义研究的多元、离散化特征，领域内学者在 REITs 风险的特征研究方面具有相对一致的分析逻辑。由于对 REITs 风险特征的描述基于 REITs 市场可观测的客观现象，在统计量化分析的框架下，学者们普遍关注 REITs 风险与 REITs 收益之间的显著性、REITs 风险释放或者产生影响的时序性以及其在空间内跨市场领域、跨国家、地区的扩散与传递性，借以抽象掌握 REITs 风险的运行规律。

（1）REITs 风险作用的显著性研究

领域内诸多学者对 REITs 系统风险和非系统风险作用的显著性进行了分析。

在系统风险方面，认为 REITs 具有证券和房地产双重属性，市场波动产生的市场风险将影响 REITs 收益。Peterson 和 Hsieh 通过加入股市、债市、房地产市场因素的 FF 三因子模型，证实市场风险对 REITs 收益作用显著[9]。此外，由利率变动、汇率变动以及通货膨胀等因素构成的宏观经济因素风险，以影响 REITs 实际价值的方式使其收益产生波动。首先，不同种类利率对 REITs 收益波动的影响不同。Swanson 等人将国债利率作为无风险报酬率，运用多因素模型解释 REITs 的风险溢价与长期固定国债利率和信贷利率的相关关系，通过回归分析发现 REITs 收益对信贷利率的敏感度逐渐增加，这一现象源于 90 年代后 REITs 的信誉降低[10]。He 等对 7 种利率指标进行了比较和相关性分析，通过线性回归得出了 REITs 收益对于不同利率指标变动的反应有差异[22]。其次，不同类型的 REITs 产品对于宏观因素变动的反应不同。Payne 通过建立 REITs 超额收益和宏观经济变量的 VAR 模型，采用广义脉冲影响函数描述系统对于宏观变量单位冲击的动态反应，发现抵押型和混合型 REITs 易受到联邦基金利率变动的不利影响，权益型和混合型 REITs 则易受到期限结构变动的不利影响，抵押型和混合型 REITs 的收益则与工业增长率的变动呈现负相关关系[23]。最后，通货膨胀对收益的作用是非对称的。Simpson 等人证实了通胀加剧时显著正相关，通胀减弱时显著负相关[12]。

在非系统风险与 REITs 收益关系的研究中，Ooi 等人基于公司横截面数据，运用 FF 三因子模型对非系统风险和 REITs 股票收益的关系进行了研究，结果显示非系统风险的系数显著为正[24]，表示非系统风险较大的 REITs 有更高的平均收益。Sun 和 Yung 通过 CAPM 模型和 FF 三因子模型分析了非系统风险和 REITs 收益的关系，发现了当期非系统风险与下期收益的正相关关系，并在此基础上加入利率波动因素，采用分组研究的方法，通过控制杠杆比率、分析师数量、惯性效应等变量保证了结果的稳定性[25]。

（2）REITs 风险作用的时序性研究

REITs 风险的生成、积累与释放是一个循序渐进的过程，风险对收益的影响作用随着时间的变化呈现出波动性。Liang 等人通过建立双因素模型描述了市场指数和利率与 REITs 收益的关系，利用 Cusum 和 Cusumsq 检验判断 β 的稳定性，对所有 REITs 组合的 Cusum 和 Cusumsq 的检验结果都拒绝 β 恒定的原假设，表明市场风险对 REITs 收益的影响是随时间改变的。由此证明在不同时期，REITs 收益对市场风险的敏感度不同。而 Liang 等人的研究中还证明 REITs 收益对利率变动的敏感程度也具有时序性，认为不同时期由利率变动引起的收益波动大小不同[11]。Chiang 等人考虑时序因素，认为当期非系统风险对下期收益有正向的影响，该团队根据 REITs 的表现将研究时段分为 1980～1992 年和 1993～2006 年两个时段，在单指数模型的基础上，将当期非系统风险作为解释变量对下期 REITs 收益进行回归分析，发现其相关性显著为正[26]。

3. REITs 风险扩散及传递性研究

由于金融的内在脆弱性，当一个产生于市场局部的风险不能被该市场消化时，便会向外传播，出现风险的扩散。因此，REITs 风险能够溢出并向外界扩散，具有传递性，相关的研究包括国家或地区内部跨金融市场的风险传递，也包括跨国家和地区之间的风险传递。

（1）REITs 风险跨金融市场传递

学者们对于 REITs 与股票、债券、房地产等其他市场之间风险传递的研究，主要是基于 GARCH 模型族研究传递的显著性、非对称性和动态性。Cotter 等人认为不同市场给 REITs 带来的风险大小是有差异的。基于 BEKK-MVGARCH 的动态特征和协方差矩阵的正定性，运用这一模型以衡量权益型、抵押型、混合型 REITs 与股市之间的波动溢出效应，结果表明所有类型中，股市与权益型 REITs 相关性最高，其波动风险最容易传递给 REITs[27]。Yang 等人认为股市与 REITs 风险的互动存在非对称性。他们运用 AG-DCC-GARCH 模型引入冲击的非对称性从而较好地刻画正向、负向冲击下市场的反应，研究了 1999～2008 年间 REITs、CMBs、股票、公司债券之间收益率的动态相关性[28]。由于 REITs 市场和股市的联系，负面的系统振动会引起波动并使得两个市场的风险溢价上升，导致价格下降和收益相关性增强，当股市下行时，REITs 并不能起到较好的对冲作用。Huang 和 Zhong 认为股市与 REITs 风险的传递具有动态性。选取 1999～2009 年的样本数据，他们建立了 REITs 与其他市场的收益 DCC-GARCH 模型，并通过两步估计参数，即先识别和估计各残差序列项的 GARCH 效应，再估计条件相关系数，研究不同市场间的收益波动传递。结果表明，REITs 与美国股市的相关系数在早期上下波动，2007～2009 年迅速从 0.5 升至 0.8[29]。由于金融危机爆发导致的系统风险使得 REITs 与股市之间存在强烈的风险传染效应，间接证明 REITs 收益也会受金融危机的影响。

（2）REITs 风险跨国家和地区传递

学者们对于跨国家和地区间 REITs 市场的风险传递研究，主要是基于时间序列分析框架下的国际市场相关性分析，对 REITs 收益波动的跨国影响展开分析。

不同区域 REITs 收益由于区域市场的关联而显示出相关性。Li 等人研究了美国、英国、日本三个国家之间 REITs 收益波动的传递效应，运用 GARCH 和 EGARCH 模型，对各国收益方差与其滞后期以及其他国家方差的关系进行检验，通过回归分析，发现三国之间的 REITs 收益存在显著的非对称波动溢出效应，与正面消息相比，负面消息带来更大的收益波动[30]。国家之间经济相互关联及市场一体化，导致 REITs 收益波动出现了跨区域传递。

REITs 收益波动传染的方向和强度并不是一定的。Pham 认为新兴市场间 REITs 风险的传递增强且成熟市场容易给新兴市场传输风险。通过对七个亚洲国家 REITs 数据的分析，他发现新兴市场间的相关系数并不是恒定的，尤其是金融危机爆发后，呈现上升趋势[31]。新兴市场较成熟市场是封闭的，但 REITs 的发展环境和风险抵御机制的成长跟不上 REITs 在规模上的增加，因而容易受到外界影响。Lu 等人研究了美国和其他 REITs 市场在不同时期 REITs 回报的相关性和风险传递特征，认为美国是全球 REITs 风险的源头。通过相关矩阵分析，发现在最近的金融危机中，美国与其他 REITs 市场的回报相关度增加，又运用格兰杰因果检验和超额方差分解函数，得出美国 REITs 回报对其他市场 REITs 具有解释力。这说明美国 REITs 风险可向其他地区传递。此外，在市场整体平稳状态下，小型市场给全球 REITs 带来较大风险，而在市场处于上升或危机时期，大型 REITs 市场则给全球 REITs 带来更大的波动[32]。

4. REITs 风险控制策略研究

REITs 的风险规避与管理需求超前于对其发生机理、机制的研究，在对 REITs 风险控制研究方面，国外学者大多从运行实践出发，采用实证分析，通过建立回归模型验证各项调控因素对风险控制的显著性。其中优化资产选择、改善内部经营、调整投资结构、采用投资组合策略等已被证实可有效降低 REITs 风险。

（1）资产优选策略研究

多项研究证明，REITs 的物业类型和资产所处地理条件与 REITs 风险有显著相关性。选择恰当的投资标的可以有效地降低 REITs 风险。Gyourko 和 Nelling 认为物业类型对 REITs 系统风险影响显著，并通过对物业类型、地理区域、规模的回归分析，指出零售业 REITs 系统风险高于工业 REITs[8]。Delcoure 和 Dickens 则认为物业类型和所在区域都影响系统风险，发现投资于工业的 REITs 系统风险相对较低，投资于美国东南部的 REITs 系统风险较大[33]。物业类型和区域的差异实际上造成了物业在租金收入和商业价值上可预见性的差异，面对整体环境下的系统风险，不同的 REITs 表现出不同的风险抵御能力。

（2）优化经营策略研究

现代 REITs 在形式上表现为发行信托基金的组织，其实质是一种依照专门法律程序从事房地产物业运作的投资机构、投资组织，因此加强其内部的运作管理、改善经营特征等策略可以有效降低 REITs 风险的产生和抑制其影响。Ambrose 和 Linneman 认为管理模式影响 REITs 系统风险的形成。运用单指数模型验证了 1995～1996 年间使用内部顾问的 REITs 系统风险较使用外部顾问的更高；且财务状况反应系统风险大小，通过对单个 REITs 的规模和财务指标进行回归分析，发现系统风险与股利发放、资产增加、负债比率呈正相关[34]。Gu 和 Kim 通过对酒店 REITs 的研究，运用向后选择法选出了影响非系统风险的三个最主要因素，即股利支付、资本总额和负债比率[35]。Chaudhry 通过对两个样本时段分别建立 REITs 经营因素和非系统风险的回归方程，结果表明 1994～1998 年间，规模、效率和流动性是非系统风险的主要影响因素，1996～2000 年间，杠杆率、效率、流动性、盈利能力是主要影响因素[19]，表明不同时段，决定 REITs 非系统风险的因素略有不同，不同时期的经营策略应有不同侧重。

（3）调整投资结构研究

REITs 投资结构调整研究主要在两个层面展开，一方面关注 REITs 内部股权结构优化，另一方面研究外部机构投资者的投资行为及效果，证实了保持投资结构的最优比例能有效控制 REITs 风险。Capozza 和 Seguin 认为股权结构影响 REITs 系统风险。通过股利贴现模型表示出 REITs 价值与内部股权结构的关系如下式所示：

$$V_t = \int_t^\infty K(Y_s - I_s - G_s) e^{-Rs} ds \qquad (3-2)$$

其中，K 为内部股东持股比率，括号内为净现金流减去利息和管理成本的支出。证明内部持股比例每增加 10%，系统风险就下降 10%[36]。这验证了分散股权会增大 REITs 系统风险。Dolde 和 Knopf 认为股权结构和系统风险的关系是非线性的。在用线性、二次方程和曲线方程模拟 β 值和股权结构关系的基础上，发现内部所有权为 36% 时 β 值达到最大，验证了风险和股权结构之间的非单调特征[37]。其次，机构投资者行为对非系统风险产生影响。1993 年美国税收调整法的颁布，解除了机构资金投资 REITs 的限制，从而吸引了大量机构投资者的投资兴趣。Crain 等人发现在净负债率基本不变的情况下，1993 年后非系统风险呈下降趋势，即是机构投资者起了决定性作用[38]。说明机构投资者在信息获取、专业技能等方面的优势，有利于维持 REITs 收益的稳定性，降低非系统风险。另一方面，Feng 等人认为机构投资者能够影响 CEO 的行为，使其在管理活动中更偏好风险。他们选择 Tobit 模型分析机构投资者持股率对 CEO 期权薪酬绩效敏感度的影响：

$$y = \max(L, y^*) = \begin{cases} y^* & \text{if} \quad y^* > L \\ L & \text{if} \quad y^* \leqslant L \end{cases} \tag{3-3}$$

发现机构投资者持股率和期权薪酬绩效敏感度之间存在正相关，机构投资者会通过影响薪酬结构来激励 CEO 并将他们的利益联系在一起[39]。这意味着机构投资者对 REITs 的控股增加，管理者会因薪酬业绩敏感度提升，愿意在决策中承担更大的风险，使 REITs 风险增加。

（4）投资组合策略研究

REITs 投资组合策略研究组合中资产的配置比例，大多集中在 REITs 专一化配置和分散化配置风险效果的比较研究。关于专一型 REITs 和分散型 REITs 的系统风险特征的讨论并没有得出确切的结论。有学者认为分散化的资产组合并不能降低系统风险。Gyourko 和 Nelling 运用 R2 衡量分散化程度，认为物业和地域的多元化并没有给投资组合带来分散化效应，也不能降低组合的系统风险[8]。Byrne 和 Lee 认为 REITs 规模和风险之间的正相关关系，实际上源于 REITs 投资组合结构的影响。他们发现随着 REITs 组合规模增加，其分散程度也增加，但并不意味分散效果好、风险降低。在加入与投资结构相关的变量后，REITs 系统风险和规模之间原本的显著正相关关系消失，即规模增大并不能保证 REITs 抵御风险的能力增加[40]。实际上是 REITs 的投资结构影响了系统风险，大型 REITs 更多地将资金分散投资在了物业本身风险较大的资产上，使得系统风险增大。也有学者认为分散化的组合系统风险相对较小。Ro 和 Ziobrowsk 分别建立了基于价值权重和等权重的 REITs 物业分散化组合和专一化组合，通过 CAPM 和四因素模型（FF 三因子因素模型加入惯性变量）进行回归分析，他们发现专一化和分散化 REITs 收益并没有太大差别，但专一化 REITs 组合的系统风险高于分散化的组合[41]。

另外，学者们就分散型 REITs 能够降低非系统风险这一结论达成了共识。Byrne 和 Lee 在分析 REITs 规模和风险的关系中指出，规模大的 REITs 分散化程度高，非系统风险显著降低，如果能够调整组合使其分散度增加而系统风险不变，则可以有效降低总体风险[40]。Anderson 等人选取风险调整后模型，建立收益参数和分散化程度以及规模和负债等其他控制变量的回归方程，得出 REITs 分散化程度和平均资产收益率（ROA）之间显著正相关[42]，这体现了优势资源的集中效应，表明分散化程度越高，REITs 组合中成长性良好的资产越多，相应的资产非系统风险就越小。

3.2 投资组合理论

1. Markowitz 投资组合理论

1952 年美国经济学家 Markowitz 提出投资组合理论，该理论包括均值—方差分析方法和投资组合有效边界模型两部分内容，被广泛地应用在组合选择和资产配置方面。

（1）基本假设

1）投资者为风险厌恶者，即投资者每承担一定的风险就必然要求相对的收益作为补偿，通过无差异曲线表现出来。

2）不考虑无风险资产。

3）市场环境是无摩擦的，忽略交易成本、税收等因素。

4）投资者按照均值—方差准则进行投资。

5）在公开金融市场交易的资产，投资者对所有资产持有期相同。

（2）均值—方差分析

根据以上假设，Markowitze 确定了证券组合的预期收益、风险的计算方法。

$$\max E(R_p) = \sum_{i=1}^{m} W_i E(R_i) = W_1 E(R_1) + W_2 E(R_2) + \cdots + W_n E(R_n) \qquad (3-4)$$

$$\min 6p^2 = \sum_{i=1}^{n} \sum_{j=1}^{n} W_i W_j \operatorname{cov}(R_i, R_j) \qquad (3-5)$$

以两个资产为例：

$$\sigma_p^2 = W_1^2 \sigma_1^2 + W_2^2 \sigma_2^2 + 2W_1 W_2 \operatorname{cov}_{1,2}$$

式中：　$E(R_p)$——资产组合的期望收益率；

$E(R_i)$——资产 i 期望收益率（$i=1, 2, \cdots, n$）；

W_i——资产 i 在证券资产组合中的权重；

$\operatorname{cov}(R_i, R_j)$——资产 i 和 j 之间的协方差；

σ_p^2——证券资产组合的方差。

Markowitz 优化模型属于双重目标模型，为求得有效集合的解，需将一个目标（期望最大或风险最小）作为数学约束条件，将双重目标转换成单目标模型，同时 Markowitz 均值—方差分析认为，在有效边界上选择证券进行投资组合能够达到目标。

（3）有效投资组合边界

通过两种方法可以确定有效投资组合边界（图 3-2）。一是在收益一定的情况下寻找最小方差点；二是在方差一定的情况下寻找最大收益点。

对投资商而言，在相同的风险下，弧形 OAB 的预期收益要高于弧形 OCD，弧形 OCD 将没有意义，因此投资商会选择 OAB 上的点进行投资，那么弧 OAB 就称为有效投资组合边界。

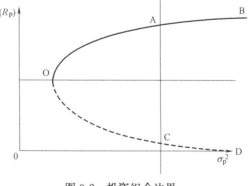

图 3-2　投资组合边界

2. 资本资产定价模型

资本资产定价模型是夏普、林特纳、莫森在马克维茨投资组合理论的基础上提出的，主要刻画均衡状态下资产的期望收益率和相对市场风险的关系。有资本市场线、证券市场线及不可度量风险系数 β 三部分组成。

（1）资本市场线

资本市场线也称为资本配置线（图 3-3），资本市场线（CML）是从风险利率出发通过市场投资组合 M 的延伸线，函数表达式为：

$$E(r_p) = r_f + \frac{E(r_m) - r_f}{\sigma_m} \times \sigma_p \tag{3-6}$$

式中：$E(r_p)$ 为任意有效投资组合的期望收益率；$E(r_m)$ 为市场组合的期望收益率；σ_m 为市场组合收益的标准差；σ_p 为有效投资组合收益率的标准差。r_f 代表无风险利率，CML 线的斜率表示每增加一单位风险市场组合的风险溢价（期望超额收益）。

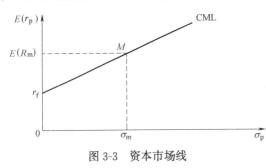

图 3-3　资本市场线

（2）证券市场线

证券市场线（Security Market Line，SML）是资本资产定价模型（CAPM）最普通的表现形式（图 3-4），体现了证券的风险—收益关系，表现为资产的期望收益率等于无风险利率和风险报酬之和，风险报酬包括市场组合的风险报酬和某一特定的证券的风险系数 β 两部分，证券市场的表达式为：

$$E(v_i) = r_f + \beta_{i,m}[E(r_m) - r_f] \tag{3-7}$$

式中：$\beta_{i,m} = \dfrac{Cov_{i,m}}{\sigma_m^2}$，$\beta_{i,m}$ 是贝塔系数，用来衡量风险资产 i 对市场投资组合方差的贡献程度，是市场投资组合方差的组成部分；σ_m 衡量资产的市场风险，即系统风险；$Cov_{i,m}$ 证券 i 与市场组合的协方差；$E(r_i)$ 是证券 i 的期望收益率；$E(r_m)$ 是指市场风险报酬；r_f 是无风险证券的收益率。

对任意证券组合 P，资本资产定价模型为：

$$E(r_p) = r_f + \beta_p[E(r_m) - r_f] \tag{3-8}$$

（3）衡量投资风险的指标——β 系数

β 度量某组证券在某一时期的收益率相对于同一时期市场适宜的平均波动。能够对证券的风险构成进行分解，非系统风险能够通过投资组合分散掉，系统风险无法分散，对于投资者承担的系统风险市场提供相应的补偿。当 $\beta < 0$ 时，说明资产的收益率与市场组合收益率呈反向变动；当 $0 < \beta < 1$ 时，属于防御性资

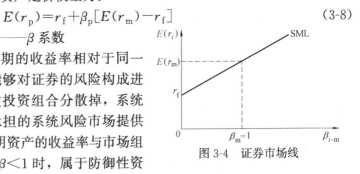

图 3-4　证券市场线

产，期望收益率小于市场组合收益率；当 $\beta = 1$ 时，这种资产与市场组合风险相同；当 $\beta > 1$ 时，此类资产为激进型资产，其期望收益率大于市场组合的收益率。

3.3　公司治理理论

3.3.1　公司治理理论分析概述

1. 公司治理的内涵

公司治理（Corporate Governance）是现代企业制度的核心，其相关概念起源于西方，

由学者 Berle 和 Means[43] 最先提出，而后公司治理问题得到了人们的关注。国内对"公司治理"有企业法人治理结构、公司治理结构、治理机制等多种译法。2001 年 12 月安然公司和 2002 年 6 月世界通信公司的破产事件，打击了投资者对资本市场的信心，为了加强对管理层的监督，2002 年美国颁布了 Sarbanes-Oxley 法案，旨在通过加强监督和公司内部治理以达到好的绩效。学术界开始对公司治理问题进一步展开广泛、深入的探讨，国内外比较有代表性的观点有：

Cochran、Wartick 和 Blair 考虑到公司的控制权，Cochran、Wartick 提出，公司治理要解决的是股东（所有人）、董事会（监督方）、高管（经营者）等利益相关者之间的委托代理问题[44]。Blair 在此基础上从企业治理结构的狭义和广义两方面进行了阐述，从狭义的角度来看，公司治理结构包含了股东权力分配、董事会监督作用、经营者激励等安排；广义来看，是建立一套完整的法律制度安排来分配企业的控制权和剩余索取权[45]。

国内的学者对公司治理相关内涵的解释综合来看，可以总结为：企业治理结构旨在使所有者、监督者以及经营者之间形成明确的、相对平衡的关系[46]；公司治理的主体包括以股东为核心的利益相关方，构建合理的治理结构，充分发挥对各方的激励、约束机制的作用[47]。

因此，综上所述公司治理的关键性内涵包括以下两个方面：一方面，企业治理结构涉及股东、董事会、经营管理层及其他利益相关方；另一方面，现代企业公司治理的核心是对利益相关方进行协调，构建合理的制衡机制和内部权力分配制度，有效地减少委托代理问题。

2. 公司治理主要模式

根据研究者所选角度的不同，可以将公司治理的模式分为两种：其中一种将"股东利益最大化"作为其出发点，历经"古典管理理论—委托代理理论—现代管家理论"的演变；而另一种倾向以"利益相关者利益最大化"为基点，其基础理论为利益相关者理论。

（1）股东利益最大化模式

股东利益最大化模式优先考虑股东的利益，认为对经营层的激励以促进股东利益最大化为公司治理的第一要义。公司治理的主要任务是降低所有者与管理者之间的委托代理问题[48]。其委托代理问题主要表现在当股东和经营层的信息不对称时，会增加代理成本；当两者利益不一致时，股东权益可能会受到管理者的侵害。基于此，股东利益最大化模式认为，企业应当加强对管理层的激励和约束，来实现维护股东权益的目的[49]。

（2）利益相关者利益最大化模式

Blair 则认为仅仅考虑股东的利益比较片面，只是将公司治理问题简单处理，并不能有效地解决它[45]。在同样基于企业的所有权和管理权相分离的条件下，利益相关者利益最大化模式和股东利益最大化模式的共同点都认为所有者和经营层之间的委托代理问题是公司治理的重点。而两者的不同点是利益相关者利益最大化模式同样关注员工、客户、合作者，同时也比较注重社会责任[50]。

两种模式的比较见表 3-1：

因为公司治理主要模式与各国的政治、经济、文化等有比较密切的关联，所以其治理结构的重点也有所不同。以上两种模式没有绝对优劣的区别，也没有绝对清晰的划分界限。

两种模式的比较 表 3-1

	股东利益最大化模式	利益相关者利益最大化模式
代表国家	美国、英国	德国、日本
主要特点	股权较分散，以市场为导向，股份流通性较强； 目标是股东利益最大化； 高管人员通过市场机制选拔，主要通过股票期权等激励方式，薪酬与公司业绩挂钩； 资本市场和并购市场比较发达，信息披露机制健全、透明度高； 公司治理组织架构设立股东会、董事会和经理层，未设监事会[51]	股权相对集中，以大股东为导向，股份流通性较弱； 公司治理旨在除了强调股东利益最大化，也兼顾其利益相关者利益，比较注重社会责任； 高管多为大股东选任； 股东直接参与经营和管理； 公司治理组织架构为双层式，除设立股东、董事会、经理层，还设置监事会，并强调内部审计的重要性
不足之处	股东可能会过度追求自身利益，而忽视组织架构的合理性； 股东往往会缺少对经营者的监督，董事会将起到重要的监督作用	企业的市场活动涉及的相关主体复杂，难以确定利益相关者主体范围； 公司的利益相关者众多，利益协调困难

实际上，在公司治理的实践过程中，选择治理模式一般会综合考虑法律环境以及自身的实际情况作出相应的选择。

3. 公司治理理论基础

（1）委托代理理论

委托代理理论最早起源于 Berle 和 Means，在建立博弈框架分析的过程中提出。后来，在此基础上，经过 Baumol[52] 和 Marris[53] 等人的研究，认为委托方和代理方存在真诚的信托关系。后经过发展，Ross 提出了具有现代意义的委托代理：委托代理关系伴随着两方当事人（一方为委托人，另一方为代理人）的代理行为所产生，委托人委托代理人为委托人实现相关利益，并赋予代理人相关的权力[54]。

委托代理理论的核心内容是在两个主体之间存在信息非对称性，这两个主体分别是代理方和委托方。在实践的过程中委托方处于主导地位，其意愿是希望代理方能够按照自己既定的方案去实现自己最大的利益。但是，委托方往往会由于对代理方缺乏有效的监管而导致自己的既定利益不能有效的实现，究其原因是代理方在执行委托方案的过程中会按照对自己最优的策略去实践。比如，代理方会选择成本较低的路径去实现委托方的要求，但在此过程中委托方的方案并未得到真正有效的实现。在公司治理结构中，同样存在委托代理关系，比如公司的董事会相当于委托方，会把公司既定的战略通过委托代理的形式让代理方去执行，而自己只是起到监管作用。但是代理方（比如各子公司的经理人等）并未收到董事会的完全有效监管，或是对董事会的战略规划完全贯彻。因为代理方往往会在实现自身最大利益的前提下，才会去实现公司的整体利益。这样的话，在公司治理的过程中由于存在委托方与代理方之间的信息非对称性，将导致公司的治理成本大大提高。因此，在分析公司治理的过程中，清晰地认识到公司内部存在这种信息的非对称性，并辅以有效的最优化策略，即满足委托方和代理方各自最大的利益是符合最优的公司治理理念。因为在这个过程中，公司的整体利益与代理人之间的利益会处于一种均衡的状态。

（2）现代产权理论

现代产权学派的建立主要是源于制度经济学。制度经济学的创始人诺斯在 1937 年其本科论文中就阐述了产权思维，其主要目的是建立一条纽带联系现实世界中交易成本与古典经济学框架中存在的一道鸿沟。随后科斯对无线电通信领域波段产权的分配解释奠定了科斯在制度经济学派的重要地位，也引发了人们对产权问题的广泛关注，同时也帮助科斯获得了诺贝尔经济学奖。以科斯为代表的制度经济学派认为产权清晰的界定是可以促使经济快速的向前发展的，主要原因是产权完全界定后，能够降低市场运行过程中存在的交易成本，进而提升经济运行的效率。诺斯作为制度变迁理论的创始人，在其制度变迁理论的框架中也将产权理论作为其理论阐述的第一大基石，并以其为传导的总阀门，对经济史观进行了科学系统的阐述。总的来说，制度经济学派与制度变迁理论演化出来的产权理论，其核心思想是产权的有效界定，即产权主体的有效划分，可以减少因产权归属问题造成的交易成本及管理成本，这样经济的运行会在产权明晰的环境中得以有效增长。对于公司治理来说，如果公司内部、外部产权不明晰，就会存在大量的交易成本、管理成本。对公司内部来说，如果公司内部的每个员工的利益无法得到有效保障，也就是其权利无法以自身利益得以体现，就会增长公司的管理成本，造成公司整体运行过程中的成本提升；对公司外部来说，尤其是股权结构较为复杂的公司，如果产权的结构不能清晰划定，就会造成公司在进行股东分红、董事会管理等方面存在诸多障碍。因此，有效的产权，也就是公司内外部权利的有效界定，对公司治理及其平稳发展将起到积极重要的作用。

（3）利益相关者理论

利益相关者理论最初来自 Dodd（1932）的研究，但该理论直到 1963 年其概念才被斯坦福研究人员明确提出。随后该理论逐步演化成一个独立的研究分支，逐步形成统一的研究框架。

利益相关者理论的核心要素主要有以下三点：第一，公司股东利益最大化被利益相关者利益最大化取代。这表明公司的治理不再仅仅停留在公司主要几个人的利益，也就是说公司的长远发展要向长远的视角扩展。在这个过程中，所有者的利益是至关重要的。就像福利经济学中所阐述的核心观念一样，个人的最优经济利益与全体社会利益最优是两个不同的状态。满足个人或者极少数人的核心利益是无法满足公司利益相关者利益诉求的。在这个过程中存在着利益均衡分配的问题，也就是公平问题。因此该理论的提出有助于公司管理层对于公司长远发展的一个稳定性问题的考量。第二，公司股东和管理者关系的管理向所有利益相关者利益过渡。股东与管理者关系的管理只是公司发展过程中的一部分关系，虽然在公司治理的过程中占据着很大比重，但是存在着很多不足之处。因为这种初始的公司管理模式没有将公司利益相关者的关系纳入公司治理的统一框架中，这对于公司的治理会起到很多阻碍性的作用。公司由传统面向现代化，必须要对公司内部关系进行变革性的拓展，如此，公司的利益关系才能协调，公司才能稳健性地发展。第三，公司员工的激励机制需要有明确的架构。员工的激励机制在最初的公司治理过程中仅是靠工资来维持。但是，这样的激励不足以调动起员工的工作热情。主要原因就是激励机制的设计没有将员工对利益的真实诉求表达出来。利益相关者理论的观点也侧重员工的激励机制，这点在现代公司的治理过程中已得到公司管理者的高度重视，如股权向员工分配、项目跟投等一系列激励机制为企业发展注入了活力，进而平衡了公司管理层与基层的利益关系。

（4）现代管家理论

现代管家理论由 Donaldson（1990）提出，该理论的核心出发点是对委托代理理论进行修正。委托代理理论认为公司治理者主要是追求公司的利益最大化，公司的治理者是机会主义者。在过度关注公司利益的前提下，公司的治理很可能会由于对短期利益的关注而丧失长期利益。现代管家理论认为公司的决策层，如董事会在公司治理的过程中，自身的角色定位应当进行转变。转变的思路是由传统的利益为主导，向战略管理、公司服务的身份过渡，也就是公司管理层的自身定位有一个转变。在这个过程中，公司管理者充当的角色也就是管家角色，公司的治理也逐步由短期利润为主导向战略性发展进行过渡。

现代管家理论的提出极大地丰富了公司治理研究的理论与实践范畴。公司治理的内涵也得到了极大补充。特别是现代管家理论对公司管理层管家角色的定位，对公司治理起到了极大的引导性作用。现代公司的治理，尤其是一些优秀企业，已将该理论纳入到了公司管理的过程。公司管理层尤其是高层，在追逐公司利益的同时，已将自身的身份向管家身份转变，在这个过程中，高层管理者为公司战略性的发展、企业文化的塑造起到了极为关键性的作用。这对公司的长远发展及有效治理起着十分积极的影响。基于上述公司治理理论，针对现代企业的组织架构，将治理模式绘制如图 3-5 所示：

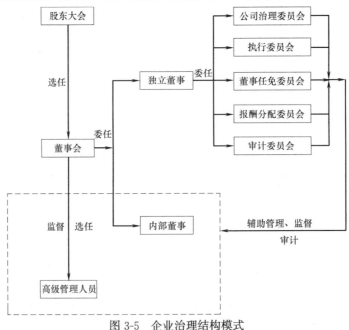

图 3-5　企业治理结构模式

3.3.2　公司治理结构对绩效的影响相关研究

通过前面对公司治理理论的回顾与总结，不难发现，合理的公司治理结构在一定程度是能够协调各方利益相关者，减少他们之间的信息不对称，利益不统一及代理问题，而最终实现提升企业业绩的目标。本节通过梳理国内外学者对公司治理和企业绩效之间关系的研究文献，将治理问题对绩效的影响大致分为三大类：股权结构治理、董事会治理及对高管的激励。这三大类又各自包含了具体的内容，涉及了各方利益相关者，包括投资方、监督人、经营者的治理。

1. 股权结构对公司绩效的影响

早期的 Berle 和 Means 发现，公司经理作为被委托的一方，与委托人即企业的各大、小股东存在信息不对称、利益不相符的情况，进而会导致代理问题的产生。后续的国内外学者关于股权结构治理的各个方面对企业综合绩效的影响进行了研究，大概从大股东持股比例、股权集中度、股权制衡以及机构持股比例等以下几个方面进行分析：

首先，在股东持股比例的方面，Shleifer 通过研究大股东的行为，发现随着大股东的控制权越高，其行为便更具偏好性，从而使得代理问题愈演愈烈[49]。国外学者 Faccio 通过研究具有绝对控股地位的大股东侵占其他利益相关者及公司权益的行为发现，绝对控股的大股东持股比例越高，其攫取他人利益的概率越大[55]。审计质量能够反映企业会计信息的透明度和可信度，从而影响企业相关绩效，申富平和丁含通过研究由于财务披露违规而受到证监会处罚的上市公司，发现这些上市公司的第一大股东持股比例与其审计质量呈现负相关，他们认为，当第一股东所有的股份相对较低时，为了避免和经理人产生信息不对称，所有者会对会计审计的质量进行更有效的监督，以保证企业的业绩能够达成[56]。

还有一些学者认为大股东对企业绩效有正向的影响，即随着第一大股东持股比例增加，企业的业绩将会得到提升。国内学者谢军运用公司成长能力指标市净率（P/E）衡量企业绩效，对建筑业、制造业等 13 个行业的第一大股东所持股份的比例对企业业绩的影响进行实证研究，发现大股东持股比例提高，企业的绩效会得到更好的提升[57]。王化成等提到股票崩盘使资本市场不能够稳健地发展，进而影响到公司的业绩，他们通过实证分析上市公司第一大股东持股比例与股票崩盘的风险高低，发现大股东持股比例较高时，股票的崩盘风险会相对降低，提出可以适当地增加大股东的持股比例，使得大股东能够更加有效地对管理者进行监督[58]。

另外一些学者认为大股东持股比例的多少与企业绩效存在非线性的相关关系。Mcconnell 通过研究大股东所有权比例对公司绩效的影响，发现两者呈现倒 U 形的曲线关系[59]。国内学者丁庭选对上市公司的第一大股东所有的股份与贷款的资产规模进行了实证分析，发现两者为正 U 形曲线关系[60]。饶育蕾和曾阳研究了非金融上市公司的大量样本，实证结果为第一大股东所有的股份比例对公司绩效的影响为显著的正 U 形曲线关系[61]。

在股权集中方面，在所有权较为集中的时候，相对于股权特别分散的结构，较大股东可能对管理层的监督能够更加有效，而不至于一些股东相互推诿扯皮，从而使管理效率降低（从另一个视角来看，这也可能使经营者变得更加被动，导致企业业绩的减少）。Demsetz 等通过研究美国上市公司股权结构对企业绩效的影响，发现股权集中程度越高，企业的绩效水平会随之降低[62]。Fan 和 Wong 研究了股权集中程度的高低对会计审计质量的影响，发现所有权越集中，会导致会计审计的质量要求降低。虽然股权集中能够适当降低代理的成本，但是另一方面，会计审计的监督程度将会降低，从而影响公司的业绩[63]。李成和秦旭通过实证分析研究上市银行的股权集中程度与绩效之间的关系，得出股权越集中，越不利于股东之间的权力制衡，从而致使银行的绩效水平表现越低[64]。

也有一些学者持相反的观点，Pivovarsky 通过研究乌克兰私营企业的所有权结构对其绩效的影响，发现所有权的分散程度对企业业绩有相反的影响，即股权结构越集中，企业的绩效将会得到提升[65]。Claessens 通过研究东亚公司的股权结构也得到了相同的结果[66]。国内学者李婧和贺小刚研究了制造业对企业创新绩效的影响，实证结果表明，国企的股权集中度与企业创新绩效呈正相关，而家族企业的创新绩效会随着股权的集中度而下降[67]。李亚辉、耿浩等人的研究结果表明，我国中小板上市公司的股权集中程度对绩效的影响为显著正相关，他们认为当大股东所占的股权比例较高时，将有助于减缓所有者与经营者之间的冲突，从而由"利益冲突"转换为"利益协同效应"[68]。

在股权制衡程度方面，Novaes 认为当企业拥有多个相对较大的股东时，这些大股东可以形成制衡和约束的关系，这样一来，也能够增强中小股东对大股东的信心[69]。张其秀等人认为股权结构对绩效的影响包含股权的制衡和股权集中程度这两个方面，他们通过研究我国国有制造业上市公司的股权制衡对企业业绩的影响发现，股权制衡对提高企业绩效具有正向作用，并且认为，股权制衡有助于调节大股东和小股东之间的代理问题[70]。陈德萍等人认为，股权制衡使得几个较大股东之间形成牵制，这样可以提高监管的有效性，从而得出更加合理的决策，利用股权制衡可以在一定程度上减少绝对控股的大股东对其他中小投资者的掠夺行为[71]。龚光明、张柳亮基于内生、外生两种角度，通过实证检验股权制衡对企业绩效的影响，实证结果显示，无论哪种视角，股权制衡度对业绩的影响都呈现较强的促进功能[72]。陈乾坤、卞曰瑭运用面板数据回归分析，得出了股权制衡合理的范围，即 $1.14 \sim 1.78$[73]。陈志军[74] 和周虹[75] 等人也得出了同样的结论。

近年来，伴随着国内外公司治理结构研究的深入与完善，机构持股与企业绩效关系的研究也得到了越来越多学者的青睐。Almazan 等人认为机构投资者积极地参与到公司的内部治理中，公司的长期绩效将得到很好的发展[76]。关于机构持股的比例，国内学者李映照、郭娟认为机构投资者具备较为全面的专业知识及能力，如果机构投资者参与公司治理，可以对企业的运营提供全方位、多角度、深层次的决策建议[77]。钱露通过研究中国上市公司中证券基金公司的持股比例对上市公司企业绩效的影响，发现上市公司当中，证券基金公司持股比例越高，其对该企业的业绩的提升越能起到促进的作用，之所以能得到促进的结果，是因为当机构持股比例较高时，能够发挥出其内部监督的积极作用[78]。陈纯纯、张迪以非效率投资，比如过度投资的全新角度，运用计量模型证明了机构投资者的持股比例越高，越能够抑制不合理的投资行为[79]。

然而，也有一些学者认为机构持股对企业绩效并未产生显著的影响，Wahal 通过研究养老基金持股比例对企业绩效的影响，实证结果显示，两者的关系并不显著[80]。

2. 董事会治理对公司绩效的影响

作为投资者和经营管理者之间的桥梁，董事会的治理在企业完善治理结构的过程中起到的作用不言而喻。正是由于董事会治理的重要性，国内外学者对于研究其对绩效的影响可谓热度不减，一般来讲，董事会包含的内容比较广，通过梳理国内外学者的研究文献，不难发现，更多的研究在于董事会的规模及独立性等方面，究其原因，可能是由于这两个方面在董事会相关治理中，相对于其他方面比较好进行计量分析，影响也比较显著。然而仅仅这两个方面，却由于地区、政策或数据等关系，各学者的研究成果也不尽相同。现将相关文献进行以下的归类：

在董事会规模方面，国外学者 Lipton[81] 和 Jensen[82] 在早期对董事会规模进行了研究，通过实证分析，他们发现董事会的规模控制在 $8 \sim 9$ 人时是最为理想的。李维安等人综合了董事会各个相关指标，包括董事会规模等构成了董事会指数，通过回归分析发现董事会指数对企业业绩的影响呈倒 U 形二次曲线[83]。王迪、张红等人针对我国旅游业的上市公司对其绩效的影响建立了相关指标的模型，他们认为旅游业受到各方面的影响比较大，例如季节或气候、政策的改变等，因此旅游业的董事会要求反应能力较强，在针对不可抗力的因素影响时，能够及时地做出有效的行动，通过实证分析验证了董事会规模与旅游业企业的绩效的影响为倒 U 形的曲线关系，极大值约为 11 人[84]。潘敏、李义鹏通过研究美国商业银行的董事会治理情况及特征，发现董事会规模过大会导致相关成本的增加，并且可能会产生协调困难的问题，从而导致与经营者沟通的障碍，实证结果显示，伴随董事会规模的增大，美国商业银行的业绩会显示相互倒 U 形的曲线形状[85]。

还有学者得出了董事会规模与企业业绩的关系为线性相关。Bonne[86]、Coles[87] 以及 Wintoki[88] 等国外学者的观点是，对于有较大资产规模的企业，董事会的成员的增加是适应其规模的需求，因为大企业涉及的资产板块较多，如果董事会的成员人数过少，将会出现处理信息不及时的问题。当企业的业绩较好时，可能也需要规模的扩张。李明星等人阐述了农业行业董事会治理对上市公司绩效的重要性，并通过实证模型验证了董事会规模的增加促进了企业业绩的提升[89]。当然，也有学者持相反的观点，王山慧等人主要研究了中小板上市公司在董事会治理相关方面对业绩的影响，认为倘若董事会的规模过大，不仅不利于各利益相关方之间的协调，还有一些董事会成员可能产生"搭便车"的行为，另外，对于中小板这些资产规模相对较小的企业，董事会的规模过大将会影响做事的效率，不利于中小板企业的成长[90]。

也有另一些学者有不同的研究结果，严若森基于制造业上市公司的面板数据，使用实证分析，发现董事会的规模对企业业绩的影响并不显著，他认为原因可能是董事会成员持有的股份较低，并不能对他们起到较好的激励作用[91]。宋增基等人认为银行的治理结构具有一定的特殊性，通过实证检验，发现独立董事的比例对银行的绩效具有不太显著的正相关，他们认为，究其原因，可能是董事会不能起到良好的监督作用[92]。潘颖、王凯以企业并购绩效为因变量，实证分析了董事会治理对并购绩效的影响，结果发现，随着董事会规模的提升，企业的并购绩效并没有显著的相关性变化，究其原因，可能是大部分公司的股权较为集中，控股的大股东享有绝对的话语权，而董事会在决策的过程中多数以大股东的利益为先，此时不管董事会数量的大小，都不会显著地影响企业的业绩[93]。郝云宏、周翼翔将董事会的治理与企业业绩的内生关系纳入了研究范围，研究发现，虽然董事会独立程度与业绩之间，在跨越统计期的情况下存在显著的相关，但是董事会成员的数量并不能影响企业的业绩[94]。

在现代企业治理结构中，独立董事发挥了越来越重要的监督作用，国内外的学者对基于不同的视角，对独立董事与企业业绩之间的关系的研究结论也不尽相同。

Boyd 认为，独立董事所拥有的资源会随着其比例的增加而上升，在企业的经营过程中，企业可以充分利用独立董事的关系网络来适当地降低运营的不确定性，由此，企业的业绩也会得到相应的提升[95]。初旭、周杰基于国内文化创意性企业，研究了该类企业的董事会结构对经营业绩的影响，实证表明，董事会中独立董事所占的比例越高，其越能够充分运用自己多方面的资源为企业获取更多的资本，使文化创意类公司的创意水平得到提升，进而促进企业的发展[96]。刘亭立、曹锦平认为独立董事的比例对业绩有显著的影响，并且重点分析了独立董事兼职的个数对业绩影响，发现兼职 3~6 家为较好的区间[97]。

还有一些学者得出了不同的结论，Rosenstein 研究了独立董事的占比对企业业绩的影响，发现两者呈现负相关[98]。Sanjai 认为独立董事比例的高低并不能影响企业长期的经营业绩[99]。Gupta 也得到了同样的结果，他将这种结果解释为是由于独立董事缺乏激励以及经验不足[100]。徐金喜研究了国有上市公司的董事会治理结构与表示业绩的净资产收益率（ROE）、每股收益（EPS）发现，独立董事占董事会全部成员的比例的大小并不能显著地影响企业的绩效，他认为之所以产生这样的结果，究其原因是国有控股的公司中，独立董事的监督作用并没有发挥其效用，并且，一些独立董事"身兼数职"，无法一心多用[101]。无独有偶，王新红[102]、冯梦黎[103]、卜英姿[104]、周远[105] 等人也得出了同样的结论，认为国内的独立董事制度发展时间不长，仍然存在不健全的问题，许多企业设置的独立董事只是挂职，并没有发挥实质性的监督作用，属于"花瓶董事"。

3. 高管激励对公司绩效的影响

作为公司治理结构中经营者角色的企业管理人，如何对经理人进行激励，使他们朝着委托方的利益看齐，从而减少代理问题，使得各方都能实现共赢，国内外的学者对此进行了多角度的分析，大部分研究集中在对高管的薪酬激励和股权激励。

Wood[106] 及 Peneder[107] 分别从定性和实证方面研究了经营者团队的报酬激励对企业价值的影响，发现提高工资可以一定程度上刺激高级管理人员的积极性，从而能够更加努力地为企业的业绩出力。刘绍娓、万大艳基于股权集中度的角度对比分析了国有和非国有企业的高管薪酬对业绩的影响，发现这两种企业的共同点是，在股权适度集中的情况下，高管薪酬越高，对高管的激励程度越深，对企业绩效的正向影响越显著[108]。黄新建、李晓辉认为，在制度环境相对健全的条件下，提高民营上市企业的管理者薪资，将会对企业的业绩提升有显著的正相关影响[109]。李斌、郭剑桥通过验证制造行业的管理者薪资水平于业绩之间的关系，发现高报酬与高绩效显著正相关。然而，他们同样指出，对于不同的行业，其对薪资的高低敏感度不尽相同，因此，要根据实际情况解决问题[110]。

一些学者对经理人的薪酬激励得出了不同的结论。Attaway 认为提高经营者的劳动报酬与企业的经营业绩不存在显著的相关关系[111]。杨睿娟、蔺娅楠通过分析电子信息行业企业的高管激励情况，发现该行业较高的报酬并不能明显地促进绩效的提升，认为企业应当重视对管理团队的中长期激励，除了报酬外，可以适当让经营者持有一部分股权[112]。段军山、黄剑超分析了商业银行的高级管理人员的薪资与银行业绩之间的相关性，发现两者为倒 U 形的曲线关系，可能的原因是，银行的管理人员相对于其他行业来说，所获的报酬较高，而效率却并不见得提高，形成物极必反的境况[113]。

另外，公司的管理者团队持有部分股权也被认为是有效的激励方法，李维安认为通过增加经营者的持股份额，可以有效地降低与投资者之间的委托代理问题，在民营企业的股权结构中经理人的持股比例与企业之间的相关性较为显著[114]。袁志忠、朱多才以每股收益（EPS）的大小表示企业的业绩好坏，运用多元线性回归模型分析了我国房地产上市公司的管理层持股对业绩的影响，认为当经理人拥有公司部分所有权时，他将会把自己与公司当作利益共同体，从而在完成业绩目标时表现的更加积极[115]。学者徐向艺[116]、佟爱琴[117] 等人也得出了相同的观点。

另外一些学者持有两者非线性相关及不相关的观点。陈树文、刘念贫以每股净资产（EPS）及净资产收益率（ROE）表示高新技术企业的营业业绩，运用回归分析进行管理层持股份额与绩效关系的实证，结果发现，两者存在倒 U 形的二次曲线关系，提出高新技术公司不仅要适当提高经理人的报酬，同时还要对核心技术人员进行股权的激励[118]。张曦、许琦对部分上市公司的股权结构进行了研究，发现对高级管理人员的股权激励手段并未得到相应业绩的提升，原因可能是国内的股权激励机制尚未成熟，达不到激励的成效[119]。

3.3.3　REITs 企业治理结构理论分析

随着现代企业的逐步发展，合理的企业治理结构越来越占据重要地位，大型企业安然与世通的丑闻震惊了世界，从而引发了企业监管的重大改革。2002 年美国 Sarbanes-Oxley 法案的推出就是为了防止现任管理层操纵内部治理机制，加强企业的内部治理。房地产投资信托基金是美国为了拓宽房地产融资渠道而提出的创新性金融工具，过去的二十年里，美国 REITs 以平均 10.9％的年平均收益率排在行业前列。我国在对 REITs 探索中，可以适当借鉴美国 REITs 的发展模式和内部治理机制，取其精华，完善自我。

为了突出 REITs 公司治理的重要性，Sirmans 强调，类似于安然和世通的丑闻，房地产市场也同样会发生企业家带着投资者的资金出逃的事件。治理机制旨在减轻所有者和经营者之间可能发生的利益冲突，再好的公司治理结构在实践过程中也会产生不可避免的信息不对称[120]。狭义的公司治理机制包括股东、董事会、高管基于企业绩效的治理。在有关 REITs 企业治理问题的研究中，大部分也都集中在股权结构、董事会构成或者高管薪酬激励方面。Bauer 认为，REITs 治理结构能够显著地影响企业绩效，所有权结构越合理，独立董事占比越高，董事会对经理层监管越严格，REITs 的绩效水平也就越好[121]。

设立 REITs 要求有分散化股权，前五大股东持股之和应少于 50％[122]。REITs 的这种规定可以减少敌意收购，而其所有权结构的相对分散使得董事会的监管更为关键[123]。自 20 世纪 90 年代起，REITs 公司较多地实行自我管理，董事会和大股东的监管（即机构投资者、大股东和外部董事）有利于缓解管理者和股东之间的代理问题[124]。大部分早期的研究主要集中在单一的治理方面，Cannon 以及 Vogt 从管理类型（自我管理型和委托外部管理型）研究了美国 42 个权益型 REITs 公司治理和绩效的关系，发现自我管理型 REITs 胜过委外管理型 REITs[125]。

Patrick 认为在亚洲 REITs 的背景下，研究其治理结构对绩效的影响是非常有必要的，因为 REITs 在亚洲的发展时间较短，强调 REITs 的外部管理具有信用风险，可能会出现外部管理者损害股东利益从中获取价值的情况，比如，新加坡 REITs 采用的外部管理模式便产生了很多代理问题[126]。因此，REITs 采用外部管理模式可能产生除内部治理的股东、董事会、管理层之间的代理关系之外，更加明显的利益冲突，从而使股东的利益蒙受更多的损失，阻碍 REITs 行业的健康发展。另一方面，外部管理模式的 REITs 可能会产生更多的代理成本，使得 REITs 的现金流及收益受到影响，最终侵蚀其股票价值，这或许也是美国目前多数采用内部管理的伞形组织结构的原因。

国内 REITs 的相关研究集中在对 REITs 的风险、组织模式及政策建议方面，对于 REITs 企业治理结构的相关研究较少，而 REITs 企业治理结构的合理性又关系到业绩的实现以及企业的稳定发展。因此，通过借鉴美国 REITs 企业的成熟理念及经验，本书通过研究美国上市 REITs 企业的治理结构对其绩效的影响，试图在股东、董事会、管理层之间寻找相对均衡，减少各利益相关方的委托代理问题，以期完善我国 REITs 治理结构，促进企业良好绩效的实现，保障 REITs 市场稳健地发展。

3.4 契约型 REITs "委托—代理" 理论

3.4.1 内部治理机构关系概况及基金管理人激励行为模型分析

1. 契约型 REITs "委托—代理" 关系的分类

契约型 REITs 内部治理结构中的利益相关者包括基金持有人、基金管理者、基金托管银行和物业管理机构。基金管理人作为基金发起人，他们除了运营管理 REITs 的日常事务外，一般还持有基金受益凭证，故他们往往也是本基金的惠顾者。所谓惠顾者就是与基金发生交易关系的所有人。惠顾者不一定是基金公司所有者，但在某种情况下有可能成为基金公司所有者。一旦某一惠顾者阶层成为基金公司资源的支配者和基金公司利润的享有者，其惠顾者身份就与所有者身份合一，其经济利益就与基金公司利益一体化，从而他们与基金公司之间的市场交易关系就为基金内部的所有制关系所替代。本文着重分析基金持有人与基金管理人两者之间的"委托—代理"关系，可把它们之间的关系分为以下两种（图 3-6）：

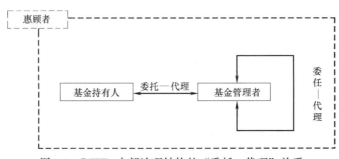

图 3-6　REITs 内部治理结构的"委托—代理"关系

（1）基金持有人与基金管理者之间的"委托—代理"关系

基金的持有人主要有养老基金、保险基金、房地产共同基金、个人投资者和其他共同基金等。基金的所有权属于基金持有人，而运营管理权归属于基金管理者所持有，基金的所有权和管理权发生了分离，因此，在本基金中存在着"委托—代理"关系。

（2）基金管理者自身的不完全"委托—代理"关系

不完全"委托—代理"关系是指当基金管理人是管理者同时又是惠顾者时，基金管理人将自己所持有的基金份额（即资产）纳入到 REITs 的总资产中，并进行运营管理，但由于基金管理人占有基金份额，故也是所有者之一，基金的所有权和运营管理权出现没有完全分离的情况。

2. 契约型 REITs 内部治理结构"委托—代理"关系的特点

关于契约型 REITs 的性质，根据新加坡金融管理局、中国香港证监会等政府部门的定义："契约（信托）型 REITs，是指基金投资者与基金管理公司依法签订信托契约，基金管理人通过发行受益凭证向投资者募集资金，投资者以购买受益凭证而获得信托受益权，契约型 REITs 通过契约机制来约束双方当事人。"从澳大利亚、新加坡等国家和中国香港的契约型 REITs 的运行实践来看，REITs 作为独立的经济实体参与市场活动，其性质与公司相似，REITs 运营中实行类公司管理和互惠合作，这将导致契约型 REITs 与普通企业在内部治理结构"委托—代理"问题上相比具有自己的独特之处。其组织结构如图3-7 所示：

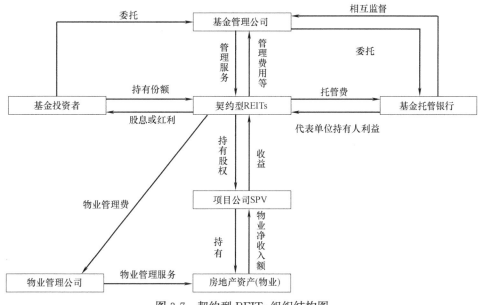

图 3-7　契约型 REITs 组织结构图

（1）基金管理人拥有较强的资源优势及剩余收入的绝对控制权

在"委托—代理"关系中，基金代理人（以下称基金管理人或基金管理者）是指能够主动设计契约形式的当事人，而基金委托人（以下称基金持有人或基金投资者）则是被动接受契约的人。基金持有人为了更好地实现自身利益而将经营权让渡给基金管理者，即基金管理者有权投资和运营该基金资产，故基金管理者对本基金的剩余收入有着绝对控制权。基金管理人自身具备较强的要素禀赋（业务能力、道德水平、经验等）和资源优势，所以，在这样的"委托—代理"关系下 REITs 内部治理结构更容易出现内部人控制问题。如中国香港领展 REITs 的发起人是政府部门（中国香港房屋委员会），且委托领展资产管理有限公司作为基金管理人管理本基金，虽然其管理报酬只占很小比例，但是它对基金的影响力极大，它对本基金的剩余收入有绝对控制权。

（2）基金中各行为主体具有明显的互惠倾向

关于"委托—代理"模型的构建基本都沿用了经济学中理性人、行为偏好不变等基本假设，模型中的各行为主体都是独立的"理性人"，在自利性偏好的假设前提下，追求自身利益最大化。如基金投资者追求资本增值和利润最大化，基金管理人除了追求更高的薪酬、奖金等货币收入以外，还有更多的非物质追求（如晋升、声誉的提高等）。由于基金管理人具有丰富的投资经验，掌握着大量的对于投资有利的信息，相对来说，基金持有人处于劣势。所以，建立合理的 REITs 内部治理结构的主要目的就是要实现各方行为主体的互助互惠，而且在运营实践中，对互惠的关注已经成为基金持有人与基金管理人所必须考虑的重要因素。契约型 REITs 与普通企业在"委托—代理"关系上相比，基金中各行为主体的偏好假设，除了自利性偏好，还应该加上互惠性偏好。如越秀房托不仅是越秀地产的全资子公司，而且也是越秀REITs的基金管理人，同时越秀地产持有越秀REITs基金份额的37.10%，越秀房托由于其经济利益与政治利益，两者之间的目标利益函数趋于一致，有明显的互惠倾向。

（3）基金中存在不完全"委托—代理"关系

对于普通上市企业，委托人（股东）和代理人（管理者）的关系非常明确，股东持有企业股份，是企业的所有者，而管理层受股东委托，拥有公司的经营权，成为公司管理者。而在契约型REITs内部治理结构的运行实践中，绝大部分的情况是，管理者作为发起人同时持有一定比例的基金份额，故基金管理人既是管理者同时又是基金的所有者，他们往往也是基金的惠顾者。基金中所有权和经营权不完全分离的情况，在契约型REITs组织结构中普遍存在。如凯德商用新加坡信托REITs的基金管理人持有总基金份额的5%，管理者通过持有基金份额而成为基金持有人，为此管理者与其他基金投资者形成风险共担、利益共享，管理者更愿意投入更大努力去经营本基金。

3.4.2 内部治理结构"委托—代理"理论模型

1. 基本假设

结合契约型REITs内部治理结构的特点，可以得出REITs内部治理结构"委托—代理"理论模型的基本假设如下：

（1）REITs组织结构中的基金管理人为REITs的代理人，设基金管理人从"委托—代理"契约中获得的管理服务费用（薪资收入）为 w_i；又因为REITs内部治理结构中存在不完全"委托—代理"关系，故基金管理人既是管理者同时又是基金的所有者或惠顾者，所以，设基金管理人从与REITs的交易市场中获得的资本利得（收益）和因自身基金份额而得到的股息分红为 m_i；再者，基金管理人还要从REITs的总投资收益中获取业绩提成为 $t_i q$，其中，q 代表REITs企业本年度收入的净利润，t_i 表示基金管理人因双方签订契约合同从 q 中分得的比例；此外，基金管理人因基金份额还将从基金退出时，基础资产的转让、出售由于资产升值所得到的资本利得 r，本部分不作为REITs运营中基金管理人所取得的收益。

（2）由于REITs内部治理结构中的各行为主体之间存在互惠行为，故设基金管理人对互惠偏好的效用函数为 $k_i = k_i(Y_i Q_{ji})$，Y_i 表示基金管理人对互惠行为关注的敏感性系数，Q_{ji} 为基金持有人对基金管理人给予的惠顾程度。假设 Y_i 大于0时，表明契约型REITs的基金管理人存在互惠性偏好，当 Y_i 的值越大表明基金管理人互惠性偏好越强；假设 Y_i 小于0时，表明基金管理人对互惠性偏好持厌恶态度；同理，设基金投资者的互惠偏好的效用函数为 $k_j = k_j(Y_j Q_{ij})$。

（3）设基金管理人运营管理本基金时努力程度为 a，相对应的成本是 $c(a)$，假定 $c(a)' > 0$，$c(a)'' > 0$，成本 $c(a)$ 是努力程度的严格凸函数，即努力程度 a 越大，成本 $c(a)$ 越高；$s(x)$ 为基金投资者用于监督的投入成本。

（4）$\bar{u}$ 为基金管理人在不接受基金投资者签订契约时的最大期望效用，在这里称为保留效用。由于在REITs内部治理结构中，基金投资者在"委托—代理"关系中的人力资本和信息资本实力较弱，但是拥有基金所有权，所以当基金投资者从REITs中得到的效用小于自己的期望效用时，则会选择解雇基金管理人，即终止"委托—代理"关系，所以本文设 $\bar{v}$ 为基金投资者的保留效用。

2. 理论模型

由以上假设可知，基金管理人的期望效用函数为：

$$U = u(w_i + m_i + t_i q) + k_i(Y_i Q_{ji}) - c(a) \tag{3-9}$$

其中：$u(w_i + m_i + t_i q)$ 为基金管理人的货币收入效用，$k_i(Y_i Q_{ji})$ 为基金管理人互惠性偏好带来的收入效用，$c(a)$ 为基金管理人的运营成本。

基金持有人的期望效用函数为：

$$V = v[m_j + (1 - t_i)q] + k_j(Y_j Q_{ij}) - s(x) \tag{3-10}$$

其中：m_j 表示基金投资者因出售、转让基金份额从资本市场而获取的投资收益，$(1 - t_i)q$ 为基金投资者因基金份额从基金净利润中获取得分红（假设 q 全部分配），$k_j(Y_j Q_{ij})$ 为互惠偏好带来的效用，$s(x)$ 为委托成本。

契约型 REITs 内部治理结构中，各行为主体"委托—代理"关系必须满足以下两个约束条件：

（1）参与约束（IR）。是指基金管理人在接受基金投资者"委托—代理"契约合同中，获得的预期效用必须大于在同等成本约束下从管理其他基金中可以获得的最低效用水平。如果基金管理人的要求得不到满足，则不会与基金投资者合作，所以，基金管理人的参与约束为：

$$u(w_i + m_i + t_i q) + k_i(Y_i Q_{ij}) - c(a) \geqslant \bar{u} \tag{3-11}$$

基金投资者的参与约束为：

$$v[m_j + (1 - t_j)q] + k_j(Y_j Q_{ij}) - s(x) \geqslant \bar{v} \tag{3-12}$$

（2）激励相容（IC）。是指基金投资者的利益最大化要通过基金管理人的效用最大化水平才能实现。也就是说，如果 a 是基金投资者希望基金管理人达到的努力程度，$\mathring{a} \in A$ 是基金管理人的任一努力程度，那么，只有当基金管理人从选择 a 中得到的期望效用大于从选择 $\mathring{a}$ 中得到的期望效用时，基金管理人才会选择 a。如果基金管理人的要求得不到满足，那么基金管理人则不会选择基金投资者预期的努力水平 a。故契约型 REITs 内部治理结构"委托—代理"关系中的激励相容条件为：

$$u(w_i + m_i + t_i q) + k_i(Y_i Q_{ji}) - c(a) \geqslant u(w_i + m_i + t_i q) + k_i(Y_i Q_{ji}) - c(\mathring{a}) \tag{3-13}$$

综上所述，契约型 REITs 内部治理结构中的"委托—代理"模型可以表示为：

$$\begin{cases} Z = \max\{v[m_j + (1 - t_i)q] + k_j(Y_j Q_{ij}) - s(x)\} \\ \text{S. t} \begin{cases} u(w_i + m_i + t_i q) + k_i(Y_i Q_{ij}) - c(a) \geqslant \bar{u} \\ v(m_j + (1 - t_i)q) + k_j(Y_j Q_{ij}) - s(x) \geqslant \bar{v} \end{cases} \\ u(w_i + m_i + t_i q) + k_i(Y_i Q_{ji}) - c(a) \geqslant u(w_i + m_i + t_i q) + k_i(Y_i Q_{ji}) - a(\mathring{a})(\mathring{a} \in A) \end{cases}$$

$$\tag{3-14}$$

3.4.3　基金管理人激励行为分析框架

1. 基本假设

笔者将契约型 REITs 中的基金管理人的受激励程度用基金管理人的努力程度 a 来表

示。努力程度 a 越大，表明基金管理人受激励的程度越大。结合新加坡 REITs 运行实践和基金管理人的效用函数 $U=u(w_i+m_i+t_iq)+k_i(Y_iQ_{ji})-c(a)$，可以得到基金管理人激励行为分析的基本假设如下：

（1）为了便于分析，我们将上述基金管理人的效用函数货币化：$u(w_i+m_i+t_iq)$ 为基金管理人的货币收入效用，其代表了基金管理人的自利性偏好，货币收入越多则表明货币收入效用越大，故笔者直接用货币收入的数值 $(w_i+m_i+t_iq)$ 来表示基金管理人的货币收入效用 $u(\cdot)$ 的大小；$k_i(Y_iQ_{ji})$ 为基金管理人的互惠偏好效用，互惠偏好在契约型 REITs 内部治理结构中是普遍存在的，也是不容忽视的内部组织行为，本书用 εY_iQ_{ji} 表示互惠性偏好的货币化数值，其中 ε 为基金管理人互惠偏好的货币化系数；$c(a)$ 是基金管理人在努力程度为 a 时的成本，由于前文假定 $c(a)'>0$、$c(a)''>0$，所以用 ba^2 代表 $c(a)$ 的货币化数值，$b>0$ 为努力成本系数，故成本是努力程度 a 的严格凸函数，即基金管理人的努力程度越大，消耗成本越多。

（2）设 REITs 的投资总收益为 Q。容易得知基金管理人的努力程度 a 越大，则 REITs 的投资总收益 Q 和投资净利润 q 也会越大（$q<Q$），故用 $Q=\gamma a$、$q=\gamma'a$ 来表示两类投资收益与 a 之间的关系，其中 γ、γ' 表示两者之间的相关性系数。

（3）由于基金管理人在 REITs 基金中持有基金份额，即存在不完全"委托—代理"关系，为便于分析，将基金管理人的努力程度 a 分为 βa 和 $(1-\beta)a$ 两部分（$0<\beta<1$），其中 β 表示基金管理人为基金投资者经营的努力程度，$(1-\beta)$ 表示基金管理人为自身经营的努力程度。基金管理人的效用函数中，m_i 表示基金管理人因占有基金份额而作为基金投资者的收入，设基金管理人作为投资者的投资收益占投资总收益 Q 的比例为 λ，则 m_i 可表示为 $m_i=\lambda Q=\lambda\gamma(1-\beta)a$。

（4）互惠效用函数中，Q_{ji} 表示基金投资者对基金管理人给予的惠顾程度，基金投资者的惠顾程度越大，则分给基金投资者待分配的盈余也越多，所以，$Q_{ji}=\theta(1-t_i)q=\theta(1-t_i)\gamma'a$，其中 θ 为相关系数，$(0<t_i<1)$。

2. 模型求解及分析

由于基金管理人相对于基金投资者来说具有先天的强势地位，同时，依据"委托—代理"关系中的激励相容条件可知，基金管理人必先最大化自身效用以后才会考虑基金投资者的效用。所以，通过上述假设可得基金管理人效用的货币化函数 U^* 为：

$$U^*=[w_i+\lambda\gamma(1-\beta)a+t_i\gamma'a]+\varepsilon Y_i\theta(1-t_i)\gamma'a-ba^2 \qquad (3-15)$$

结合基金管理人努力程度的参与约束式（3-11）可得最大化基金管理人货币收入的一阶条件为：

$$\frac{\partial U^*}{\partial a}=\lambda\gamma(1-\beta)+t_i\gamma'+\varepsilon Y_i\theta(1-t_i)\gamma'-2ba=0 \qquad (3-16)$$

从式（3-16）中可以解得基金管理人效用最大化时的努力程度：

$$a=\frac{\lambda\gamma(1-\beta)+t_i\gamma'+\varepsilon Y_i\theta(1-t_i)\gamma'}{2b} \qquad (3-17)$$

式（3-17）即为基金管理人激励相容的一阶等价条件。在式（3-17）得以满足的基础上，将式（3-17）式和参与约束式（3-9）、式（3-10）代入基金投资者的效用函数，可得到基金投资者效用最大化时的一阶条件。本书仅考虑基金管理人的激励，则由式（3-17）可知：

（1）基金管理人由自身基金份额所取得的投资收益占投资总收益的比重 λ 与其努力程度 a 正相关。即如果基金管理人由自身基金份额所取得的投资收益占投资总收益的比重越大，则对基金管理人的激励程度也越大。这一点可以用来解释为什么目前澳大利亚、新加坡等国家和中国香港的契约型 REITs 的基金管理人往往自身都占有较多基金份额。

（2）基金管理人对互惠关注的敏感性系数 Y_i 与其努力程度 a 正相关。这说明当 REITs 基金管理人是一个互惠性偏好者时，他将付出更大的努力去经营本基金。

由式（3-17）转化得：

$$t_i = \frac{2ba - \lambda\gamma(1-\beta) + \varepsilon Y_i \theta \gamma'}{\gamma'(1 - \varepsilon Y_i \theta)} \tag{3-18}$$

从式（3-18）可知基金管理人的业绩提成占净利润的分配比例 t_i 与基金管理人的努力程度 a 正相关。这一点可说明基金管理人的自利性偏好将影响其自身的努力行为。综上可知，REITs 内部治理结构中的基金管理人的努力程度 a 与该基金管理人由自身基金份额所取得的投资收益占总投资收益的比重 λ、基金管理人对互惠关注的敏感性程度 Y_i、基金管理人的业绩提成占净利润分配的比例 t_i 等因素存在正相关关系。

3. 契约型 REITs 内部治理结构"委托—代理"问题产生的原因分析

关于"委托—代理"问题产生的原因，很多研究都认为是由于所有权和经营权分离所导致的逆向选择与道德风险所致，但是关于 REITs 内部治理结构"委托—代理"问题产生的原因并没有进行深入的研究。本书认为，REITs 内部治理结构"委托—代理"问题的根源在于 REITs 组织内部存在着非对称信息和不完全契约。

4. 契约型 REITs 内部治理结构非对称信息概况

在契约型 REITs 企业运行实践中，由于基金管理人自身的要素禀赋和资源优势要强于基金投资者，故基金管理人与基金投资者对于获取信息的能力存在差异，进而导致两者之间产生信息不对称的现象。根据契约型 REITs 内部治理结构非对称信息的特点，分为外生性非对称信息和内生性非对称信息。

（1）外生性非对称信息

外生性非对称信息不是由契约双方的行为所致，而是由契约双方的要素禀赋（业务能力、道德水平、经验等）所决定。在契约型 REITs 中，虽然每个基金管理人对运营管理的目标都是要实现 REITs 企业收益最大化及基金投资者利益最大化，但由于不同类型的基金管理人自身要素禀赋的差异，使得基金管理人的目标也会不同，而基金管理人的目标信息没有完全公开，故基金投资者在制定契约时无法获知基金管理人经营目标的"隐藏信息"。

（2）内生性非对称信息

内生性非对称信息是指基金管理人拥有资源优势，在契约签订后，基金持有人无法观察到基金管理人的全部行为，也无法全面、及时、准确地了解到外部市场环境的变化而导致信息不对称的现象。因此，基金持有人很难分辨出经营业绩好坏究竟是外部市场环境变化所致，还是由于基金管理人自身行为所致。具体来说，在契约型 REITs 内部治理结构中，由于基金管理人的努力程度 a 不能被准确衡量、基金管理人对于互惠关注的敏感性程度 γ_i 无法被有效监测、基金管理人对于 REITs 企业业绩提成占净利润分配的比例 t_i 握有决定权等，加上基金管理人力资源、信息资源等各方面的实力要强于基金投资者，使得基金投资者无法制定完全的契约机制对基金管理人的"隐藏行动"进行有效的监督和激励。

5. 契约型 REITs 监督和激励契约的不完全性

由于基金管理人在契约型 REITs 内部治理结构中存在"隐藏信息"和"隐藏行动"的行为，使得基金投资者与基金管理人在拟定契约合同时，无法将基金管理人的所有行动完整地写入契约合同，加上两者之间的资源优势差别较大，所以，基金投资者会花费较高的监督成本。基金管理人同时也受到基金托管人的监督，但基金管理人作为基金发起人，基金托管人由其任命，导致基金托管人监督缺乏独立性，从而使得其监督力度对基金管理人微乎其微。

在契约型 REITs 企业运营管理中，基金投资者与基金管理人双方约定设置相应的激励契约，但是由于基金投资者无法获取基金管理人努力程度及其他影响激励因素的有效信息，所以，制定的激励契约合同必然是不完整的。

在基金持有人监督和激励契约不完整的情况下，具有要素禀赋优势和资源优势的基金管理人会通过 REITs 企业内部不完全的契约机制和非对称信息来实现自身的目标函数，并实现自身效用的最大化。其作用机理如图 3-8 所示：

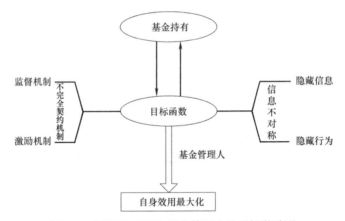

图 3-8　契约型 REITs 基金管理人的目标激励图

6. 信息显示与契约型 REITs 激励契约机制的改进

在 REITs 企业的运营管理中，由于基金管理人拥有禀赋优势和资源优势，会通过 REITs 企业内部不完全的契约合同和非对称信息来实现自身利益的最大化；同时，根据"委托—代理"理论中的激励相容约束条件，对于基金持有人来说，基金持有人的利益最大化要通过基金管理人的效用最大化水平才有可能实现，所以，基金持有人重新拟定完全的契约合同来解决 REITs 企业的"委托—代理"问题是不可行的，也是不切实际的。解决问题的重点在于，我们如何根据契约型 REITs 企业内部治理结构"委托—代理"关系的特点，设计出强有力的监督和激励契约机制，改进 REITs 企业内部治理结构的信息不对称现状，从而使 REITs 企业内部治理结构的"委托—代理"关系达到一个新的次优均衡。

（1）通过信号传递模型建立显性化机制

通过信号传递模型，改进现有的契约合同及契约环境，使得基金管理人显示自己的

"隐藏信息"，并为基金持有人所识别，以此改变基金持有人的信息劣势。

1）建立必要的 REITs 基金管理人资格条件准入审批程序

从信号传递的角度来看，通过基金管理人的主管部门资格前审程序，帮助基金持有人对基金管理人做出首轮核查筛选，使资产负债过高、信誉较差、管理经营能力欠佳的基金管理人不能参与到 REITs 交易中，这就从源头上弱化了"逆向选择"问题的产生。但是，为了保持基金市场上有足够的 REITs 管理机构以维持相互竞争格局，政府主管部门对基金管理人的门槛设立不应过高，除 REITs 基金公司外，可允许具有 REITs 管理能力、经验丰富的保险公司、信托公司等充当 REITs 的基金管理人，形成一个充分竞争的基金管理人市场，促使基金管理人提高其经营水平，维护基金持有人的利益。

2）完善契约型 REITs 信息披露制度，实行在全社会范围内公开

从前文对基金管理人激励行为的分析可知，REITs 的业绩提成占净利润分配的比例 t_i 对基金管理人的努力程度 a 起到正向的激励效用。业绩报酬机制的设计上存在基金管理人与基金投资者之间的博弈，本质上属于制度创新，业绩报酬提取方式以及提成比例 t_i 由基金管理人主导所定制，信息的不对称与不完全的契约机制加大了基金管理人的权力寻租行为。而且基金持有人（如：中小投资者）无法对基金留存收益（股利分配后剩余收益的<10%）进行有效的监督。因此，从信号传递的角度来看，应该加大力度完善契约型 REITs 信息披露制度，实现管理人定期向基金持有人公布 REITs 资本结构中的债务比率、股利发放比例的确定以及股利政策的选择等信息在全社会范围内公开。

（2）通过信号甄别模型建立动态监测机制

为了降低 REITs 管理人的"隐藏行动"行为，基金投资者需要改进相应的契约机制，对基金管理人的"隐藏行动"信号进行有效的甄别，从而降低基金管理人的机会主义行为。

1）建立基金管理人考核制度，完善 REITs 内部治理结构的民主决策机制

由于基金管理人的互惠性偏好 Y_i 将对其努力程度 a 产生正向的影响，而基金管理人的互惠偏好行为 Y_i 又无法准确测量，这将对基金管理人的激励起到负面作用。所以，应该在 REITs 企业内部建立基金管理人考核制度，对在 REITs 企业运营管理过程中投入较多努力且取得良好业绩的基金管理人进行奖励，如合理的股权激励；对经营业绩较差投入努力较少的基金管理人进行相应的惩罚，如业绩补偿机制。此外，为了将基金管理人的不良"隐藏行动"显示出来，需要完善 REITs 企业内部治理结构的民主决策机制，对于重大事项的投资物业组合、风险运营管理和盈余分配等决策，通过拥有投票权的基金持有人来决定基金管理人的行动方向。同时，还要建立 REITs 独立董事制度和通过设计合理的机制引入独立的第三方基金托管人。

2）明晰 REITs 产权结构，引入大型机构投资者和投票权代理制度

由基金管理人的激励行为理论可知，基金管理人的努力程度还将受到由其自身基金份额所取得的投资收益占 REITs 总投资收益的比重的影响。这表明在法律规范下，持有 REITs 企业基金份额比例较多或是因自身基金份额所取得的投资收益比重较大都会使基金管理人投入更大的努力去运营管理本 REITs 企业。作为凯德商用新加坡信托 REITs，产权结构明晰，基金管理人除了获得管理费用、股利收益分红、业绩提成分红，还有因基础资产升值而获得的资本利得。基金管理人通过持有基金份额而成为基金投资者，基金管

理人以此与 REITs 基金其他投资者形成利益共享、风险共担，基金管理人更愿意投入更大努力去经营本基金。而反观我国仅存的一只鹏华前海万科 REITs 的实践表明，REITs 基础资产的产权结构并没有完全明晰，基金投资者仅有租金收益权而无法获取资产增值收益，这就使得基金管理人存在着通过不完全的产权结构攫取 REITs 组织剩余的可能，故应该明晰 REITs 基础资产的产权结构。

在契约型 REITs 运营过程中，对于重大项目的投资决策，基金持有人主要通过 REITs 投资人大会来行使其权利，影响和约束基金管理人的行为活动。在没有大型机构投资者的情况下，中小投资者由于自利性偏好，倾向于"搭便车"与"理性冷漠"，REITs 投资人大会形同虚设，容易被基金管理人控制即内部人控制。解决这个问题可以通过引入大型机构投资者如保险公司、养老基金等。

此外还可引入投票权代理制度。是指在某段时间内，某些中小投资者将其所持有的 REITs 基金份额的投票权委托给某些基金代理人，由该基金代理人以基金投资者的名义集中行使投票权的一种制度。对于中小投资者而言，投票权代理制度的引入可以挖掘已经埋没的表决权，大大提高基金投资者大会的作用，有利于基金持有人监督约束基金的运作，更好地维护中小投资者的利益。

3.5 制度理论及制度变迁理论

3.5.1 制度理论

制度在英文中是"Institution"，很多经济学家对此都有过定义。凡勃仑（Veblen，1964），旧制度经济学家代表人物，认为制度是社会或个人对某些相关联的关系或作用的一般行为习惯。另一代表人物康芒斯（Commons，1934）则把制度定义为集体行动约束个人行动的一系列行为准则。新制度经济学家代表人物诺斯（North，1994）则把制度定义为是一个社会的博弈规则，认为它们是人为制定的，用以约束人们互动关系的规则。舒尔茨（Schultz，1968）认为制度是一种行为规则，这些规则涉及经济、社会及政治规则。林毅夫（2012）认为制度是人为设计出来的，用来规范人们互动行为的规则[127]。综上所述，可以看出，共同一点都是强调制度是规则，是由人们在共识的基础上制定出来，用以规范人的行为的。"共识"是合作得以进行的基本条件，而为合作提供"共识"就是制度的基本功能[128]。它告诉人们什么条件可以做什么，以及违反合作所要付出的代价这类共识，这就是人们所设定的一系列的规则。制度在社会的主要作用是，通过提供一套界定人们选择空间、约束人们互动关系的规则，从而减少环境中的不确定性，降低交易成本和产权保护，促进生产性活动并提供激励和约束机制。它如同设计一副框架把自己禁锢在一定的范围之内，以达到规范自己和他人行为的目的，从而使社会更好地运转。

3.5.2 制度变迁理论

制度变迁是指制度的替代、转化与交易过程（North，Thomas，1973）。它有两层含义：一是制度创新；二是新旧制度转轨。一方面，制度变迁可以被理解为一种效率更高的制度产生的过程。在这个过程中，能够使创新者获得不创新就不能获得的利润，是制度从无到有的过程。另一方面，制度变迁还可以被理解为一种效率更高的制度替代另一种制度的过程。在这个过程中，能够使创新者获得追加或额外利益，是对现有制度的改革。经济活动既包括人物之间的替代和转换活动，又包括人人之间的交易活动，因此，制度变迁还可以被理解为制度的交易过程。在这个过程中，制度是一种典型的双务合意契约，是制度博弈的过程。制度不是某种自然资源，而是要人为地去进行创造和规范，因此制度变迁是一个非常缓慢且复杂的动态变迁过程，是在边际上一系列规则、实施的形式及有效性变迁的结果，是从制度均衡到制度非均衡，再恢复到制度均衡的变动过程。由于制度变迁的利益与权力调整和再分配性质，制度变迁实质上是"非帕累托改进"，通过牺牲一部分人的利益而实现另一部分人利益的增加，或者社会总体财富的增加。

马克思（Marx，1844）从社会发展的角度分析，认为制度变迁是由生产力决定的。舒尔茨（Schultz，1968）从生产力发展的角度分析，认为经济增长及技术进步是制度变迁的根本动力。哈耶克（Hayek，1962）从生物进化的角度分析，认为制度变迁是一个自发演化的过程，而不是人为设计的过程。奥尔森（Olson，1995）从博弈角度分析，认为利益集团对制度变迁有决定性作用。诺斯（North，1990）认为相对价格的变化及对外部利润的追求导致了制度变迁。黄少安（2000）认为是由于环境变化超出制度容量允许的范围才导致制度变迁。林毅夫（2012）认为制度不均衡是导致制度变迁的主要因素。综上所述，以上学者的研究都对制度变迁理论有所贡献。不过，相比而言，诺斯的制度变迁理论系统、完备地分析了制度变迁的整个过程，最能代表新制度经济学在制度变迁方面的成就。因此，我们对美国 REITs 制度变迁的理论分析，将以诺斯的制度变迁理论作为分析依据。其中相对价格变化包括要素价格比率的变化、技术的变化、信息的变化等，其中大部分是内生性的，反映了利益集团持续重新缔约的最大化努力，并因而引致制度变迁[129]。外部利润是现有制度安排或制度结构中无法获取，而需要创造一种新的制度安排或者制度结构才能获得的利润。

3.5.3　美国 REITs 制度变迁的动因分析：基于新制度经济学考察

美国 REITs 制度自 1960 年确立以来，随着 REITs 行业经历了几起几落，REITs 制度也在许多方面发生了变迁。旧的制度安排一部分被废除，但也有一部分被保留，而另一些制度安排又被创新，这其中，经济形势的变化和随之产生的法律制度变化是最主要的因素。尽管现如今美国 REITs 的制度环境比 1960 年设立之初的效率高了许多，但必须通过——探究《1960 年国内税法典》《1976 年税制改革法案》《1986 年税制改革法案》《1997年纳税者减免法案》及《REIT 现代化法案》这些主要 REITs 的相关立法对 REITs 制度的修正和创新，从新制度经济学角度对美国 REITs 制度变迁三个阶段的制度修正和创新进行分析，以便于我们深刻地理解制度变迁这一过程，为推进我国 REITs 试点及其制度体系的建设提供最原始的素材。

1. 杠杆的过度使用以及新会计标准的出现

1968 年以后，美国建筑业蓬勃发展，建筑材料短缺，建设成本大幅增加，导致利率随着建设成本的增加而升高，造成了开发商和建设公司资金的极度短缺。REITs 作为理性的"经济人"，如何降低经营房地产的交易成本以及获取高息的回报成为管理者和股东们越来越重要的目标，使得 REITs 对专门投资于信贷贷款和面向高风险产业抵押贷款类项目提供的融资急剧增加。同时，一些投资于传统房地产的 REITs 开始转向抵押型 RE-ITs，一部分银行作为发起人也开始发行抵押型 REITs。但由于盲目的投资决策、过量的建设以及中东石油危机之后美国经济的"滞胀"，使得房地产市场面临严重供给过剩，这些情况导致了大量抵押贷款的违约和建筑商的破产（Hinse，1975），许多地区的房地产市场繁荣走向尽头。1973 年 12 月，规模庞大的公寓开发商 Kassuba 开发公司宣布破产申请，超过 20 只 REITs 向其提供过抵押贷款，其中最大的抵押型 REITs 给予其贷款更是高达 4.75 亿美元，Kassuba 破产震惊美国。随后，房地产市场持续恶化，越来越多的借款房地产开发商破产，一些从事短期建设抵押贷款的 REITs 出现违约，REITs 的债务负担不断加大。此外，由于作为 REITs 发起人的银行缺乏房地产市场投资经验以及银行、REITs 以及其顾问之间存在潜在的利益冲突，使得 REITs 提供有问题的贷款（Roberson，1975）。例如，在 1972 年底，一家由银行发起从事短期抵押贷款的 REITs 投资 100 美元，到 1975 年第一季度缩水了 89%，其价值仅为 11 美元。1975 年，会计行业强制推行新的会计标准，要求 REITs 不仅要确认其贷款损失成本，还要确认其估计的预期未来成本，进一步导致 REITs 的盈利减少。总之，盲目的投资决策、作为发起人的银行及其附属 REITs 机构之间存在的利益冲突以及新的会计标准，导致 REITs 债务负担逐步加重，债务杠杆比例加大，从而较大程度地增加了 REITs 资本相对价格。

2. 合伙企业的竞争、经济长期滞胀以及严峻的代理问题

进入 80 年代后，REITs 行业领会到过度放贷以及过度使用杠杆所引发的问题，主动调整其投资策略和经营理念，采用权益性资产代替抵押性资产，进行债务剥离，降低负债比率，从而减少了其债务负担。但是，随着 REITs 行业自身的产业技术结构优化升级，竞争对手也陆续出现。依据 1981 年的《经济复苏法案》，刺激产生了房地产有限合伙企业，并加剧了房地产投资的高涨。房地产有限合伙企业可以将经营亏损让渡给投资者，意味着投资者可以享受更多的税收优惠；房地产资产折旧期限的缩短，意味着应税收入的减少从而为投资者创造了新的税收优惠。此外，房地产有限合伙企业还能通过保持较高的财务杠杆，为投资者提供较高的税收优惠[130]。在 1981~1985 年间，房地产有限合伙企业资产以每年 39% 的速度高速增长，在 1985 年，其销售额更是超过 80 亿美元[131]。另一种与 REITs 竞争的是业主有限合伙企业[132]。业主有限合伙企业结合了房地产有限合伙企业和上市公司的优势，既可以提供与 REITs 相似的投资理念和流动性，又可以通过经营亏损的结转使投资者享受避税优惠，避免了双重征税。1981 年，Apache Pertoleum 公司是在股票市场上第一家以单元股份上市的业主有限合伙企业。业主有限合伙企业在未来几年大幅增加，在 1981~1989 年间，Christensen and Levi（1992）报告称，全国共成立了 141 家业主有限合伙企业。房地产有限合伙企业和业主有限合伙企业的产生，加剧了房地产投资资本的竞争，使得 REITs 的影响力逐步下降，对投资者的吸引力逐渐下滑，RE-ITs 在竞争中处于弱势地位。同时，美国经济长期处于"滞胀"，房地产业萎靡不振，REITs 的收益回报也因此明显降低，投资者对于 REITs 的投资信心一时难以恢复[133]。总之，REITs 在竞争的劣势地位以及投资者对其丧失信心，降低了 REITs 的无形资本，REITs 资本的相对价格随之改变。

根据 1960 年《国内税法典》规定，REITs 必须以信托方式将基金委托给外部专业机构来投资决策、经营和管理房地产，禁止其主动出售其拥有的物业或直接管理物业。也就

是说，REITs 必须委托物业管理公司管理物业，或者将物业出租。当时做此规定的目的是为了专业化管理，提升物业管理服务水平，从而提高投资收益，降低投资风险。然而，由于信息不对称，人们只能遵从有限理性原则，每个人就会追求自身效用的最大化，寻求符合自身利益的最佳方案。由于投资者和外部专业机构的目标利益不一致，政府缺乏完善的监督机制，作为受托人的 REITs 外部管理机构在实际运作中，普遍存在管理不善、不良借贷、关联交易等诸多损害投资者利益的代理问题。这些代理问题增加了代理成本，严重损害了投资者的信心，导致了 REITs 市场的萎缩，从而很大程度上增加了 REITs 管理相对价格的变动。

3. 养老基金的参与以及 REITs 金融创新的深化

90 年代初，房地产市场萎靡，房地产价格也跌落到非常低的水平，较低的物业价格刺激了 REITs 的复苏，REITs 行业显示出强劲的生命力，在 1990 年末~1995 年末，RE-ITs 回报指数上升了 149%。在此期间，一些其他的因素的变化，也对 REITs 的增长做出了巨大的贡献。第一个变化是吸引了资金雄厚的机构投资者——养老基金。《1993 年综合预算调整法案》调整了养老基金投资于 REITs 时对 REITs 股东所有权方面的要求，刺激了养老基金对 REITs 的投资，使 REITs 在资本市场的份额大增，极大地增加了 REITs 的市值，提高了 REITs 在证券市场的流动性。同时，养老基金是社会上大多数工薪阶层利益的代表，其对 REITs 的参与扩大了 REITs 的社会关注程度，奠定了 REITs 发展的社会基础。总之，美国养老基金对 REITs 的参与，增加了 REITs 资本份额，很大程度上降低了 REITs 资本的相对价格。

第二个变化是 REITs 自身组织结构的创新，出现了伞形合伙 REITs 的结构。1992 年，美国 Taubman Centers 公司发行的 REITs 采用了一种新型的结构，即伞型合伙 RE-ITs。随后的两年，66 家新发行的 REITs 中有 52 家采用了伞型合伙 REITs 的结构。其一，这种经营合伙人结构通过延期缴纳资本利得税，实现延迟纳税优惠。其二，它还可通过增加有限合伙人的数量，迅速扩大 REITs 的规模，进而达到上市融资所要求的资产，因此促进了房地产的证券化。它使得大量私有房地产的产权通过证券化细分以后被公众投资者所持有，促进了房地产私有产权向共有产权的转化，这对于房地产业及社会的发展具有重要意义。其三，使金融业与房地产业紧密结合起来，二者互动，促进了产融结合的实现，直接推动了美国房地产业向资本主导型经营模式的全面升级，促进了整个国民经济的持续发展。

第三个变化就是投资于特定房地产类型（如工业厂房、公寓、购物中心、工厂代销中心等）的 REITs 数量不断增加。例如，Equity Residential 公司仅持有公寓型地产。这种趋势使得 REITs 管理更加集中，实现了专业化管理，提高管理能力及效率，降低了交易成本，提高了投资回报率，更进一步吸引了投资者。此外，REITs 企业越来越意识到规模经营的优势，REITs 规模扩张的案例不断增加，获得了更高的经营资金的流动性，降低交易成本，使得 REITs 逐渐转向追求战略优势的现代化经营性公司。REITs 金融创新的深化，降低了 REITs 的交易成本，从而很大程度上降低了 REITs 管理的相对价格。

第 I 阶段：REITs 制度在法律上确立以后，随着 REITs 产品优势的逐步显现，RE-ITs 越来越受到投资者的青睐，其规模不断扩大。截至 1976 年，REITs 发行数量已由 1961 年的 1 只增长到 1976 年的 62 只，其市值也达到 13.08 亿美元。

第Ⅱ阶段：《1976 年税制改革法案》调整了适用于 REITs 的税收条款，引起了 RE-ITs 在其分配制度、税收制度、资产制度、收入制度等方面的连锁反应，有效地降低了与证券市场相关联的风险，提高了 REITs 及房地产业经营绩效[134]。该改革的实际结果表明，给予 REITs 一定灵活性和税收优惠的措施，使得陷入困境的 REITs 开始通过再协商银行贷款、出售抵押物业以减少银行债务和改善资产组合等手段降低交易成本，许多抵押型 REITs 开始向权益型 REITs 转变，但由于 REITs 过度使用杠杆引发的问题过多，整个 REITs 行业开始缓慢复苏。截至 1986 年，REITs 发行数量已由 1976 年的 62 只增长到 1986 年的 96 只，增加了 38 只，其市值已由 1976 年的 13.08 亿美元增长到 1986 年 99.24 亿美元，年均增长 65.9%。

第Ⅲ阶段：《1986 年税制改革法案》使得 REITs 享受与有限合伙企业同等的税收优惠待遇，同时也获得了较大的物业经营控制权。该阶段的实际结果表明，给予 REITs 一定自主性和税收优惠的措施，使得 REITs 可以采用内部管理做出投资决策，减少了 RE-ITs 股东与其之间的利益冲突，消除了 REITs 与其外部管理机构的代理问题，降低了 REITs 的交易成本，提高了 REITs 的经营决策效率，提升了 REITs 企业管理能力。截至 1997 年，REITs 发行数量已由 1986 年的 96 只增长到 1997 年的 211 只，增加了 115 只，其市值已有 1986 年的 99.24 亿美元增长到 1997 年的 1405.34 亿美元，年均增长 119.6%。

第Ⅳ阶段：《1997 年纳税者减免法案》和《REIT 现代化法案》进一步减少了 REITs 经营限制，认可了 REITs 自身组织结构的创新。该阶段的实际结果表明，给予 REITs 更多税收优惠和更大发展空间的措施，推动 REITs 成为更灵活地满足客户需求、更具吸引力的投资工具，推进房地产业与金融业的融合发展，改善经济增长质量，促进国民经济持续增长和社会和谐进步。截至 2015 年，REITs 发行数量已由 1997 年的 211 只增长到 2015 年的 233 只，增加了 22 只，其市值已由 1997 年的 1405.34 亿美元增长到 1997 年的 9388.52 亿美元，年均增长 31.5%。

图 3-9 美国 REITs 规模及支数

从总体上看，REITs 制度变迁，主要是围绕实现 REITs 资产经营的竞争性、资产所有者对资产经营者的监督和约束以及资产形式的流动性三大任务进行的。在时间序列上，它是遵循着"赋予 REITs 更大的经营自主权""调整 REITs 和投资者的利益关系""构造适应市场经济体制的现代化经营性企业制度"这样一条线索展开的。其最初的目标是解决 REITs 管理不善及经营效率低下的问题，随着制度的不断变迁，现在的目标转化为经营模式的转变，将 REITs 推向市场。虽然人们可以观察到，在制度变迁的进程中，REITs 优化资源配置的能力和意识、参与市场化的程度都是在逐渐提高，但美国房地产业以及 REITs 制度已处于世界最领先地位，REITs 制度的升级难以预先设计，只能随着产业结构的升级自发地以尝试错误的方式缓慢地升级。可以预见，未来 REITs 在税法允许的范围内，其所采用的治理结构、组织结构、资本结构以及投资战略还可能继续发展变化。

3.6　宏观环境对 REITs 的影响作用分析

3.6.1　宏观经济因素

1. 经济发展水平

经济发展水平与房地产市场及证券市场的发展存在高度相关性，也影响着生产生活的各个方面，因而对 REITs 风险的影响是全面的。

经济发展水平影响了房地产供给和需求，房地产是 REITs 的投资标的，因而 REITs 也会受到影响。投资是经济增长的主要动力之一，通过加大固定资产投入，增加房屋及基础设施数量，为生产和生活提供场所，使居住和商业用房需求得到满足。同时，投资带动就业，提高人民收入水平，刺激了对住房的需求。此外，经济面向好，生产和贸易得到繁荣，工业商业用房需求将增加。因此，经济上行会带来房地产市场的活跃。反之，经济发展停滞或下行，将对整个房地产行业产生不利影响[135]。

经济发展水平影响证券市场状况，而证券市场是 REITs 交易的载体，会影响 REITs 交易情况。证券市场是企业融资的平台，伴随经济增长企业外部经营环境改善，产品和服务市场需求量增加，公司利润持续上升。同时，投资者信心和参与热情相应提高，投资者对证券市场预期较好，则投资意愿增强，证券需求量增大，从而证券价格呈上扬态势，市场整体就较为稳定。反之，经济发展停滞或下行，也会给证券市场带来严重冲击[136]。

总体而言，经济发展水平对 REITs 的传导作用主要通过改变就业率、房屋空置率以及证券交易实现。并且，经济状况对 REITs 的影响有较强的惯性作用，商业活动的活跃或萧条都可以对 REITs 分红和营运资金产生刺激。

2. 货币政策

房地产开发、企业运行及个人投资消费都不同程度地依赖外部融资，REITs 也需要融资进行扩张。人民银行可以调控社会中的货币供给数量以及市场融资环境，商业银行等金融机构根据自身形势的变化，做出适应性改变，企业、居民等微观经济主体随之调整自身的投资、消费，这个过程也必然显著影响房地产和证券市场的供需状况。紧缩的货币政策下，利率上升或货币供应量下降，结果是使资金的供给和需求两端资金成本增加，使得供给和需求量出现下降，商品价格下降，影响市场的活跃和发展。

针对利率而言，金融预期理论解释了利率和股票价格的关系，认为股票的价格等于企业预期收益的折现值，相应地，不动产如果能够持续产生现金流入，其价格应该等于物业期望租金的折现值。金融资产的价格在市场均衡的条件下应当等于未来收益的贴现值，因此，利率水平的波动通过影响人们的预期而导致金融资产价格的大幅变化。理论上 REITs 收益与利率变动呈负相关关系，当利率下降时，随着银行银根的松动，可贷资金逐渐增多，使用资金的成本相应减少，人们持有货币的机会成本就很大，资本市场表现得非常活跃，大家都会去投资股票、债券、基金等金融产品，推动金融资产价格的上涨。相反，当利率提高时，人们的投资欲望就会减少，对金融资产的投资需求相应减少，导致其价格下降[137]。

针对货币供应量而言，虚拟资本的存在给货币供应数量的确定增加了难度，将货币供应量控制在合理范围对金融资产价格的稳定尤为重要。如果仅仅增加社会总体货币供应而对资金的分配没有合理的规划，货币的流向就会不受控制，引起金融的失衡和膨胀，不利于经济增长。

总体而言，货币政策通过影响预期和调整经济基本面影响 REITs 价格。货币政策对 REITs 的影响具有显著性和时变性的特征。不同类型的 REITs 对货币政策的敏感度是不同的，抵押型以利息作为收益来源，对利率和货币供应的敏感度更高。货币政策对 REITs 的影响存在时间效应，其作用效果存在滞后性和延续性，且由于不同时间段内发展环境不同，货币政策变动引发的后果也存在差异。

3. 汇率政策

由于 REITs 能够吸引国际资本的进入，因此汇率的变动会影响 REITs 收益。在开放经济条件下，汇率是金融系统中的主要变量之一，金融资产价格受汇率影响很大。一国的货币汇率发生变动通常与利率、通货膨胀率和资本在国际的流动高度相关，与金融市场中的各因素也呈现出复杂的关系。汇率对资产价格的调整是通过产品市场、货币市场和国际收支均衡实现的[138]。

从汇率的决定机制来看，汇率通过改变国际贸易平衡，影响企业资金流动，进而影响股票价格。Dornbursch 和 Fisher（1980）提出的汇率决定的流量导向模型认为：汇率和股价之间的传导中介是经常账户，货币的价值变化会影响一个国家的贸易平衡和国际竞争力。从其对企业的影响来看，汇率变动会引发本国进出口企业产品销售量和价格的变动，进而改变企业现金流。而根据股息贴现理论，公司未来现金流的现值被定义为股票价格，公司股票的价格将随着预期收益的改变而发生变化。

从汇率制度的选择来看，汇率制度的选择关系到汇率政策的最终效果。固定汇率制度的特点是，外汇市场的运作是相对平稳的，不会出现大幅波动，与货币市场和证券市场等其他市场相比，不容易表现出外部冲击的影响。此外，由于固定汇率制度能够隔绝汇率与金融资产联系的通道，因此汇率与金融资产价格的相关性并不明显，两者之间的互动作用较弱。在这种情况下，贸易余额成为固定汇率制度下影响汇率与金融资产关联的变量。在其他条件不变的状况下，贸易逆差促使金融资产价格下跌，顺差则促进金融资产价格上升。浮动汇率制度的特点是，各国的货币政策已经完全独立，外汇市场的均衡依赖汇率及时、有效的调节，因此汇率与金融资产价格的关系较为直接。货币支付和资本转移不仅是外汇市场的仅有功能，各种降低汇率波动风险的外汇交易行为以及各种投机获利行为，使得外汇具备了作为投资资产的功能和性质。因此，浮动汇率下，汇率和金融资产价格受到共同因素的作用影响，表现出较高的关联性。

经济金融全球化将世界发展联系在一起，经济和金融一体化促使国际资本的流动速度加快，金融机构的业务范围不断扩展，各区域交易活动频繁密切，这就增加了资金在国家之间的流动。当某个国家的汇率下降、本国货币价值升高，就会吸引外国资本流入，而

REITs 作为一种较好的投资产品具有较大吸引力，因此会引发 REITs 价格上涨，相反，当一国汇率上升，REITs 价格则出现下降。此外，经济全球化使国家之间的金融风险传递加剧，风险可能通过汇率渠道传输，特别是成熟度不同的市场间风险扩散和传染的可能性更大，并且存在非对称特点。新兴 REITs 市场更容易受到美国、英国等成熟 REITs 市场的影响，虽然新兴市场较成熟市场是封闭的，但 REITs 的发展环境和风险抵御机制的成长跟不上 REITs 在规模上的增加，因而容易受到外界影响[139]。

3.6.2　市场因素

1. 房地产市场

由于 REITs 的收益中有相当高的比例来自于附着在房地产上的相关权利，REITs 很大程度上受房地产价值的影响，房地产市场运行状况的变动可能引发 REITs 风险。房地产市场发展的协调水平、均衡和景气程度是反应房地产市场运行状况的不同侧面，房地产市场价格是表征市场活跃度的基本指标，也是影响 REITs 风险收益的重要方面。

（1）房地产市场发展协调水平

房地产市场的发展与城市经济的发展具有高度关联性。房地产投资水平和市场波动水平对城市经济具有明显作用，而在长期均衡协调的作用下，城市经济调节房地产市场的发展，二者之间具有互相作用的关系。REITs 的发展也必须与房地产市场和城市经济相协调。

房地产投资主要是通过供给效应、需求效应和挤出效应对城市经济产生影响。房地产对 GDP 的带动效应明显，但必须合理地进行房地产投资，原因是房地产投资的短期波动会给 GDP 造成较大的影响，若房屋建设的总量和结构偏离社会经济的需要，导致有效需求不足，就有可能出现房地产投资的突然下降，这种突然且强烈的波动会影响城市经济的发展。城市经济则通过长期不断地调整影响房地产投资。房地产投资的增长离不开国民经济的推动，国民经济平稳快速发展为房地产投资奠定了基础[140]。当城市经济与房地产市场处于协调发展的状态，能够为 REITs 发展营造稳定的环境，避免房地产价格以及 REITs 价格的过度波动。

（2）房地产市场发展均衡和景气程度

房地产市场发展均衡程度是指房地产市场中供给和需求双方在产品数量、结构和价格上的相互作用状态。当供求双方的力量较为均衡时，理性经济人不会再选择其他经济行为，这时房地产市场供需达到均衡；而在市场不完备的条件下，供需双方处于不断调整自身向均衡靠拢的状态，因此非均衡是市场中的常态。

房地产价格受供求状况影响，供求关系过度失衡会给房地产市场带来风险。由于价格机制产生作用，供求关系在长期时间范围内表现为房地产市场的景气程度。当市场供过于求时，房地产市场逐渐变得不景气，价格机制会发生作用将供求关系拉回平衡，但均衡是暂时的，市场会继续调整并出现供不应求的现象，市场会重新变得景气起来。

在房地产景气循环中房屋空置率、去化程度以及地产价格都是周期性变动的，因此房地产景气循环影响着房地产开发运营的全过程，特别是销售和租赁行为。销售或出租价格和数量的变动导致收入的变动，影响着 REITs 的整体收益，因此房地产景气循环是 REITs 的潜在风险，决定了 REITs 在财务上的成败。

（3）房地产市场价格水平

房地产价格是房地产市场发展协调水平、均衡程度以及景气程度的量化体现，是体现房地产市场运行状况的基本指标。房地产市场价格水平受多重因素影响，反应市场平均水平，体现市场总体运行状态。房地产市场价格水平能够影响 REITs 物业的置入成本，进而影响其利润水平。此外，也可能影响投资者及经营管理者的预期，影响其决策行为。

2. 证券市场

由于 REITs 可以在证券市场上公开自由交易，具备金融产品的属性，与证券也存在诸多相似之处。从操作所具备的条件、操作流程和规则，以及投资分析框架和监管规则来看，都和证券操作的原理类似。但 REITs 只投资于房地产及其相关产品，而证券市场则包罗万象，特点也更为复杂。多数文献的研究结论认为 REITs 与股市之间的相关性不高，因而具有一定的抗跌性，将其加入投资组合中能够在某种程度上分散风险。

证券市场价格对 REITs 价格的影响可以通过两类渠道实现：第一是宏观渠道，即 REITs 市场和证券市场受到同样的宏观环境影响，货币政策和汇率政策等宏观因素可以充当传导作用的载体；第二是微观渠道，即通过资产间的组合和替代使资金在市场间流动。

REITs 和证券市场与宏观经济各个因素间关系密切。经济处于繁荣期，REITs 与证券市场的需求增加，出现扩张，价格同时上升；相反，在经济衰退时期，社会经济景气度整体下滑，REITs 和证券市场的成交量不足，供大于求，导致价格下降。货币政策也具有传导效应，因为 REITs 和证券市场是整个宏观经济体的一部分，当信贷扩张，利率降低，增加货币供给，REITs 与证券市场交易活跃，市场成交量、交易价格都大幅上涨，而信贷紧缩，利率上升，货币供应量会减少，这两个市场交易和价格的数量继续下降。总之，证券市场通过宏观经济变量对 REITs 产生作用。

由于 REITs 和一般证券均可作为投资者的投资选择，投资者趋向于根据资产的风险收益特征配置资产组合，投资者的行为会引发市场间资本的流动。根据马科维茨的投资组合理论，单个资产收益率上升和下跌会影响投资组合的收益风险，导致投资者总财富发生改变。因此，在这个阶段，投资者会判断组合状况，依据自身风险偏好水平，更新配置其资产，以降低组合的风险。在这种情况下，如果资本可以自由流动，那么投资于不同资产的资本收益的边际收益应该相等，否则，投资者将资金撤出回报较低的项目，投资于收益率较高部门，直到所有资产的边际收益率是相等的，即处于均衡状态。对投资者而言，REITs 和一般证券作为投资组合的两种选择，由于两个市场的预期收益率和风险会发生改变，例如当股票市场的收益率提高时，而风险又降低时，投资者在比较两者资产的收益与风险后，偏向收益率更高的 REITs，会将股票卖掉，或是将资金投资到 REITs 中[141]。

3.7 REITs 风险对宏观环境的影响分析

在整个金融系统中，REITs 风险对宏观环境的作用具有传导效应和放大效应。传导效应是指 REITs 微观金融风险通过金融系统的联接通道传递给其他部门，产生系统金融风险；放大效应是指 REITs 产品的复杂性和虚拟性，容易将弱外部冲击放大为系统金融风险。

3.7.1 REITs 风险在金融系统中的传染效应分析

1. REITs 风险向实体经济的传染作用

REITs 微观金融风险对实体经济的传染作用主要体现在影响投资和消费两个方面。

资产价格的高低会影响企业的投资意愿，进而影响社会总投资。托宾 Q 理论解释了资本资产的市场价值与资本重置成本之间的关系，提出了货币政策经由资本市场作用于投资的路径。企业的股市价值与其资本重置成本的比率用 Q 表示，Q 的高低决定了企业的投资愿望。当 $Q>1$ 时，则公司股票市值大于其资本重置成本，公司更愿意通过资本市场融资以投入固定资产扩大生产，从而增加社会总投资；反之，当 $Q<1$ 时，公司股票市值小于其资本的重置成本，则企业没有意愿扩大投资，造成社会总投资的降低，影响经济发展。托宾 Q 理论强调货币政策影响下的虚拟资产对实体经济的作用。对 REITs 而言，在扩张的货币政策下，货币供应增加，利率下降，这使 REITs 相对于债券的收益上升，从而引致公众调整资产组合并促使 REITs 的托宾 Q 值相应上升，REITs 投资支出增加，从而刺激开发和收购行为活跃[142]。REITs 价格影响投资的效应可表示为：

货币供应↑→REITs 价格↑→Q↑→投资支出↑→总产出↑

从另一个角度来说，REITs 的融资过程中，如果 REITs 价格上涨，对 REITs 发起人而言，融资成本就会更低，更趋向于增加投资。

资产价格的高低会影响消费者的消费支出行为，进而影响社会总消费。持久收入假说或生命周期理论认为，决定消费支出的是消费者整个生命期的财富，而不仅仅是今天的收入。人力资本、真实资本及金融财富构成了消费者的毕生财富，其中对毕生财富影响最大的是金融财富。消费者毕生财富随着金融财富的增加而增长，如果边际消费倾向不变，消费支出会随之增加，进而影响社会总消费，对实体经济产生影响。依靠财富增长拉动消费的过程是长期的，如果资产价格只是短期性的爆发性的上涨，对消费者收入的影响也只是暂时的，无法有效刺激其消费需求，也就不能有效改善消费。除财富效应外，长期稳定发展的证券市场还会改善人们的预期，使人们对经济持乐观态度，更倾向于增加消费支出。REITs 作为金融财富的一种，其价格上涨会增加居民财富，促进消费支出，进而影响社会的总支出，带动社会总产出[143]。REITs 价格影响消费的财富效应机制可概括为：

REITs 价格↑→金融财富↑→毕生财富↑→消费支出↑→总产出↑

2. REITs 风险向房地产市场的传染作用

为房地产发展提供金融支持是 REITs 最突出的作用，但是金融支持也是房地产出现泡沫的源头之一。房地产业是典型的资金密集型行业，资金也成为房地产业发展的核心要素，房地产从开发到运营的各个环节都依赖资金的数量和周转能力。对房地产企业的金融支持无疑能够降低开发商或运营商的资金压力，并使房地产开发企业的风险得以转移，从而也会增加开发商的乐观预期和信心，助长了房地产开发企业的非理性行为。因此，金融支持超过一定的界限，同样会引起房地产市场的非健康发展，助推泡沫的形成。

就资金通过 REITs 的转移过程而言，REITs 实质是房地产企业资金退出的一种通道。REITs 将运营成熟的物业打包上市，将募集到的资金再投入其他项目的开发或收购中，因此对资金的吸引力很强，特别是在房地产市场繁荣时期，REITs 的规模扩张速度也加快，可能造成对房地产业资金的过度供给，从而助涨房地产价格，造成偏离需求的虚假繁荣[144]。

通过分析全球 REITs 也可以看出，REITs 扩大了资金来源范围，全球的机构和私人都可以通过 REITs 投入到某一国家的房地产领域中，跨境资金随着投资机遇而迁移。近年来，由于国际热钱的涌入，对房地产业影响巨大，亚洲商业地产租金上涨迅猛，REITs 概念在亚洲地区再次活跃起来。REITs 会加速海外热钱流入，导致经济过热，制造房地产市场的非理性繁荣，给房地产市场的发展带来潜在的巨大风险。

3. REITs 风险对证券市场的传染作用

REITs 市场是证券市场的一部分，其风险收益情况会影响证券市场的整体状况。美国标普指数也选取了一定数量的 REITs 作为指标编制的一部分。由于 REITs 的标的资产是房地产的组合，价值较高，一旦资产价值变动对 REITs 收益水平影响较大。因此 REITs 对证券市场具有一定的杠杆效应，当 REITs 市场出现变化会引发整个市场的同向变动。

3.7.2　REITs 风险在金融系统中的放大效应分析

在金融创新的驱动下，金融工具的出现一方面促进了经济增长，另一方面也带来了金融系统的不稳定。作为一种创新的金融工具，由于资产证券化、资本流动和经济失衡的原因，REITs 容易使得弱外部冲击放大为系统金融风险。

1. 资产证券化原因产生的放大效应

资产经证券化后流动性增强，降低了资产流动性不足的风险，因此被认为是一种风险较低的融资方式。在资产证券化的过程中容易出现结构问题和过分流动的问题。

由于资产证券化的运作过程复杂，涉及金融机构众多，信用体系复杂，潜在市场风险和违约风险较大。投资者选择一项资产证券化产品进行投资时，资产本身价值和资产结构都关系到投资收益和风险。因此，即使资产的表现足够优良，如果金融机构和其他参与方行为不确定，投资仍存在较大风险，并且这种风险的效应后果更严重。资产的质量问题会引起信用风险和现金流风险，但是，资产的结构问题，则会彻底摧毁产品的信用和支付行为，甚至使证券本身没有效力。美国次贷危机的发生，就是由于资产证券化的原因，导致信用风险的发生，现金流发生断链。REITs 将房地产进行资产证券化，符合资产证券化的一般流程。从 REITs 的主体结构来看，涉及发起人、受托人、管理人和金融机构等，各主体之间利益相关，风险也具有扩散效应，因此对 REITs 而言主体结构的破坏会通过资产证券化放大风险效果；从 REITs 的资产结构来看，REITs 可以投资于物业、抵押贷款证券和房地产企业股票等，结构失衡或调整会引发风险的扩散[145]。

资产证券化过程容易过分加速资产的流动性，形成风险。回收期较长、流动性较差的资产通过资产证券化转化为流动性较高的资产，并通过资本市场回收资金，投入到其他项目中，提高资本收益率。如果证券化行为不断重复，流动性效果就会不断放大，变得难于控制。例如，次贷危机中，次级住房按揭贷款通过不断证券化，放大了其流动性，产生了巨大泡沫，形成了十分危险的市场风险。REITs 通过证券化使得房地产投资门槛降低，流动性增强，非理性投资繁荣可能引发 REITs 价格与实际价值的偏离，形成资产泡沫。

2. 资本流动性原因产生的放大效应

经济一体化和经济全球化加速了资本在国际的流动，影响着金融在全球范围的发展和创新，对各国经济产生了深远的影响。资本流动在推动世界经济发展的过程中，也为金融风险的形成起到了放大作用，从而对世界经济产生极端不利影响。历史表明，金融创新使得金融衍生工具充当了资本流动的通道，助涨了金融危机的爆发，加剧了金融危机爆发的频率，增加了危机的扩散和传染。因此，资本流动放大了金融衍生工具的系统风险，而金融衍生工具放大了市场流动性。REITs 对市场中的资金具有较强的吸引力，也能吸收国际资本，为资金的交换提供了载体，对金融市场的稳定性具有一定影响[146]。

REITs 市场是金融市场的重要构成，并与金融市场中的其他金融市场存在资金分流的关系，因此资金的流动会决定整个市场的流动性。一般而言，部分投资者会稳定地在某个市场中进行投资，也有部分在市场之间根据投资机会而转移投资，以寻求更好的收益或规避风险。当 REITs 市场的机会不佳而其他市场交易活跃，表现较好时，REITs 市场的资金出现降低，交易量和交易价格都会下降。另外，目前的大型银行与其他金融中介机构之间通过回购协议和贷款担保等形式，使得金融市场的各参与主体的联系越来越紧密。全球金融系统的内在联系日趋紧密，对于每一个投资者而言，其行为不仅关系到自身的投资结果，也会对全球金融系统造成一定影响。当 REITs 市场出现风险，资本流动的速度和规模出现不平稳性，会使风险在整个经济体内实现联动，导致金融系统风险的发生。

3. 经济失衡原因产生的放大效应

一国内区域间的经济失衡以及全球内国家之间的经济失衡，会加剧金融系统的脆弱性，放大外部冲击的风险效应。由于一国内区域经济发展不协调，缺乏均衡调节机制，各个国家的发展程度不同，特别是经济大国的力量能够影响全球经济。作为金融市场中重要避险工具的金融衍生工具既是虚拟资本又是交易契约，既具有虚拟性又具有契约性。这两种性质的交互作用使金融衍生工具的风险性倍增，风险来源更加复杂。当经济处于失衡条件下时，选择指定合适的政策十分困难。由此，REITs 作为一种金融衍生工具，流动性很强，又是虚拟属性，可能干预一国宏观经济政策的实现，而且加大了政府宏观调控的难度，使金融系统风险爆发的可能性加剧[147]。

参考文献

[1]　约翰，梅纳德，凯恩斯. 就业，利息和货币通论 [M]. 北京：商务印书馆，1999.

[2]　Kindleberger C P，Aliber R Z. Manias，panics and crashes：A history of financial crises [M]. New York：Palgrave Macmillan，2011.

[3]　Greenbaum S I，Haywood C F. Secular change in the financial services industry [J]. Journal of Money，Credit and Banking. 1971，3（2）：571-589.

[4]　Silber W L. The process of financial innovation [J]. The American Economic Review. 1983，73（2）：89-95.

[5]　约翰，伊特韦尔，默里，等. 新帕尔格雷夫经济学大辞典 [M]. 北京：经济科学出版社，1996.

[6]　陆却非. 房地产投资信托基金系统性风险研究 [D]. 北京：中国科学技术大学，2011.

[7]　Glascock J L，Lu C，So R W. Further evidence on the integration of REIT，bond，and stock returns [J]. The Journal of Real Estate Finance and Economics，2000，20（2）：177-194.

[8]　Gyourko J，Nelling E. Systematic risk and diversification in the equity REIT market [J]. Real Estate Economics，1996，24（4）：493-515.

［9］ Peterson J D，Hsieh C H. Do common risk factors in the returns on stocks and bonds explain returns on REITs? ［J］. Real Estate Economics，1997，25（2）：321-345.

［10］ Swanson Z，Theis J，Casey K M. REIT risk premium sensitivity and interest rates ［J］. The Journal of Real Estate Finance and Economics. 2002，24（3）：319-330.

［11］ Liang Y，Prudential W M，Webb J R. Intertemporal changes in the riskiness of REITs ［J］. Journal of Real Estate Research，1995，10（4）：427-443.

［12］ Simpson M W，Ramchander S，Webb J R. The asymmetric response of equity REIT returns to inflation ［J］. The Journal of Real Estate Finance and Economics，2007，34（4）：513-529.

［13］ 李智. 房地产投资信托制度（REITs）风险之法律规制与运营控制 ［J］. 中央财经大学学报，2007（08）：41-47.

［14］ 凌辉. 房地产投资信托（REITs）监管研究 ［D］. 长沙：中南大学，2010.

［15］ 张跃龙. 我国发展房地产信托投资基金（REITs）的风险因素分析 ［D］. 广州：暨南大学，2008.

［16］ 吕焕. 我国商业地产 REITs 风险治理 ［D］. 西安：西安建筑科技大学，2013.

［17］ Bauer R，Eichholtz P，Kok N. Corporate governance and performance：The REIT effect ［J］. Real Estate Economics，2010，38（1）：1-29.

［18］ 余传伟. REITs 公司治理问题研究 ［J］. 国际金融研究，2005，05：16-21.

［19］ Chaudhry M K，Maheshwari S，Webb J R. REITs and idiosyncratic risk ［J］. Journal of Real Estate Research，2004，26（2）：207-222.

［20］ 楚东坡. 权益型商业地产 REITs 的问题研究 ［D］. 成都：西南财经大学，2010.

［21］ 丁铄. 基于中国国情的 REITs 模式及其风险管理研究 ［D］. 重庆：重庆大学，2009.

［22］ He L T，Webb J R，Myer F N. Interest rate sensitivities of REIT returns ［J］. International Real Estate Review，2003，6（1）：1-21.

［23］ Payne J E. Shocks to macroeconomic state variables and the risk premium of REITs ［J］. Applied Economics Letters，2003，10（11）：671-677.

［24］ Ooi J T L，Wang J，Webb J R. Idiosyncratic risk and REIT returns ［J］. The Journal of Real Estate Finance and Economics，2009，15（1）：45-57.

［25］ Sun Q，Yung K. Idiosyncratic risk and expected returns of equity real estate investment trusts ［J］. Journal of Real Estate Portfolio Management，2009，15（1）：45-57.

［26］ Chiang K C，Jiang X，Lee M L. REIT idiosyncratic risk ［J］. Journal of Property Research，2009，26（4）：349-366.

［27］ Cotter J，Stevenson S. Multivariate modeling of daily REIT volatility ［J］. The Journal of Real Estate Finance and Economics，2006，32（3）：305-325.

［28］ Yang J，Zhou Y，Leung W K. Asymmetric correlation and volatility dynamics among stock，bond，and securitized real estate markets ［J］. The Journal of Real Estate Finance and Economics，2012，45（2）：491-521.

［29］ Huang J，Zhong Z K. Time variation in diversification benefits of commodity，REITs，and TIPS ［J］. The Journal of Real Estate Finance and Economics，2013，46（1）：152-192.

［30］ Li D D，Lin Y，Jin J. International volatility transmission of REIT returns ［J］. The International Journal of Business and Finance Research，2012，6（3）：41-51.

［31］ Pham A K. The dynamics of returns and volatility in the emerging and developed asian reit markets ［J］. Journal of Real Estate Literature，2012，20（1）：79-96.

［32］ Lu C，Tse Y，Williams M. Returns transmission，value at risk，and diversification benefits in international REITs：Evidence from the financial crisis [J]. Review of Quantitative Finance and Accounting，2013，40（2）：293-318.

[33] Delcoure N，Dickens R. REIT and REOC systematic risk sensitivity [J]. Journal of Real Estate Research，2004，26（3）：237-254.

[34] Ambrose B W，Linneman P. REIT organizational structure and operating characteristics [J]. Journal of Real Estate Research，2001，21（3）：141-162.

[35] Gu Z，Kim H. An examination of the determinants of hotel REITs' unsystematic risk [J]. Journal of Hospitality & Tourism Research，2003，27（2）：166-184.

[36] Capozza D R，Seguin P J. Inside ownership，risk sharing and tobin's q-ratios：Evidence from REITs [J]. Real Estate Economics，2003，31（3）：367-404.

[37] Dolde W，Knopf J D. Insider ownership，risk，and leverage in REITs [J]. The Journal of Real Estate Finance and Economics，2010，41（4）：412-432.

[38] Crain J，Cudd M，Brown C L. The impact of the Revenue Reconciliation Act of 1993 on the pricing structure of equity REITs [J]. Journal of Real Estate Research，2000，19（3）：275-285.

[39] Feng Z，Ghosh C，He F，et al. Institutional monitoring and REIT CEO compensation [J]. The Journal of Real Estate Finance and Economics，2010，40（4）：446-479.

[40] Byrne P，Lee S. An exploration of the relationship between size，diversification and risk in UK real estate portfolios：1989-1999 [J]. Journal of Property Research，2003，20（2）：191-206.

[41] Ro S，Ziobrowski A J. Does focus really matter? Specialized vs. Diversified REITs [J]. The Journal of Real Estate Finance and Economics，2011，42（1）：68-83.

[42] Anderson R I，Benefield J D，Hurst M E. Property-type diversification and REIT performance：An analysis of operating performance and abnormal returns [J]. Journal of Economics and Finance，2012：1-27.

[43] Berle and Means. 现代公司与私有财产 [M]. 北京：商务印书馆，2005.

[44] Cochran P L，Wartick S L. Corporate governance：a review of the literature [J]. Financial Executives Research Foundation，1988.

[45] Margaret M. Blair. Ownership and control：rethinking corporate governance for the twenty-first century [M]. Washington，D. C.：the Brookings Institution，1995.

[46] 吴敬琏等. 国有经济的战略性改组 [M]. 北京：中国发展出版社，1998.

[47] 李维安等. 公司治理 [M]. 天津：南开大学出版社，2001.

[48] Tirole，Jean. Corporate governance [J]. Econometrica，2010，69（1）：1-35.

[49] Shleifer A，Vishny R W. A survey of corporate governance [J]. The Journal of Finance，1997，52（2）：737-783.

[50] 韦倩，杨友才. 公司治理理论评析 [J]. 理论学刊，2008（3）：51-54.

[51] 王之亮. 中国大型商业银行公司治理及其优化路径研究 [D]. 成都：西南财经大学，2012.

[52] 鲍默尔. 资本主义的增长奇迹 [M]. 北京：中信出版社，2004.

[53] 马里斯. 交易、治理与经济效益 [M]. 北京：中国经济出版社，2005.

[54] Ross S A. The economic theory of agency：the principal's problem [J]. American Economic Review，1973，63（2）：134-139.

[55] Faccio M，Lang L H P. The ultimate ownership of Western European corporations [J]. Journal of Financial Economics，2002，65（3）：365-395.

[56] 申富平，丁含. 审计收费与审计质量的关系研究——基于第一大股东不同持股比例的视角 [J]. 经济与管理，2011（1）：20-23.

[57] 谢军. 第一大股东、股权集中度和公司绩效 [J]. 经济评论，2006 (1)：70-75＋97.

[58] 王化成，曹丰，叶康涛. 监督还是掏空：大股东持股比例与股价崩盘风险 [J]. 管理世界，2015 (2)：45-57＋187.

[59] Mcconnell J J, Servaes H. Additional evidence on equity ownership and corporate value [J]. Journal of Financial Economics，1990，27 (2)：595-612.

[60] 丁庭选. 大股东持股比例对银行贷款契约的影响研究 [J]. 经济经纬，2008 (5)：144-147.

[61] 饶育蕾，汪玉英. 中国上市公司大股东对投资影响的实证研究 [J]. 南开管理评论，2006 (5)：67-73.

[62] Demsetz H, Villalonga B. Ownership structure and corporate performance [J]. Journal of Corporate Finance，2001，7 (3)：209-233.

[63] Fan J P H, Wong T J. Do external auditors perform a corporate governance role in emerging markets? evidence from East Asia [J]. Journal of Accounting Research，2005，43 (1)：35-72.

[64] 李成，秦旭. 银行股权集中度与经营绩效的相关性分析 [J]. 金融理论与实践，2008 (1)：29-32.

[65] Pivovarsky A. Ownership concentration and performance in Ukraine's privatized enterprises [J]. IMF Economic Review，2003，50 (1)：10-42.

[66] Claessens S, Djankov S, Lang L H P. The separation of ownership and control in East Asian Corporations [J]. Journal of Financial Economics，2000，58 (1-2)：81-112.

[67] 李婧，贺小刚. 股权集中度与创新绩效：国有企业与家族企业的比较研究 [J]. 商业经济与管理，2012 (10)：40-51.

[68] 李亚辉，耿浩，张建波. 股权集中度及股权制衡对公司价值影响的研究——以深圳证券交易所中小板上市公司为例 [J]. 商业时代，2012 (12)：73-75.

[69] Gomes A, Novaes W. Sharing of control as a corporate governance mechanism [J]. Ssrn Electronic Journal，2001.

[70] 张其秀，冉毅，陈守明，等. 研发投入与公司绩效：股权制衡还是股权集中？——基于国有上市公司的实证研究 [J]. 科学学与科学技术管理，2012 (7)：126-132.

[71] 陈德萍，陈永圣. 股权集中度、股权制衡度与公司绩效关系研究——2007～2009 年中小企业板块的实证检验 [J]. 会计研究，2011 (1)：38-43.

[72] 龚光明，张柳亮. 股权制衡与公司绩效关系研究——基于内外生双重视角的经验证据 [J]. 财经理论与实践，2013 (2)：64-67.

[73] 陈乾坤，卞曰瑭. 股权制衡、代理成本与企业绩效——基于我国 A 股民营上市公司的实证分析 [J]. 科学决策，2015 (5)：74-92.

[74] 陈志军，徐鹏，白贵玉. 动态竞争视角下上市公司股权制衡与绩效的关系研究 [J]. 外国经济与管理，2014 (11)：3-11.

[75] 周虹. 股权制衡、所有权结构与公司绩效研究 [J]. 财会通讯，2014 (9)：32-35.

[76] Almazan A, Hartzell J C, Starks L T. Active institutional shareholders and costs of monitoring: evidence from executive compensation [J]. Financial Management，2005，34 (4)：5-34.

[77] 李映照，郭娟. 前十大股东中机构投资者持股对上市公司绩效影响分析——基于 A 股上市公司的实证研究 [J]. 财会通讯，2011 (20)：27-28.

[78] 钱露. 机构投资者持股与公司绩效关系研究——基于中国 A 股上市公司的证据 [J]. 经济学动态，2010 (1)：60-63.

[79] 陈纯纯，张迪. 机构投资者持股对公司绩效影响研究——以非效率投资为研究视角 [J]. 特区经济，2012 (11)：84-85.

[80] 李映照，郭娟. 前十大股东中机构投资者持股对上市公司绩效影响分析——基于 A 股上市公司的实证研究 [J]. 财会通讯，2011（20）：27-28.

[81] Lipton M，Lorsch J W. A modest proposal for improved corporate governance [J]. Business Lawyer，1992，48（1）：59-77.

[82] Jensen M C. The modern industrial revolution，exit，and the failure of internal control systems [J]. The Journal of Finance，1993，48（3）：831-880.

[83] 李维安，张耀伟. 上市公司董事会治理与绩效倒 U 形曲线关系研究 [J]. 经济理论与经济管理，2004（8）：36-42.

[84] 王迪，张红，张春晖，等. 旅游上市公司董事会治理对经营绩效的影响——基于非平衡面板数据的分析 [J]. 旅游学刊，2014（11）：36-44.

[85] 潘敏，李义鹏. 商业银行董事会治理：特征与绩效——基于美国银行业的实证研究 [J]. 金融研究，2008（7）：133-144.

[86] Boone A L，Field L C，Karpoff J M，et al. The determinants of corporate board size and composition：an empirical analysis [J]. Ssrn Electronic Journal，2007，85（1）：66-101.

[87] Coles J L，Daniel N D，Naveen L. Boards：does one size fit all? [J]. Journal of Financial Economics，2008，87（2）：329-356.

[88] Wintoki M B，Linck J S，Netter J M. Endogeneity and the dynamics of internal corporate governance [J]. Journal of Financial Economics，2012，105（3）：581-606.

[89] 李明星，曹利莎，丁江涛，等. 我国农业上市公司董事会治理绩效实证研究 [J]. 农村经济，2011（1）：40-43.

[90] 王山慧，王宗军，赵欣欣. 中小板上市公司董事会治理与公司绩效关系研究 [J]. 财会月刊，2011（12）：3-6.

[91] 严若森. 再析董事会治理与公司经营绩效的关系——基于中国制造业上市公司的实证研究 [J]. 经济管理，2009（10）：54-58.

[92] 宋增基，陈全，张宗益. 上市银行董事会治理与银行绩效 [J]. 金融论坛，2007（5）：35-40.

[93] 潘颖，王凯. 上市公司董事会治理与并购绩效关系的实证研究 [J]. 西北大学学报（哲学社会科学版），2014（1）：176-182.

[94] 郝云宏，周翼翔. 董事会结构、公司治理与绩效——基于动态内生性视角的经验证据 [J]. 中国工业经济，2010（5）：110-120.

[95] Boyd B. Corporate linkages and organizational environment：a test of the resource dependence model [J]. Strategic Management Journal，1990，11（6）：419-430.

[96] 初旭，周杰. 董事会治理对文化创意型上市公司经营绩效的影响研究 [J]. 科学学与科学技术管理，2013（5）：126-133.

[97] 刘亭立，曹锦平. 连锁独立董事对公司绩效影响的实证研究 [J]. 财会通讯，2014（9）：21-24＋129.

[98] Rosenstein S，Wyatt J G. Inside directors，board effectiveness，and shareholder wealth [J]. Journal of Financial Economics，1997，44（2）：229-250.

[99] Bhagat S，Black B S. The bon-correlation between board independence and long-term firm performance [J]. Journal of Corporation Law，2002，27（2）：231-273.

[100] Gupta M，Fields L P. Board independence and corporate governance：evidence from director resignations [J]. Journal of Business Finance & Accounting，2009，36（1-2）：161-184.

[101] 徐金喜. 国有控股上市公司董事会治理与公司绩效的实证研究 [J]. 特区经济，2011（12）：134-136.

[102] 王新红，郭巧丽. 独立董事特征对公司绩效的影响研究——以装备制造业上市公司为例 [J]. 商业会计，2015（15）：35-38.

[103] 冯梦黎，唐志勇. 制造业上市公司独立董事特征与公司绩效关系研究——来自我国轻工制造业上市公司的经验 [J]. 南京财经大学学报，2014（3）：27-33.

[104] 卞英姿. 上市公司独立董事与公司绩效关系 [J]. 财会通讯，2010（9）：17-19.

[105] 周远. 股改后独立董事制度与公司绩效的相关性分析 [J]. 山西财经大学学报，2011（S3）：145+150.

[106] Wood G，Wright M. Private equity：a review and synthesis [J]. International Journal of Management Reviews，2009，11（4）：361-380.

[107] Michael Pcneder. The impact of venture capital on innovation behaviour and firm growth [J]. Venture Capital，2010，12（2）：83-107.

[108] 刘绍娓，万大艳. 高管薪酬与公司绩效：国有与非国有上市公司的实证比较研究 [J]. 中国软科学，2013（2）：90-101.

[109] 黄新建，李晓辉. 政治关联、高管薪酬与企业绩效——基于民营上市公司的经验研究 [J]. 软科学，2014（11）：6-9+14.

[110] 李斌，郭剑桥. 高管薪酬与公司绩效关系的实证研究 [J]. 财经问题研究，2013（11）：115-121.

[111] Attaway M C. A study of the relationship between company performance and CEO compensation [J]. American Business Review，2000.

[112] 杨睿娟，蔺娅楠. 中国电子信息行业上市公司高管薪酬与企业绩效关系 [J]. 企业经济，2012（10）：165-168.

[113] 段军山，黄剑超. 银行治理、高管薪酬与银行绩效 [J]. 金融论坛，2013（8）：36-46.

[114] 李维安，李汉军. 股权结构、高管持股与公司绩效——来自民营上市公司的证据 [J]. 南开管理评论，2006（5）：4-10.

[115] 袁志忠，朱多才. 上市公司高管持股比例与公司绩效相关性研究——来自房地产公司数据 [J]. 财会通讯，2010（18）：45-47.

[116] 徐向艺，王俊韡，巩震. 高管人员报酬激励与公司治理绩效研究——一项基于深、沪 A 股上市公司的实证分析 [J]. 中国工业经济，2007（2）：94-100.

[117] 佟爱琴，邵鑫，杜旦. 高管特征与公司绩效相关性研究——基于国有与非国有控股上市公司的对比 [J]. 科学学与科学技术管理，2012（1）：166-172.

[118] 陈树文，刘念贫. 上市高新技术企业高管人员持股与企业绩效关系实证分析 [J]. 科学学与科学技术管理，2006（2）：137-139+143.

[119] 张曦，许琦. 上市公司高管激励与公司绩效关系的实证研究 [J]. 商业研究，2013（3）：108-115.

[120] Bianco C，Ghosh C，Sirmans C F. The impact of corporate governance on the performance of REITs [J]. Social Science Electronic Publishing，2007，33（5）：175-191.

[121] Bauer R，Eichholtz P，Kok N. Corporate governance and performance：the REIT effect [J]. Real Estate Economics，2010，38（1）：1-29.

[122] Guercio D D，Dann L Y，Partch M M. Governance and boards of directors in closed-end investment companies [J]. Journal of Financial Economics，2003，69（1）：111-152.

[123] Campbell R D，Ghosh C，Sirmans C F. The information content of method of payment in mergers：evidence from Real Estate Investment Trusts（REITs）[J]. Real Estate Economics，2001，29（3）：361-387.

[124] Friday H S，Sirmans G S．Board of director monitoring and firm value in REITs [J]．Journal of Real Estate Research，1998，16 (3)：411-427.

[125] Cannon S E，Vogt S C．REITs and their management：an analysis of organizational structure，performance，and management compensation [J]．Journal of Real Estate Research，1995，10 (3)：297-318.

[126] Lecomte P，Ooi J T L．Corporate governance and performance of externally managed singapore reits [J]．The Journal of Real Estate Finance and Economics，2013，46 (4)：664-684.

[127] 林毅夫．解读中国经济 [M]．北京：北京出版社，2012. 271-303.

[128] 黄少安．制度经济学 [M]．北京：高等教育出版社，2008.

[129] 道格拉斯·诺斯．制度、制度变迁与经济绩效 [M]．杭行译，上海：格致出版社，2008.

[130] Kapplin S D，Schwartz A L．Public real estate limited partnership returns：a preliminary comparison with other investments [J]．Real Estate Economics，1988，16 (1)：63-68.

[131] Kapplin S D，Schwartz A L．An analysis of recent rates of return and of the secondary market for public real estate limited partnerships [J]．Journal of Real Estate Research，1986，1 (1)：33-44.

[132] Christensen D G，Levi D R．Shareholders' wealth and organizational restructuring：are real estate master limited partnerships different? [J]．Journal of Real Estate Research，1992，7 (1)：1-12.

[133] 拉尔夫 L．布洛克．房地产投资信托基金（第四版）[M]．宋光辉等译，北京：机械工业出版社，2014.

[134] Sanger G C，Turnbull G K．The effects of tax reform on real estate：some empirical results [J]．Land Economics，1990，66 (4)：409-424.

[135] 史跃峰．金融和谐论 [D]．天津：天津大学，2012.

[136] 廖辉．以 REITs 视角分析中国房地产投融资市场金融创新 [D]．广州：华东理工大学，2012.

[137] 张寒燕．房地产投资信托（REITs）研究 [D]．北京：中国社会科学院研究生院，2005.

[138] 刘耀峰．发展我国房地产投资信托基金（REITs）的探析 [D]．上海：上海交通大学，2009.

[139] 梁晨．我国房地产信托投资基金的模式及选择 [D]．保定：河北大学，2013.

[140] 冯智强．我国商业地产的融资模式研究 [D]．成都：西南财经大学，2013.

[141] 操群．私募基金与房地产融资 [J]．首席财务官，2012 (1)：29-29.

[142] 刘开瑞，钱兰．集中化策略下房地产投资信托绩效评估与启示——以新加坡上市 REITs 为例 [J]．云南财经大学学报，2012 (1)：87-94.

[143] 陆却非，徐莉．房地产投资信托基金系统性风险特征实证研究及对金融创新的启示 [J]．研究与发展管理，2010 (5)：113-119.

[144] 邓发平．房地产项目投资组合决策研究 [D]．重庆：重庆大学，2011.

[145] 倪金辉．投资效益最大目标下的商业地产开发物业组合研究 [D]．重庆：重庆大学，2012.

[146] 刘淮．房地产投资决策模型研究与应用 [D]．长沙：中南林业科技大学，2013.

[147] 王博．基于投资者情绪的资本资产定价理论研究 [J]．经济经纬，2014，(3)：150-154.

第4章　房地产投资信托基金风险分析研究

不同类型的 REITs 具有不同的收益，根据市场环境运用不同的投资策略对不同的投资标的物进行组合，最终能够导致不同的风险匹配不同的收益。

4.1　REITs 风险的实证研究方法设计

4.1.1　研究对象的选择及特点

美国 REITs 市场发展成熟，市场化程度高，宏观经济状况能够真实反映美国各项经济政策制度的运行情况，证券市场和房地产市场发展成熟。因此，美国 REITs 的现状能够表现 REITs 的真实特征和状况。

根据全美房地产信托协会的统计，截至 2018 年末，REITs 拥有大约 3 万亿美元的房地产总资产，其中超过 2 万亿美元来自上市和非上市的 REITs，其余部分来自私人持有的 REITs，为全国提供了 180 万套住宅，美国人都能感受到这些资产的经济和投资价值。市场规模全球居首。美国 REITs 市场的参与者众多，在 REITs 运作的全过程中，涉及发行 REITs 的基金公司或地产公司，提供管理、信息咨询服务的中介机构，以及中小投资者和机构投资者，流动性强，交易量大。REITs 产品种类丰富，数量多，投资标的多元化。

在美国的 GDP 结构中，私人消费支出占整个 GDP 的 70％以上，因此是典型的私人消费型经济增长模式，加之储蓄率的连年下降以及金融市场的完善发达，美国家庭倾向于将家庭资产投入到房地产、股市等增值保值的资产中去。美国经济增长与金融资产的价值有着密切联系，金融资产增值是美国经济增长的内部动力。相应地，美国经济规模及经济的多元化为证券市场和房地产市场发展创造了条件。金融体系的发展及房地产金融体系框架的确定，以及政府住房保障政策，推动了房地产市场与金融体系的结合，证券市场也在市场主导、需求旺盛的条件下急速发展。因此，REITs 在美国的出现是符合时宜的，RE-ITs 的表现能够很大程度上反映美国经济社会发展的状况。

4.1.2　变量的选择

美国 REITs 的收益率指标采用美国富时权益型 REITs 收益指数，综述国内外 REITs 风险与宏观经济变量及市场变量的文献，发现选择的变量包括国内生产总值、利率、汇率、货币供应量、通货膨胀率、工业增加值、股票市场价格指数、房地产价格指数等。在考虑理论相关性的前提下，以其他实证研究为参考，并遵循指标数据公开性原则，本书选取下列变量以分析 REITs 风险和外部因素的互动关系。

选取国内生产总值反映国民经济整体运行状况，美元指数反映汇率水平，联邦基金利率反映利率水平，广义货币供应量指标 M2 反映货币供应水平，标准普尔 500 指数反映股票市场价格总体水平，房屋价格水平反映房地产价格总体水平（表 4-1）。为消除异方差的影响，对各序列取对数，并经过季节调整消除季节趋势影响。

指标选择及代码 　　　　　　　　　　　　　　　　　　　　　　　　　表 4-1

代码	Y_1	X_1	X_2	X_3	X_4	X_5	X_6
变量名	REITs 收益指数	GDP 增速	美元实际指数	联邦基金利率	M2	标普 500 指数	房屋价格指数

4.1.3　样本选择与数据来源

为保证样本的充足性，减少研究结果的偏差，并考虑数据的可获取性，选取 1995 年至 2014 年季度数据进行实证分析。REITs 收益数据来源于全美房地产信托协会官网（www.reit.com），其余数据来自 Wind 数据库。

4.2　实证研究方法

4.2.1　向量自回归基本模型

1980 年，西姆斯（Sims C A，1980）提出了 VAR（Vector Autoregression Model）模型，主要以非结构性方法解决了各变量间的动态关系分析问题，推动了对经济系统内变量互动关系分析的广泛应用。VAR 模型可用于模拟、分析、预测系统相关性，刻画随机扰动对系统的动态冲击，定义描述冲击的大小、正负及持续的时间。

VAR 模型的定义式为：$Y_t = (y_{1t} \quad y_{2t} \quad \cdots \quad y_{Nt})$，是 $N \times 1$ 阶时序变量列向量，则 p 阶 VAR 模型〔记为 VAR（p）〕：

$$Y_t = \sum_{i=1}^{p} \varPi_i Y_{t-i} + U_t = \varPi_1 Y_{t-1} + \varPi_2 Y_{t-2} + \cdots + \varPi_p Y_{t-p} + U_t \quad U_t \sim \varPi D(0, \Omega)$$

(4-1)

式中：$\varPi_i (i=1,2,3,\cdots,i)$——第 i 个待估参数 $N \times N$ 阶矩阵；

$\quad U_t = (u_{1t}, u_{2t}, \cdots, u_{Nt})^{\mathrm{T}}$——$N \times 1$ 阶随机误差列向量；

$\quad \quad \quad \quad \quad \quad \quad \Omega$——$N \times N$ 阶方差协方差矩阵；

$\quad \quad \quad \quad \quad \quad \quad p$——模型最大滞后阶数。

最大滞后阶数 p 值的选择关系到 VAR 模型的准确性，滞后阶数太小，残差可能存在自相关，参数估计的一致性无法确保。适当增加滞后变量个数，可消除残差中存在的自相关。但如果滞后阶数过大，则会导致待估参数多，自由度严重下降，直接影响模型参数估计的有效性。滞后阶数的确定通常用赤池信息准则（AIC）和施瓦茨（SC）准则确定，特别地，Eviews6.0 软件可以同时运用多种判断准则得出结果，确定 p 值的方法与原则是在

增加 p 值的过程中，使通过检验的准则数最多。

4.2.2　协整分析

在进行协整分析前，首先要检验序列的平稳性，保证进行协整检验的序列是同阶单整。一般运用 ADF 检验确定序列的平稳性和阶数，设时间序列为 Y_i，其模型为：

$$\begin{cases} Y_t = \gamma Y_{t-1} + \sum_{i=1}^{p} \alpha_i \Delta Y_{t-i} + \varepsilon_t \\ Y_t = \alpha + \gamma Y_{t-1} + \sum_{i=1}^{p} \alpha_i \Delta Y_{t-i} + \mu_t \\ Y_t = \alpha + \beta t + \gamma Y_{t-1} + \sum_{i=1}^{p} \alpha_i \Delta Y_{t-i} + \mu_t \end{cases} \tag{4-2}$$

检验 H_0：$\gamma = 0$，H_1：$\gamma < 0$，原假设为序列存在一个单位根，否则不存在单位根。通过估计 γ 的值是否拒绝原假设，进而判断一个高阶自相关序列 VAR（p）过程是否存在单位根。如果在检验结果拒绝原假设，则说明序列不存在单位根，是平稳序列；否则说明序列是不平稳的，还需对其差分进一步检验，直到拒绝原假设，来确定序列的单整阶数。模型的滞后阶数在 Eviews6.0 软件中可自动取得。

理论上，在对经济变量进行时间序列分析时，要求经济变量的时间序列必须是平稳的，即没有随机趋势或确定性趋势，否则会产生"伪回归"问题，使结果失真。但是，在现实中经济变量的时间序列通常是非平稳的，如果对其简单差分把它变平稳，则会失去经济含义。通过协整检验，可以判断各变量间是否存在共同的随机性趋势，从而得出一组非平稳序列的线性组合是否具有稳定的均衡关系。如果序列 $\{x_{1t}, x_{2t}, \cdots, x_{kt}\}$ 都是 d 阶单整，存在向量 $\alpha = (\alpha_1, \alpha_2, \cdots, \alpha_k)$，使得

$$Z_t = \alpha X^T \sim I(d-b) \tag{4-3}$$

其中：$b > 0$，$x^T = \{x_{1t}, x_{2t}, \cdots, x_{kt}\}^T$，则认为序列 $\{x_{1t}, x_{2t}, \cdots, x_{kt}\}$ 是（d，b）阶协整，记为 $x^T \sim CI(d, b)$，α 为协整向量（Cointegrated Vector）。

4.2.3　误差修正模型

误差修正模型（Error Correction Model，ECM）可以刻画短期的非均衡过程。协整检验通常描述的是变量之间的一种"长期均衡"关系，而实际经济数据却是由非均衡过程生成的。因此，建模时需要用变量数据的动态非均衡过程来逼近经济理论的长期均衡过程。假设具有如下（1，1）阶分布滞后形式：

$$Y_t = \beta_0 + \beta_1 X_t + \beta_2 X_{t-1} + \mu Y_{i-1} + \varepsilon_t \tag{4-4}$$

该模型表示了当期的 Y 值，不仅与当期 X 值的变化有关，而且与上一期 X 与 Y 的状态值有关。移向变形得到一阶误差修正模型：

$$\Delta Y_t = \beta_1 \Delta X_t - \lambda ecm + \varepsilon_t \tag{4-5}$$

其中：ecm 表示误差修正项，从短期看，被解释变量 Y 值的变动是由较稳定的长期趋势和短期波动共同决定的，短期内系统相对均衡状态的偏离程度直接影响了波动振幅的大小。从长期看，非均衡状态通过协整关系重新回到均衡状态。

4.2.4 脉冲响应与方差分解

脉冲响应函数刻画的是一个内生变量对残差项冲击的反应或响应。具体而言，它描述的是给随机误差项施加一个标准差大小的冲击（来自系统内部或外部）后对内生变量的当期值和未来值所产生的动态影响，可以通过脉冲响应图看出影响的变动轨迹，这种分析方法称为脉冲响应函数（IRF：Impulse-Response Function）。

方差分解（Variance Decomposition）是通过分析每一个结构冲击对内生变量变化的贡献度，变量的改变程度通常用方差来度量，贡献度用百分比表示，从而评价不同结构冲击的重要性。因此，对 VAR 模型或 VEC 模型而言，方差分解能够表示出对变量产生影响的每个随机扰动的相对重要性信息。

4.2.5 格兰杰因果检验

通过模型计算出的经济变量之间虽然存在显著相关，但未必都是具有经济含义的。格兰杰因果检验的原理在于通过加入 x 的滞后值判断模型解释程度是否提高，得出当期的 y 能够在多大程度上被过去的 x 解释，解释程度足够高时说明 x 的变化是 y 变化的原因。如果 x 在 y 的预测中有帮助，或者 x 与 y 的相关系数在统计上显著时，就可以说"x 是 y 的格兰杰原因"。需要说明的是，格兰杰因果检验强调的是变量出现的先后顺序，并用以说明引起与被引起的关系。

4.3 实证结果分析

4.3.1 序列单位根检验

建立 VAR 模型前，首先检验序列的平稳性，若序列非平稳，则不能直接建立 VAR 模型。运用 ADF 检验对 REITs 收益指数和其他变量进行平稳性检验，得到如下结果：

ADF 检验结果 表 4-2

变量名	类型(c,t,k)	ADF 统计量	1%临界值	5%临界值	10%临界值
Y_1	$(c,0,1)$	-6.2399	-3.5178	-2.8996	-2.5871
X_1	$(c,0,0)$	-5.3951	-3.5167	-2.8991	-2.5869
X_2	$(c,0,0)$	-6.1579	-3.5167	-2.8991	-2.5869
X_3	$(c,0,0)$	-3.9704	-3.5167	-2.8991	-2.5869
X_4	$(c,0,0)$	-6.0471	-3.5167	-2.8991	-2.5869
X_5	$(c,0,0)$	-6.1455	-3.5167	-2.8991	-2.5869
X_6	$(0,0,0)$	-2.1643	-2.5949	-1.9450	-1.6141

从表 4-2 可知，在 5%的显著水平下，所有序列都是非平稳，但均满足一阶单整，即

各序列为 I（1）过程。

4.3.2 建立向量自回归（VAR）模型

由于所研究的变量是一阶单整的，因此先建立 VAR 基础模型，并判断其滞后阶数（表 4-3）。利用 AIC、SC、HQ 等准则多次试验，得出的最优滞后阶数为 2 阶。

模型最优滞后阶数选择　　　　　　　　　　　　　　　表 4-3

VAR Lag Order Selection Criteria

Endogenous variables：Y_1 X_1 X_2 X_3 X_4 X_5 X_6

Exogenous variables：C

Date：03/25/15　Time：21：05

Sample：1995Q1 2014Q4

Included observations：78

Lag	LogL	LR	FPE	AIC	SC	HQ
0	698.0259	NA	4.76e−17	−17.71861	−17.50711	−17.63394
1	1627.692	1668.631	7.46e−27	−40.29979	−38.60779	−39.62245
2	1742.901	186.1071*	1.41e−27*	−41.99746*	−38.82497*	−40.72745*

　* indicates lag order selected by the criterion

　LR：sequential modified LR test statstic（each test at 5% level）

　FPE：Final prediction error

　AIC：Akaike information criterion

　SC：Schwarz information criterion

　HQ：Hannan-Quinn information criterion

4.4 协整检验

由于原序列非平稳，但满足 $I(1)$ 过程，因此应该进行协整检验，判断系统的长期均衡关系，这里采用 Johansen 协整检验。

4.4.1 滞后阶数确定

滞后设定取原序列滞后阶数减去 1。由于基础 VAR 模型的滞后阶数为 2，因此这里的滞后阶数为 1。

4.4.2 协整类型和数量

协整方程可以包含截距和确定性趋势，可能会出现五种情况：

（1）序列不存在确定性趋势，协整方程没有截距；

（2）序列不存在确定性趋势，协整方程有截距项；

（3）序列存在确定性线性趋势，但协整方程只有截距；

（4）序列和协整方程都存在线性趋势；

（5）序列有二次趋势，协整方程仅有线性趋势。

为了便于确定采用哪一个趋势假设，可在 Eviews6.0 中进行 5 种趋势假设的敏感性分析，得到不同趋势下协整关系的 AIC、SC 统计量，以 AIC、SC 同时最小为原则，确定协整趋势。而协整关系的数量可通过特征根迹检验（trace 检验）和最大特征值检验得到，当二者得到的结果不一致时，取特征根迹检验的结果（表 4-4）。

协整数量检验　　　　　　　　　　表 4-4

数据趋势	无	无	线性	线性	二次方
检验类型	无截距 无趋势	有截距 无趋势	有截距 无趋势	有截距 有趋势	有截距 有趋势
特征根迹检验	4	5	4	5	7
最大特征值检验	2	3	2	1	1
AIC	−41.4014	−41.4132	−41.5105	−41.5022	−41.2262
SC	−38.1519	−38.1199	−38.5495	−37.9974	−36.0897

由此可得，当选择第三种趋势，即"序列有确定性线性趋势，但协整方程只有截距"时，存在 4 个协整关系。

4.4.3　协整方程

由于 4 个协整关系故共有 4 个协整方程，这里取包含变量最多，似然函数值最小的方程进行分析。协整方程为：

$$Y_1 = -37.60572X_1 - 7.282261X_2 + 22.01064X_3 + 0.334295X_4 + 0.996919X_5 + 0.533846X_6$$

$$(4-6)$$

由协整方程可知，REITs 收益率与 GDP 增速、汇率、利率、货币供应量及股市和房地产市场之间存在长期均衡关系。

4.5　建立向量误差（VEC）模型

在变量间存在协整关系的前提下，可以通过 VEC 模型考察变量间短期偏离的修正过程。

4.5.1　滞后阶数与趋势选择

在 VEC 模型中滞后阶数和趋势项都与协整检验一致，因此这里的滞后阶数为 1，选择第三个趋势选项进行建模。

4.5.2　模型估计

VEC 模型的估计分两步完成：

（1）估计协整关系；

（2）用所估计的协整结果构造误差修正项，并估计包括误差修正项作为回归量的一阶差分形式的 VAR 模型。

根据输出结果，VEC 模型中的协整方程（误差修正项）为：

$$ECM_{t-1}=Y_1(-1)+37.60572X_1(-1)+7.282261X_2(-1)+22.01064X_3(-1)-$$
$$0.334295X_4(-1)-0.996919X_5(-1)-0.533846X_6(-1)-28.94021$$

(4-7)

得到的向量误差模型为：

$$
\begin{bmatrix} Y_1 \\ X_1 \\ X_2 \\ X_3 \\ X_4 \\ X_5 \\ X_6 \end{bmatrix}_t = C + B \begin{bmatrix} Y_1 \\ X_1 \\ X_2 \\ X_3 \\ X_4 \\ X_5 \\ X_6 \end{bmatrix}_{t-1} + Aecm_{t-1}
$$

(4-8)

虽然该 VEC 模型中某些参数并不显著，但该模型反映了 REITs 收益率和其他变量之间的短期波动关系，该波动不仅受到偏离均衡的影响，还受到各变量自身变动的影响。模型中误差修正系数是表示误差修正项对 REITs 收益率的调整速度，其值为-0.030091，说明各变量间以 0.030091 的调整力度将非均衡状态拉向均衡状态，误差修正项的负值系数说明误差修正项对当期值起负向调整作用，导致当期 REITs 收益率上升或下降。从模型的系数可以看出，滞后一期的 GDP 增长、汇率、利率、货币供应量、股票市场价格、房屋价格对 REITs 收益率的弹性系数分别为 0.007593、0.027484、0.010140、-0.006346、-0.046773、0.000547；由此可见，在短期内，各变量对 REITs 收益率存在一定影响，REITs 收益率的波动对变量具有敏感性，体现了短期内宏观经济变量和两个市场能够引起 REITs 风险。其中，短期内汇率变动和股票市场价格变动对 REITs 收益率波动的影响更为显著，汇率和 REITs 收益率的变动方向一致，可能是由于美国在全球贸易中的地位和影响力有关，美元汇率上升，所创造的金融资产会吸引美元的流入，并推动资产价格升高。而股票市场价格与 REITs 收益率短期内呈反向变动，可能是由于股票和 REITs 之间存在一定的替代关系，投资者会在两个市场间做出基于收益风险权衡考虑下的选择。

此外，图 4-1 反映了长期均衡的偏离程度，可以看出，2004 年、2009 年前后，误差修正项的绝对值较大，表明该时间段内短期波动的偏离程度较高。这一现象与美国经济发展的周期保持一致，2001 年受美国"9.11"事件以及其他因素影响，美国经济陷入衰退，从 2002 年开始，美国政府通过宏观政策刺激经济发展，经过数年的复苏，美国经济于 2004 年恢复了全面增长，投资和消费逐步增长，就业情况好转，经济重新回到稳步发展轨道。2008 年随

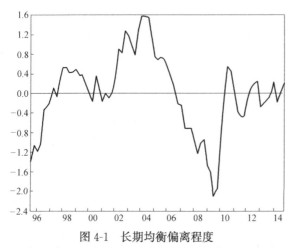

图 4-1　长期均衡偏离程度

着金融危机的全面爆发，美国经济陷入谷底，随后政府通过一系列经济提振措施使经济逐步恢复。因此，在美国经济良好的状况下，REITs 随宏观环境和市场向积极方向变动，而在经济衰退状况下，整体经济环境的不景气会带动 REITs 收益下滑。

4.6　脉冲响应函数和方差分解

通过脉冲响应函数，可以分析出金融系统中各经济变量受到冲击时对 REITs 收益率的影响，也可以看出 REITs 收益率受到冲击对金融系统的影响。基于 VEC 模型的各变量间脉冲响应函数曲线图如图 4-2 所示，纵轴代表因变量对解释变量的响应程度，横轴代表脉冲响应函数的追踪期数。

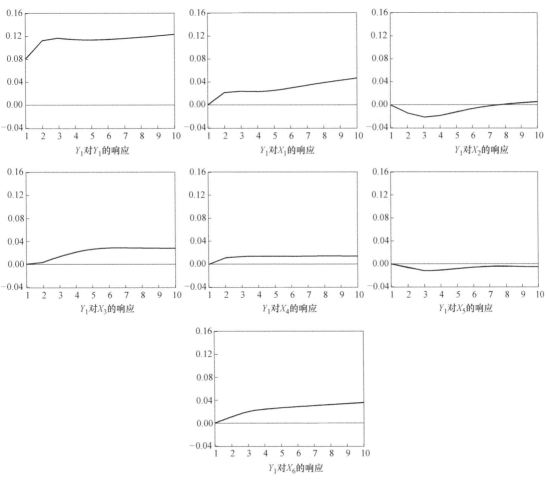

图 4-2　Y_1 脉冲响应结果

REITs 收益率对自身的冲击，在初期立即产生效应，并在第 3 期时效应达到峰值，REITs 收益率上升 7.4%，随着时间的推移正向效应逐渐减弱，可以解释为，REITs 收益存在惯性和自我强化效应。REITs 收益率在初期受到 GDP 增长一个标准差的正向冲击后，REITs 收益率的变动没有立刻反映出来，而是产生缓慢递增趋势，这表明了 GDP 增长对 REITs 收益率影响存在滞后性。REITs 收益率在初期受到美元汇率的正向冲击，对 REITs 收益率产生了负效应，并在第 3 期达到－6.3％，可以解释为美元的突然升值，打破了原有的国际间投资平衡，投资者倾向于得到期望的风险收益，而不是增加升值资产的权重，因此 REITs 收益率会出现暂时的下降。REITs 收益率在初期受到利率的一个标准差的正向冲击后，正向效应逐渐递增并最终趋于平稳，这是因为历史上美国加息过程都较为平缓，QE 退出的前提也是在经济复苏向好的情况下，而权益型 REITs 本身收益与利率关系不大，因此短期受利率的影响并不明显。REITs 收益率在初期受到股票市场价格的一个标准差的正向冲击，产生微弱的负效应，表明短期内股市和 REITs 收益率的联系并不紧密。REITs 收益率在初期受到房屋价格的一个标准差的正向冲击，初期效应并不明显，随后逐渐产生正效应，权益型 REITs 的收益与物业租金价格关系密切，租金价格的变动会影响 REITs 的收入，从而影响 REITs 分红以及投资者预期。

通过方差分解（表 4-5）可以看出各内生变量对 REITs 收益率冲击变化响应的贡献度，贡献度以方差表示，可以看出，各经济变量冲击对 REITs 收益率变动的贡献是随时间推移而改变的。其中，存在明显上升趋势的为 GDP 增速、利率和房屋价格，表明这些因素受到冲击时对 REITs 收益影响的滞后效应更为显著，货币供应量的冲击效应不显著，说明瞬时冲击下货币供应量对于 REITs 收益的作用很小，短期内很难显现。

Y_1 方差分解结果　　　　　　　　　　　　　　表 4-5

时期	标准误差	Y_1	X_1	X_2	X_3	X_4	X_5	X_6
1	0.081242	100.0000	0.000000	0.000000	0.000000	0.000000	0.000000	0.000000
2	0.141885	95.17219	2.260336	1.025017	0.075294	0.560766	0.241733	0.664664
3	0.189004	91.85990	2.849226	1.865129	0.557662	0.797170	0.525743	1.545174
4	0.226073	89.84466	3.031002	1.977403	1.320347	0.915282	0.620184	2.291124
5	0.257623	88.46422	3.270503	1.749223	2.073016	0.989291	0.589182	2.864566
6	0.286550	87.32977	3.675242	1.466945	2.655493	1.037396	0.522666	3.312485
7	0.314200	86.29137	4.228658	1.226348	3.046576	1.063970	0.459329	3.683750
8	0.341060	85.31104	4.873540	1.041025	3.284372	1.072522	0.408503	4.008996
9	0.367278	84.38482	5.556359	0.903975	3.413757	1.067502	0.370279	4.303307
10	0.392906	83.51370	6.241482	0.805981	3.469713	1.053289	0.342566	4.573271

柯列斯基排序：Y_1、X_1、X_2、X_3、X_4、X_5、X_6

另一方面，REITs 风险对实体经济、股票市场和房地产市场存在影响。REITs 收益率受到单位标准差正向冲击后，GDP 增长显示出同向变动，但冲击并不明显，稳定在 0.5％左右；股票市场价格显示出同向变动，在第 2 期达到峰值 5.3％，较股票市场对 REITs 的影响更大，显示出互动作用的非对称性；房地产市场价格在初期并未受到影响，从第 3 期开始跟随 REITs 收益率同向变动，并呈上升趋势，说明 REITs 的表现对房地产市场价格具有一定的引导作用（图 4-3）。

就影响的贡献度而言，REITs 对金融系统其他变量的作用贡献度是随时间推移而变化的。REITs 收益波动对 GDP 增长的影响在前 4 期逐渐增加，至峰值 13％后开始缓慢下降，并维持在 11％，REITs 对房地产价格的影响在前 4 期不显著，从第 5 期开始缓慢增

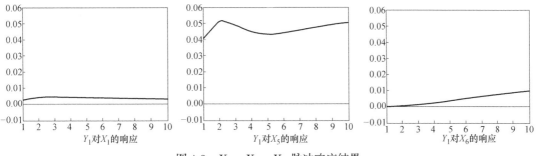

图 4-3　X_1、X_5、X_6 脉冲响应结果

加，说明 REITs 收益波动对经济增长和房地产价格变动具有一定贡献，并且存在滞后效应。REITs 收益波动对股票市场价格变动的贡献度是缓慢减弱的，第一期效应最显著为 40%，此后逐渐下降，说明 REITs 收益波动对股票市场价格的解释力较强（表 4-6）。

X_1、X_5、X_6 方差分解结果 　　　　　　　　　　　表 4-6

时期	X_1	X_5	X_6
1	7.378315	40.47327	0.011859
2	11.26925	38.06838	0.005802
3	12.75829	34.81473	0.215751
4	13.06994	31.59817	0.82594
5	12.89572	28.98037	1.675941
6	12.55548	27.09759	2.573695
7	12.18101	25.84399	3.417379
8	11.82162	25.04563	4.173009
9	11.49286	24.55195	4.837458
10	11.19732	24.25734	5.418123

4.7　格兰杰因果检验

由协整检验和向量误差修正模型可以得出，REITs 收益率和各经济变量之间存在长期稳定和短期差异性的均衡关系，但这种均衡关系并不一定构成因果关系，因此需要进一步验证因果关系的显著性以及方向。本文采用格兰杰因果关系检验来验证其因果关系及方向。格兰杰因果关系检验结果见表 4-7。

格兰杰因果检验结果 　　　　　　　　　　　表 4-7

原假设	样本容量	F 统计量	P 值
X_1 不是 Y_1 的格兰杰原因	78	1.38637	0.2565
Y_1 不是 X_1 的格兰杰原因		3.73314	0.0286
X_2 不是 Y_1 的格兰杰原因	78	1.75430	0.1802
Y_1 不是 X_2 的格兰杰原因		2.88405	0.0623

原假设	样本容量	F 统计量	P 值
X_3 不是 Y_1 的格兰杰原因	78	2.88635	0.0622
Y_1 不是 X_3 的格兰杰原因		1.88440	0.1592
X_4 不是 Y_1 的格兰杰原因	78	4.49117	0.0145
Y_1 不是 X_4 的格兰杰原因		4.30360	0.0171
X_5 不是 Y_1 的格兰杰原因	78	0.46426	0.6304
Y_1 不是 X_5 的格兰杰原因		0.46024	0.6330
X_6 不是 Y_1 的格兰杰原因	78	1.59503	0.2099
Y_1 不是 X_6 的格兰杰原因		0.63104	0.5349

在10%的显著程度下，利率、货币供应量是REITs收益的格兰杰原因，说明美国的货币调控政策能直接引发资产收益的变动，而REITs收益是GDP增长、货币供应量的格兰杰原因，说明美国REITs的规模较大，能够对整体经济产生影响，能够引起经济波动，且投资者基于REITs收益率的投资决策行为会改变资金在REITs市场和银行等其他金融市场间的流动，因而引发货币供应量变动。此外，格兰杰因果检验结果虽然表明REITs收益与股票市场价格、房地产市场价格间不存在直接因果关系，但股票市场和房地产市场也会通过宏观经济变量对REITs收益产生间接影响。

4.8 实证结果分析

通过对REITs收益率和各宏观变量间的关系分析，可以得出：

（1）通过协整检验，可以看出REITs收益率和GDP增长、汇率、利率、货币供应量以及股票和房地产市场价格存在长期均衡关系，意味着REITs风险的表现与金融系统的长期作用有关，GDP增长、汇率、利率和货币供应量等宏观经济因素及股票市场、房地产市场等其他市场资产收益的变动是改变REITs风险收益状况的外部因素。

（2）通过脉冲响应与方差分解，发现包括REITs收益率自身在内的各变量扰动会对REITs收益率当期和未来值产生影响，说明当REITs市场所处的经济系统环境受到某些冲击，冲击会传导至REITs，引发收益率波动风险。特别是GDP增长、汇率、利率以及房地产市场受到冲击，对REITs的影响较大，说明这些因素的变动更容易给REITs带来风险。相应地，当REITs受到一个冲击扰动时，也会对系统内的其他变量产生影响，特别是REITs风险容易传染给实体经济、证券市场和股票市场。

（3）通过格兰杰因果检验，发现利率和货币供应量对REITs收益率的影响较为显著直接，说明通过调整货币政策，可以对REITs收益率施加影响。特别的，美国采取市场化的利率政策，并以货币政策透明化作为调整目标，因此REITs市场对于利率和货币供应量变动的反应应该更为敏感，意味着REITs收益不确定性及风险发生的概率增大。另一方面，REITs收益率会直接引发GDP增速和货币供应量的变动，表明了REITs市场的风险会传递给宏观经济，对国民经济和货币市场的稳定造成影响。

第5章 REITs的信用风险实证研究——以中国香港REITs为例

REITs 企业的信用风险,是指基金管理人或者基金托管人因为各种各样的原因不愿意履行所签合同或者没有能力履行所签的合同条件而造成违约现象的发生,而导致贷款银行、个人和机构投资者遭受损失的可能性。作为一种兼具金融业和房地产行业属性的外来品,REITs 的交易环节和组织结构相对复杂,若将其引入并且中国化,信用风险状况如何,会有哪些特征,又会受到哪些因素的影响;如何识别和建立 REITs 公司的信用风险指标评价体系;个人和机构投资者如何甄别出信用状况良好的上市 REITs 进行投资。针对上市 REITs 公司的性质和特征,本章分别选用二分类 Logistic 回归模型和 BP 神经网络模型去判断上市 REITs 公司的信用风险状况。

5.1 REITs 信用风险分析 Logistic 回归和 BP 神经网络模型简介

5.1.1 二分类 Logistic 回归模型简介

二分类 Logistic 回归模型是目前普遍研究二分类观察结果与一些影响因素之间关系的一种多变量分析方法。它的因变量为"是"或"否"的二分类变量,而自变量包含众多,可以是连续的,也可以是分类的。通过二分类 Logistic 回归分析,可以得到自变量的权重值,从而可以大致得到影响 REITs 企业信用风险的敏感因素。二分类 Logistic 回归模型对数据的要求不是很严格,可以不满足正态分布,亦可以不需要保持自变量与因变量的线性关系。在用它来判定 REITs 企业是否陷入信用风险时,只需先界定一个分界点(通常情况下取 0.5 作为临界值),将具体 REITs 企业的相关数值带入模型,不仅可以得到自变量的权重值,从而大致得出影响 REITs 企业信用风险的敏感因素,也可得到一个概率值。当该值小于临界点时,即认为该 REITs 企业存在一定信用风险,且该值越接近 0,则风险性越大。

上市 REITs 企业的信用风险状况变量 y 是一个二值变量,即要么上市 REITs 企业财务状况良好,不存在信用风险,要么上市 REITs 企业出现违约情况,存在信用风险,分别用 $y=0$ 或 1 表示。影响 y 的取值有很多因素,其中包括企业内部因素,也包括宏观经济因素,这些自变量因素,我们分别把它们记为 $x_1, \cdots, x_k$。本书设 c_i 为中国香港上市 REITs 企业出现违约情况，存在信用风险的概率，则财务状况良好，企业信用正常的概率可用 $1-c_i$ 来表示。因此，企业出现信用风险与企业正常的概率之比为 $\dfrac{c_i}{1-c_i}$，二分类 Logistic 回归模型假设因变量发生的概率与各影响因素之间的存在以下的非线性关系：

$$c_i = G(l_i) = \frac{1}{1+e-l^i} \tag{5-1}$$

其中 $l_i = \lambda_0 + \lambda_1 x_1 + \lambda_2 x_2 + \cdots + \lambda_k x_k$，为所选入指标的共同作用。

经变形得到线性回归模型

$$ln\left(\frac{c_i}{1-c_i}\right) = \lambda_0 + \lambda_1 x_1 + \lambda_2 x_2 + \cdots + \lambda_k x_k \tag{5-2}$$

再将上式转化为非线性形式，即

$$c_i = \frac{1}{1+\exp[-(\lambda_i + \lambda_i x_i)]} \tag{5-3}$$

5.1.2　BP 神经网络模型简介

BP 神经网络，主要由输入层、隐含层、输出层构成，三层 BP 网络是典型的 BP 网络。

输入输出向量定义如下：

记 $x_n = (x_1, x_2, \cdots, x_n)$ 为隐含层输入向量；$h_i = (h_{i_1}, h_{i_2}, \cdots, h_{i_i})$ 为隐含层的输出变量；$h_o = (h_{o_1}, h_{o_2}, \cdots, h_{o_i})$ 为输出层输入变量；$y_i = (y_{i_1}, y_{i_2}, \cdots, y_{i_m})$ 为输出层输出向量；$d_m = (d_1, d_2, \cdots, d_m)$ 为期望输出向量。

记输入层与隐含层连接权值为 w_{ij}，隐含层与输出层连接权值为 w_{js}，隐含层及输出层的各神经元阀值分别为 θ_j、θ_s，激活函数 sigmoid 为：

$$f(x) = \frac{1}{1+\exp(-x)} \tag{5-4}$$

对于一个输入样本，定义误差函数为：

$$e^{(k)} = \frac{1}{2} \sum_{s=1}^{m} (d_0^{(k)} - y_0^{(k)}) \tag{5-5}$$

其中，连接权值及阀值分别设为（-1，1）间的随机数，确定目标误差精度 e 及最大学习次数 M。

采用 Sigmoid 函数分别对隐含层、输出层各神经元的输入和输出进行计算：

$$h_0^k = f\left(\sum_{i=1}^{n} w_{ij} x_i^{(k)} - \theta_j\right) = f\left(\sum_{i=1}^{n+1} w_{ij} x_i\right) \tag{5-6}$$

其中，$w_{(n+1)j} = -\theta$，$x_{n+1} = 1$，$j = 1, 2, \cdots, r_0$

同理，

$$y_0^{(0)} = f\left(\sum_{j-1}^{r} w_j h_0^k - \theta_j\right) = f\left(\sum_{j=1}^{r+1} w_{js} h_0\right) \tag{5-7}$$

其中，$w_{(r+1)s} = -\theta$，$h_{0(r+1)} = 1$，$(s = 1, 2, \cdots m)$

系统的全局误差：

$$E = \frac{1}{2P} \sum_{k=1}^{p} \sum_{s=1}^{m} (d_0^{(k)} - y_0^{(k)})^2 \tag{5-8}$$

从输出层节点到输入层节点逆方向分别计算误差函数对输出层及隐含层各神经元的偏导数 δ_2，δ_1：

$$\delta_2 = y_0^{(k)}(1 - y_0^{(k)})(d_0^{(k)} - y_0^{(k)})^2 \tag{5-9}$$

$$\delta_1 = h_0^{(k)}(1 - h_0^{(k)})\left(\sum_{s=1}^{m} \delta_2 w_{js} \right) \tag{5-10}$$

对输出层、隐含层各神经元的连接权值 w_{js}、w_{ij} 进行修正

$$w_{js}(k+1) = w_{js}(k) + \rho\delta_2 h_0^{(k)} + \partial[w_{js}(k) - w_{js}(k-1)] \tag{5-11}$$

$$w_{ij}(k-1) = w_{js}(k) + \rho\delta_1 x_i^{(k)}\delta + \partial[w_{ij}(k) - w_{ij}(k-1)] \tag{5-12}$$

其中，∂，$\rho \in (0, 1)$ 为学习率及动量因子，用来控制学习进度及收敛效果。用所有分析样本对网络进行反复训练、迭代，直至误差小于设定的误差精度，或达到设定的学习次数。

5.2　REITs 的信用风险研究样本与指标筛选

5.2.1　研究样本和指标初选

企业的财务指标主要分为反映财务弹性、稳定性、盈利性等方面信息的指标，能判断将来出现财务危机和发生贷款违约的可能性。企业的财务弹性越强、稳定性越好、盈利性越大，其将来出现财务危机和发生贷款违约的可能性就越小。财务指标的选取主要以企业的综合资产负债表、综合全面收益表和综合现金流量表等为分析数据来源。宏观经济指标主要反映经济的整体运行情况，REITs 所投资的基础资产为房地产及其相关行业，而房地产行业的运行状态对宏观经济及市场环境相当依赖，政府也主要通过宏观经济政策来调控房地产市场，这就是说宏观经济因素通过影响房地产的价值而间接地影响 REITs 企业的信用风险。本章以中国香港 11 家 REITs 上市公司在 2009～2015 年间的财务数据和中国香港的宏观经济情况的数据作为研究样本，数据来源于 11 家上市 REITs 公司年报和中国香港金融管理局网站公布的文件。本章在财务指标的选取上，除了倚重企业结构的盈利能力、偿债能力、运营能力、发展潜力、企业规模外，对于投资者而言，REITs 企业旗下物业的租赁情况将直接影响到投资者分派收入的大小。因此，本章在财务指标的选取上，加入了分派因子和租赁因子，在宏观经济指标的选取上，主要倚重工业增加值比率、居民消费者价格指数、金融机构人民币贷款利率、房地产景气指数 4 个指标，初始选取被使用 24 个指标作为研究变量，具体指标名称及变量代码见表 5-1。

影响房地产经济的宏观经济指标　　　　　　　　表 5-1

影响因素	一级指标	二级指标	指标描述	代码
内部因素	盈利因子	总资产收益率	净利润/平均资产总额	X_1
		净资产收益率	税后利润/所有者权益	X_2
		基本每股收益	净利润/总股本	X_3
	偿债因子	流动比率	流动资产/流动负债	X_4
		资产负债率	年末负债总额/资产总额	X_5
		利息保障倍数	息税前利润/利息费用	X_6
	运营因子	资产周转率	销售收入/平均资产总额	X_7
		存货周转率	企业在一定时期（1年）销货成本与平均存货余额之比	X_8
	发展因子	总资产增长率	（当年总资产－上年总资产）/上年总资产	X_9
		收入总额增长率	（当年收入总额－上年收入总额）/上年收入总额	X_{10}
		物业收入净额增长率	（当年物业收入净额－上年物业收入净额）/上年物业收入净额	X_{11}
		物业组合估值增长率	（当年物业组合估值－上年物业组合估值）/上年物业组合估值	X_{12}
		分派总额增长率	（当年分派总额－上年分派总额）/上年分派总额	X_{13}
	分派因子	每基金单位分派收益率	每基金单位分派/每基金单位市值	X_{14}
		每基金单位分派增长率	（当年每基金单位分派－上年每基金单位分派）/上年每基金单位分派	X_{15}
	租赁因子	年平均物业租用率	物业租用面积/物业总面积	X_{16}
		年平均租金增长率	上年平均租金/当年平均租金	X_{17}
	规模因子	企业规模	Log（总资产）	X_{18}
			Log（总营业收入）	X_{19}
			Log（经营利润）	X_{20}
外部因素	宏观因子	工业增加值比率	反映经济的存量效应	X_{21}
		居民消费者价格指数	反映居民所消费商品和服务项目的价格水平变动趋势和变动程度	X_{22}
		金融机构人民币贷款利率	反映资金借贷的成本	X_{23}
		房地产景气指数	综合反映中国香港房地产业发展景气状况的总体指数	X_{24}

5.2.2　模型指标的筛选

由于初始选取的财务指标和宏观经济指标相对过多，存在一些不具有显著区分能力的指标，将会导致模型出现偏差，因此首先要剔除部分显著性不大的指标。同时，各指标之间可能会存在相互关系，直接使用会降低模型的预测结果。由于 Logistic 模型对模型中自变量的多维相关性较为敏感，需要利用主成分分析或聚类分析等手段来选择代表性的自变量，以减少所选变量之间的相关性。故本节先对初选指标采用主成分分析进行约简，再分别利用 Logistic 回归模型和 BP 神经网络模型来评价中国香港上市 REITs 企业的信用状况。

采用 SPSS20.0 统计软件进行主成分分析，前 5 个主成分的特征值的贡献率已经达到了 74.15%，由因子得分系数矩阵（表 5-2）可知，Z_1 主要表达了变量 X_1、X_2、X_3、X_5、X_6、X_{16}、X_{18}、X_{19}、X_{20} 九个指标的信息量，反映的是上市 REITs 企业的盈利能力、企业规模、租赁情况和偿债能力；Z_2 主要表达了变量 X_1、X_2、X_7、X_8、X_9、X_{10}、X_{11}、X_{20}、X_{20}、X_{21}、X_{22}、X_{24} 十二个指标的信息量，主要反映的是上市 REITs 企业的盈利能力、运营能力、成长能力和受宏观经济影响的程度；Z_3 主要表达了变量 X_{13}、X_{14}、X_{21}、X_{22}、X_{23} 五个指标的信息量，主要反映了上市 REITs 企业的分派能力和受宏观经济的影响程度；Z_4 主要表达了变量 X_{10}、X_{11}、X_{12}、X_{21}、X_{23}、X_{24} 六个指标的信息量，主要反映了上市 REITs 企业的成长能力和受宏观经济的影响的程度；Z_5 主要表达了 X_7、X_8、X_{17} 三个指标的信息量，主要反映了上市 REITs 企业的运营能力和租赁情况。

因子得分系数矩阵

表 5-2

	Z_1	Z_2	Z_3	Z_4	Z_5
X_1	0.643	−0.566	−0.340	0.225	0.118
X_2	0.680	−0.543	−0.221	0.257	0.060
X_3	0.575	−0.022	−0.479	0.238	−0.201
X_4	−0.118	−0.465	−0.058	0.194	0.499
X_5	0.781	0.168	0.175	0.290	−0.034
X_6	−0.637	−0.133	−0.515	0.182	−0.182
X_7	0.317	−0.542	0.053	−0.218	0.598
X_8	0.098	0.476	0.160	−0.244	0.562
X_9	0.349	0.614	0.290	0.354	0.136
X_{10}	0.233	0.559	0.136	0.513	−0.350
X_{11}	0.025	−0.509	0.084	0.499	−0.398
X_{12}	0.254	0.482	0.233	0.423	0.345
X_{13}	0.333	0.512	−0.052	0.334	0.565
X_{14}	0.545	0.144	0.520	−0.301	0.056
X_{15}	0.247	0.193	−0.565	0.184	0.285
X_{16}	0.866	0.084	−0.193	−0.333	−0.114

续表

	Z_1	Z_2	Z_3	Z_4	Z_5
X_{17}	0.288	0.437	0.194	−0.011	−0.466
X_{18}	0.841	0.248	0.026	−0.252	−0.238
X_{19}	0.891	0.077	0.164	−0.313	0.122
X_{20}	0.888	−0.017	0.110	−0.143	0.088
X_{21}	0.195	−0.607	0.556	0.453	−0.011
X_{22}	−0.158	0.585	−0.674	−0.300	0.051
X_{23}	−0.031	−0.151	0.576	−0.177	−0.186
X_{24}	0.182	−0.584	0.246	0.424	0.052

通过上述主成分分析中剔除变量的结果，最终进入模型的变量有9个，他们分别表示了上市REITs公司的盈利能力、偿债能力、运营能力、成长能力、分派能力和受宏观经济的影响，包括盈利能力指标：总资产收益率（X_1）、净资产收益率（X_2）；偿债能力指标：利息保障系数（X_6）；运营能力指标：资产周转率（X_7）；成长能力指标：收入总额增长率（X_{10}）、分派总额增长率（X_{13}）；分派能力指标：每基金单位分派增长率（X_{14}）；宏观经济指标：工业增加值比率（X_{21}）和房地产景气指数（X_{24}）。

5.3 上市REITs企业信用风险的实证研究

5.3.1 基于Logistic回归模型的实证研究

由于财务比率存在一定范围内波动，引起信用风险概率的显著增加性不强，只有当财务比率值超过其设定临界值，比率值发生恶化才会导致信用风险概率增加。因此，上市REITs企业信用风险的预测属于正常和可能发生违约两类定性分析。针对财务比率值的特性，在实际研究中引用多元线性回归模型并进行改造，最终运用Logistic回归模型对其进行分析。

利用以上筛选出来的9个指标，构建的二分类Logistic回归模型，经过SPSS20.0统计软件的运算，模型中的系数（B）、标准差（S.E）、Wald检验值、自由度（df）、显著性水平（Sig.）以及发生比率[$\exp(B)$]的具体数值见表5-3。

指标统计数据　　　　　　　　　　　　　　　　　　　表5-3

变量	B	S.E	Wald	df	Sig.	$\exp(B)$
X_1	1.270	0.382	11.704	1	0.011	6.975
X_2	−1.949	0.359	14.818	1	0.007	0.137
X_6	−0.834	0.407	7.200	1	0.035	0.435
X_7	−1.468	0.437	4.462	1	0.053	2.509
X_{10}	0.920	0.548	1.307	1	0.084	2.714
X_{13}	0.999	0.654	2.989	1	0.226	3.232

续表

变量	B	S. E	Wald	df	Sig.	$\exp(B)$
X_{14}	0.814	0.892	14.739	1	0.266	0.180
X_{21}	−1.716	0.698	1.465	1	0.000	3.240
X_{24}	1.676	0.412	12.396	1	0.145	4.135
常量	1.667	0.350	14.338	1	0.001	5.127

根据表5-3中的结果进行Logistic回归模型的建立，最终建立的中国香港REITs信用风险模型的表达式为：

$$P = 11 + \exp\left[-(1.270X_1 - 1.949X_2 - 0.834X_6 - 1.468X_7 + 0.920X_{10} + \right.$$
$$\left. 0.999X_{13} + 0.814X_{14} - 1.716X_{21} + 1.676X_{24}) + 1.667\right]$$

(5-13)

$$P = \text{FSD}；\text{GM}；\text{SDM}$$

其中，当P大于0.5时，表示上市REITs企业正常；当P小于0.5时，表示上市REITs企业存在信用风险。

根据以上预警模型，将分析样本带入进行检验，检验结果见表5-4。

样本检验结果　　　　　　　　　　　　　　　　　　　　表5-4

	分析样本				
	风险	正常	正确率(%)	错误率(%)	总正确率(%)
风险	5	2	71.4	28.6	83.3
正常	2	40	95.2	4.8	

根据表5-4中分析样本数据，采用二分类Logistic回归模型可以得出，犯第一类错误率的概率是28.6%，犯第二类错误率的概率是4.8%，模型总的判别正确率高达83.3%。从预测结果的精度来看，二分类Logistic回归模型预测的准确性和稳定性较高，从以上表达式中权值的大小可以看出影响上市REITs公司信用风险大小的主要因素是企业的盈利能力、偿债能力、运营能力、成长能力、分派能力和宏观因子，且影响程度从大到小依次是宏观因子、盈利能力、成长能力、分派能力、偿债能力、运营能力。

5.3.2　基于BP神经网络模型的实证研究

运用Mapmaxmin函数对分析样本进行数据归一化处理。再利用Matlab软件中BP神经网络工具箱，建立BP神经网络模型对处理后的训练样本进行信用风险识别。

根据前文指标筛选结果，利用筛选出的9个财务指标代表上市REITs公司的信用状况，作为输入指标，公司正常作为输出指标。目标误差设定为0.00001，最大迭代次数为10000次，对42组分析样本进行训练以构建优化的模型。通过对不同隐含层节点信用风险识别的比较，最终发现当隐含层节点数为16时，模型识别的正确率最高，具体结果见表5-5。

样本检验结果   **表 5-5**

	分析样本				
	风险	正常	正确率（%）	错误率（%）	总正确率（%）
风险	6	1	85.7	14.3	91.7
正常	1	41	97.6	2.4	

识别结果表明，BP 神经网络模型对分析样本信用风险的判断，犯第一类错误率的概率是 14.3%，犯第二类错误率的概率是 2.4%，总体正确率达到了 91.7%，无论是总体的识别正确率和误判率，还是对风险组或是正常组的识别精度都要高于 Logistic 回归模型的方法。因此，BP 神经网络建立上市 REITs 公司的信用风险模型在预测的准确性和稳定性上要优于 Logistic 回归模型，但由于 BP 神经网络自身是一种黑箱技术，无法根据网络的权值得到输入变量的贡献度，因此不具有变量的解释能力。

5.4 验证结论

以中国香港 11 家上市 REITs 公司作为样本进行实证研究，以上述 11 家上市 REITs 公司在 2009～2015 年的财务数据和宏观数据作为样本指标，分别采用二分类 Logistic 回归模型和 BP 神经网络模型去评价上市 REITs 公司的信用风险，主要得到以下结论：

（1）二分类 Logistic 回归模型和 BP 神经网络模型相比，对上市 REITs 公司信用风险识别的准确度，BP 神经网络模型更高，对上市 REITs 公司信用风险识别的准确度高达 90% 左右，这归因于神经网络技术是一种多层前馈神经网络，误差是反向传播，具有自我学习和调整能力的特点。两个模型犯第一类错误的概率均较高，分别达到了 28.6% 和 14.3%，即有可能将信用状况差的上市 REITs 公司误认为是信用状况良好的上市 REITs 公司，说明模型的稳定性有待进一步加强，泛化能力有待提高。

（2）从二分类 Logistic 回归模型表达式中变量权值的大小可以看出，主导上市 REITs 公司信用风险大小的因素是企业的宏观因子、盈利能力、成长能力、分派能力。因此，投资者在选择合适的 REITs 产品进行投资决策活动时，除了要考察 REITs 企业自身内部的财务状况，也要重视当地当时的宏观经济状况，尤其是房地产行业的景气情况，一旦宏观经济，尤其是房地产行业出现不景气衰退期时，必然会波及到上市 REITs 企业旗下物业的租赁情况，进而影响到 REITs 企业的信用状况。在考察 REITs 企业自身的财务状况时，应多注重 REITs 企业的盈利能力、成长能力和分派能力的审查。

因此，投资者在对上市 REITs 企业进行信用风险预测时，如果综合采用二分类 Logistic 回归模型和 BP 神经网络模型共同评价上市 REITs 企业的信用状况，会取得更好的评价效果，任何一种模型识别出信用风险，都应该引起投资者的谨慎投资，避免出现信用风险的上市 REITs 企业给投资者带来无法挽回的损失。定性和定量分析相结合的方法可以帮助投资者提高预测出上市 REITs 企业出现信用风险的概率，二分类 Logistic 回归模型表达式中出现的几类重要指标，可以定义为上市 REITs 企业信用状况的关键指标。通过对这些关键指标的审查，配合定量模型的判断，既可以为投资者，尤其是机构投资者，预测和识别上市 REITs 公司的信用风险状况提供客观清晰的依据，也可以为企业内部管理者加强风险控制和摆脱财务困境提供有价值的参考信息。

第6章 公司治理结构对REITs企业绩效的影响研究

6.1 REITs 企业的综合绩效评价模型与实证分析

国内外学者对于公司绩效水平的评价指标并未形成统一的标准，为了更直观地表达绩效水平，本章用财务指标进行绩效评价。一部分学者，例如，陈德萍[1]、Bauer[2] 选用的是净资产收益率（ROE），吴淑琨[3]、Noguera[4] 选用总资产收益率（ROA），孙喜平[5] 通过每股收益（EPS），亦或是 Friday 和 Sirmans[6] 选用的市盈率（P/E），用这些单一的指标来评价企业治理的盈利。在对于 REITs 公司的绩效水平研究上，国外学者相对于国内的学者研究稍多，然而也未曾达成一致。

在企业的实际运营当中，公司绩效水平受到多方面的影响，除了将盈利能力水平、偿债能力水平纳入考虑范围内之外，还应考虑到成长能力、股本扩张能力、营运能力等对绩效的贡献度，而能够反映这些能力的相关指标又有许多，却又不能够清楚每个能力指标的权重大小。因此，我们需要形成一个包含各个能反映绩效水平指标的综合评价模型，并且能够反映各个能力指标的权重。姚德权[7]、赵银[8] 等学者选用主成分分析评价上市公司的绩效。主成分分析可以通过降维的思想提取多种相关指标的主成分，从而帮助我们实现上述的需求，能够较为针对性地反映出 REITs 公司的综合绩效水平。

6.1.1 主成分分析基本原理

假设包含 n 个样本，每个样本又包含 m 个变量，这样会构成一个 $n \times m$ 阶的矩阵：

$$X = \begin{bmatrix} x_{11} & x_{12} & \cdots & x_{1m} \\ x_{21} & x_{22} & \cdots & x_{2m} \\ \cdots & \cdots & \cdots & \cdots \\ x_{n1} & x_{n2} & \cdots & x_{nm} \end{bmatrix} \tag{6-1}$$

当 n 比较大时，在 m 维的空间里考察问题就会比较麻烦。此时就需要对数据进行降维的处理，也就是说，将原来较多的变量指标通过降维用少量几个综合的变量指标代替，从而能够满足较少量的综合指标一方面能尽可能多地将原来的指标反映出来；另一方面它们又彼此互相独立。

假设 x_1，x_2，$\cdots$，x_m 表示原本的变量指标，Y_1，Y_2，$\cdots$，Y_p（$t \leqslant m$）表示新的变量指标，

$$
\begin{cases}
Y_1 = a_{11}x_1 + a_{12}x_2 + \cdots + a_{1m}x_m \\
Y_2 = a_{21}x_1 + a_{22}x_2 + \cdots + a_{2m}x_m \\
\quad \cdots \\
Y_p = a_{p1}x_1 + a_{p2}x_2 + \cdots + a_{pm}x_m
\end{cases}
\tag{6-2}
$$

而且满足：

$$
\begin{cases}
\sum_{j=1}^{m} a_{ij}^2 = 1 (i, j = 1, 2, \cdots) \\
\sum_{j=1}^{m} a_{ij}a_{kj} = 0 (i \neq k)
\end{cases}
\tag{6-3}
$$

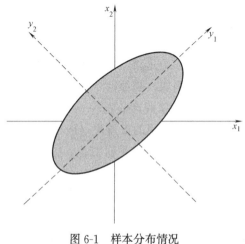

图 6-1　样本分布情况

Y_1 是得到的新变量指标中方差最大的值，Y_2 与 Y_1 是不相关的 x_1，x_2，$\cdots$，x_m 线性组合当中方差仅次于 Y_1 的变量值，同样地，Y_m 与 Y_i（$i=1$，2，$\cdots$，$m-1$）是不相关的 X_i（$i=1$，2，$\cdots$，m）线性组合中方差最小的值。

可以通过举例来说明这个问题，假设 $m=2$，有 n 个样本，每个样本的观测值为（m，n），样本的分布大致呈现椭圆的形状，如图 6-1 所示：

在上图的坐标系 x_1ox_2 中，x_1 和 x_2 之间存在一定的相关性，如果把此坐标的坐标轴按照一定的方向（假如为逆时针）进行旋转，将得到新坐标 y_1oy_2，此时椭圆长轴和短轴假如是 y_1 和 y_2，由平面几何知识可知，其旋转公式为：

$$
\begin{cases}
y_1 = x_2\cos\theta + x_2\sin\theta \\
y_2 = -x_2\sin\theta + x_2\cos\theta
\end{cases}
\tag{6-4}
$$

当旋转角度合适时，n 个样本在新的坐标系中可以实现不相关。此时 y_1 和 y_2 是原始变量 x_1 与 x_2 的综合变量，根据主成分分析的原理，经过旋转后的椭圆，其长轴方向 Y_1 的方差最大，其包含的样本信息量是最大的。这时的 y_1 为第一主成分，与其正交的 y_2 轴方差是较小的，将 y_2 称为第二主成分。

6.1.2　基于主成分分析的 REITs 企业综合绩效评价

1. 初始财务指标及样本的选取

基于上述主成分分析方法，本节构建了 REITs 公司绩效水平的综合评价函数，具体实现步骤如下：

初始财务指标选取：

公司的绩效水平可以通过多种不同方面的指标反映出来，通过梳理国内外学者关于公司绩效评价指标的文献，发现对 REITs 公司绩效的评价并没有统一的指标体系，大多数只用净资产收益率或总资产收益率等单一的指标，当然，也有一些学者运用更多的指标进行测算，但是考虑到主成分分析的有效性，一些指标的加入反而降低了各指标间的相关性及主成分的贡献度，说明指标选取的不合理。因此，本书选择从盈利能力指标、偿债能力指标、营运能力指标、发展能力指标以及股本扩张能力指标五个方面进行综合性评价，这五个方面不仅包含了总资产收益率、净资产收益率以及每股收益这几个常用的盈利能力评价指标，又包含了主营业务利润率、资产负债率、产权比率、现金流量债务比、总资产周转率、净利润增长率、市盈率、每股净资产多个能衡量公司偿债能力、营运能力、发展能力、股本扩张能力的 11 个指标来反映公司的综合绩效。这些指标从 REITs 公司年报获取，具有客观性、代表性和可操作性。

（1）盈利能力指标

盈利能力指标包括总资产收益率（ROA）、净资产收益率（ROE）、主营业务利润率（MOM）、每股收益（EPS）。总资产收益率的高低能够反映公司盈利的稳定性及持久性；净资产收益率也是衡量公司获利能力的重要指标之一，该指标越高，代表该企业的盈利能力越强，效益越好；主营业务利润率反映公司经营活动的盈利能力，该指标越高，企业的获利水平越高；每股收益表示每股创造的净利润，综合反映出公司的获利能力。

（2）偿债能力指标

偿债能力指标包括资产负债率（DAR）、产权比率（PR）和现金流量债务比（CEDR）。资产负债率是指公司总负债占总资产的比例，反映公司的风险程度和偿债水平，一般认为，资产负债率在 40%～60% 较为合适，该指标越高，公司自有资产比例过低，则企业的风险较大；产权比率能够衡量企业的长期偿债能力和财务结构的稳健性，产权比率越高，说明该企业偿债能力越弱，反之，则相反，因此属于负向指标，在主成分分析的过程中会对结果产生影响，应当进行取倒数处理；现金流量债务比表示公司经营现金流量偿还债务的水平，该比例越高，说明企业的偿债能力越强。

（3）营运能力指标

营运能力指标包括总资产周转率（TAT），总资产周转率是反映企业对资产的营运能力，周转率越大，说明企业的销售能力、营运能力越强。

（4）发展能力指标

发展能力指标有市盈率（P/E）和净利润增长率（NAGR），企业的市盈率评估其股价水平合理与否，反映公司未来盈利的预期值，该指标越高，其盈利增长率则越高；净利润增长率反映公司实现利润的速度，该指标越高，表示企业的发展水平和成长能力越高。

（5）股本扩张能力指标

股本扩张能力指标包括企业的每股净资产（BPS），每股净资产表示股票净值，也称股票的账面价值，该指标越高，表明该公司股票的账面价值越高，其实力也就越强。

具体的 11 个指标见表 6-1：

研究相关财务指标 表 6-1

指标类型	变量	指标名称	指标计算公式
盈利能力指标	X_1	总资产收益率（ROA）	（净利润/平均资产总额）×100%
	X_2	净资产收益率（ROE）	（净利润/平均净资产）×100%
	X_3	主营业务利润率（MOM）	（主营业务利润/主营业务收入）×100%
	X_4	每股收益（EPS）	净利润/总股本
偿债能力指标	X_5	资产负债率（DAR）	（总负债/总资产）×100%
	X_6	产权比率（PR）	负债总额/所有者权益总额
	X_7	现金流量债务比（CEDR）	经营现金流量/债务总额
营运能力指标	X_8	总资产周转率（TAT）	销售收入总额/平均资产总额
发展能力指标	X_9	市盈率（P/E）	普通股每股市场价格/普通股每年每股盈利
	X_{10}	净利润增长率（NAGR）	（期末净利润－期初净利润）/期初净利润
股本扩张能力指标	X_{11}	每股净资产（BPS）	期末净资产/总股数

2. REITs 企业综合绩效的主成分评价实证研究

（1）样本的选取与计量工具

选取美国在纽约证券交易所（NYSE）、纳斯达克证券交易所（NASDAQ）上市的 118 只 REITs 公司截止到 2016 年 12 月 31 日的数据作为分析样本。数据来源于 Wind 数据库、NAREIT、网易财经、雪球网及 REITs 公司年报，基于数据选择的可操作性及有效性，具体的选取标准如下：

1）剔除 REITs 上市公司年数不满三年，可能对实证模型的稳健性有影响的 REITs 公司。

2）剔除选取指标的数据中有非正常波动及丢失的 REITs 上市公司。

利用 SPSS20.0 软件对表 6-1 的 11 个指标进行主成分分析。

（2）KMO 和 Bartlett 检验

KMO、Bartlett 检验的目的是检验选取的指标是否适合进行主成分分析，检验结果需要满足：1）当 KMO 值大于 0.5 时，一般认为适合进行主成分分析，反之，则认为不合适；2）当 Bartlett 球形检验显著性水平小于 0.05，则认为适合主成分分析，反之，则相反。REITs 公司衡量绩效的 11 个指标进行检验后，结果见表 6-2：

KMO 和 Bartlett 的检验 表 6-2

取样足够多的 Kaiser-Meyer-Olkin 度量		0.610
Bartlett 的球形度检验	近似卡方	1335.392
	df	55
	Sig.	0.000

表 6-2 的结果显示出，KMO 值为 0.610（＞0.5），在计量统计中属于一般水平；并且 Bartlett 球形检验的显著性水平 Sig. 为 0.000（＜0.05），因此，通过显著性检验，适合进行主成分分析。

（3）提取主成分

表 6-3 为提取主成分后解释的总方差以及各成分累计的贡献度。

解释的总方差　　　　　　表 6-3

成分	初始特征值			提取平方和载入		
	合计	方差的(%)	累积(%)	合计	方差的(%)	累积(%)
1	3.237	29.431	29.431	3.237	29.431	29.431
2	2.381	21.643	51.075	2.381	21.643	51.075
3	1.562	14.203	65.278	1.562	14.203	65.278
4	1.321	12.005	77.283	1.321	12.005	77.283
5	1.039	9.446	86.729	1.039	9.446	86.729
6	0.645	5.866	92.595	—	—	—
7	0.478	4.345	96.939	—	—	—
8	0.172	1.566	98.505	—	—	—
9	0.118	1.073	99.578	—	—	—
10	0.045	0.408	99.986	—	—	—
11	0.002	0.014	100.000	—	—	—

计量经济学中，主成分分析一般认为，特征值大于 1 且累计贡献率达到 85% 以上，提取出来的主成分可以解释大部分信息，由表 6-3 可知，提取的 5 个主成分的累计贡献率为 86%，这 5 个主成分可以较好地解释原有的 11 个指标变量（表 6-4）。

成分矩阵　　　　　　表 6-4

	成分				
	1	2	3	4	5
X_1	0.648	0.642	−0.215	0.048	−0.093
X_2	0.321	0.796	−0.356	0.096	−0.133
X_3	0.322	0.271	0.368	0.002	−0.710
X_4	0.257	0.803	0.346	−0.143	0.243
X_5	0.891	−0.432	0.027	−0.043	0.045
X_6	0.894	−0.433	0.024	−0.041	0.035
X_7	0.921	−0.327	−0.061	0.014	−0.005
X_8	0.196	0.194	−0.694	0.252	0.403
X_9	0.038	−0.104	0.342	0.735	0.179
X_{10}	0.048	0.071	0.212	0.796	−0.087
X_{11}	0.244	0.288	0.697	−0.217	0.495

通过表 6-3 的特征值和表 6-4 的成分矩阵算出 5 个主成分的表达式如下：

$$Y_1 = 0.360X_1 + 0.178X_2 + 0.179X_3 + 0.143X_4 + 0.495X_5 + 0.497X_6$$
$$+ 0.512X_7 + 0.109X_8 + 0.021X_9 + 0.027X_{10} + 0.136X_{11} \tag{6-5}$$

$$Y_2 = 0.416X_1 + 0.516X_2 + 0.176X_3 + 0.520X_4 - 0.280X_5 - 0.281X_6$$
$$- 0.212X_7 + 0.126X_8 - 0.067X_9 + 0.046X_{10} + 0.187X_{11} \tag{6-6}$$

$$Y_3 = -0.172X_1 - 0.285X_2 + 0.294X_3 + 0.277X_4 + 0.022X_5 + 0.019X_6$$
$$\quad -0.049X_7 - 0.555X_8 + 0.274X_9 + 0.170X_{10} + 0.558X_{11} \tag{6-7}$$

$$Y_4 = 0.042X_1 + 0.084X_2 + 0.002X_3 - 0.124X_4 - 0.037X_5 - 0.036X_6$$
$$\quad -0.012X_7 + 0.219X_8 + 0.639X_9 + 0.693X_{10} - 0.189X_{11} \tag{6-8}$$

$$Y_5 = -0.091X_1 - 0.130X_2 - 0.697X_3 + 0.238X_4 + 0.044X_5 + 0.034X_6$$
$$\quad -0.005X_7 + 0.395X_8 + 0.176X_9 - 0.085X_{10} + 0.486X_{11} \tag{6-9}$$

（4）构建 REITs 企业绩效综合评价指标模型

基于以上分析，将 5 个主成分进行加权平均，各主成分的权重为其方差贡献率，得出 REITs 公司绩效的综合评价指标 F：

$$F = 0.294Y_1 + 0.216Y_2 + 0.142Y_3 + 0.120Y_4 + 0.094Y_5$$
$$\quad = 0.168X_1 + 0.121X_2 + 0.067X_3 + 0.201X_4 + 0.088X_5 + 0.087X_6$$
$$\quad + 0.096X_7 + 0.044X_8 + 0.124X_9 + 0.117X_{10} + 0.103X_{11} \tag{6-10}$$

由上式可以观察到，每股收益（EPS）、总资产收益率（ROA）、市盈率（P/E）、净资产增长率（NAGR）、每股净资产（BPS）的权重是比较大的，说明这几个指标能够较好地解释公司的综合绩效，将原始数据代入上式，便能得出 REITs 公司的综合绩效。

6.2 REITs 公司治理对企业综合绩效的影响研究设计

根据上文介绍的公司治理结构及 REITs 组织结构模式，可以了解到，美国 REITs 发展较为成熟，且目前美国上市的 REITs（有限合伙型 REITs 占据 75%），具有较为公开透明的披露机制，数据的参考性较强。上市 REITs 内部管理模式涉及股东、董事会以及管理经营层，本章将对美国上市 REITs 的股权结构治理、董事会治理以及高管激励机制三个方面选取相关指标，并通过实证分析研究 REITs 企业的治理结构对其综合绩效的影响。

6.2.1 研究假设

1. REITs 公司股权结构对绩效的研究假设

通过梳理大股东持股比例对企业业绩的影响研究综述，"一股独大"的现象在我国普遍存在，特别是对于国有企业，第一大股东绝对控股能力较强。而对于美国的 REITs 公司，当第一大股东持股比例较高时，大股东可能会按照自己的意愿进行决策，而不顾及其他中小投资者以及经营者的利益，这极有可能导致其他利益相关者的不信任，从而影响企业的运营效率及业绩。因此，本节针对 REITs 企业第一大股东持股比例与绩效的关系作出以下假设：

假设 1：REITs 公司第一大股东持股比例和企业综合绩效负相关。

在企业的所有权过于集中，掌握在少数人手中时，将会降低经营者的主动性，这时，倘若几个大股东不考虑其他利益相关者的权益时，将会导致中小股东以及经理人的消极心理，再加上监管机制的不健全，可能会对企业业绩的提升起到相反的作用。对于股权的集中程度，提出如下假设：

假设 2：REITs 公司前十大股东持股比例之和与企业综合绩效负相关。

对于 REITs 企业的股权制衡，拟采用 Z 指数进行衡量，Z 指数的计算公式为第一大股东的持股比例与第二大股东持股比例之商，当 Z 指数越高时，说明该企业的股权制衡能力越低，反之，Z 指数越低，表示该企业的股权制衡能力越强。股权制衡能够适当地调节大股东与中小股东之间的代理问题，相对持股比例较高的股东也拥有话语权，可以对第一大股东形成约束与监督作用，从而得出较为合理的决策，有利于使公司向好的方面发展。综上所述，提出如下假设：

假设 3：REITs 公司第一大股东持股比例与第二大股东持股比例的商 Z 指数与企业综合绩效负相关。

机构投资者的投资额相对于个人投资者来说一般比较大，而且，机构投资者的专业知识更为全面，综合能力也较强，在遇到企业决策时，能够提出更为合理的建议，并且能够更加积极地发挥其内部监督作用，进而促进企业绩效的提升。对于机构投资者所持有股份的比例对企业业绩的影响，本书的研究假设为：

假设 4：REITs 公司前二十大机构投资者持有股份的额度与企业综合绩效正相关。

2. REITs 公司董事会治理对绩效的研究假设

董事会作为股东利益的代表者，对企业的经营者进行监督和协调，倘若董事会的规模过大，将不利于对各利益相关方之间的沟通协调，而且会影响企业运营的效率，甚至当董事会的成员过多时，一些董事会成员可能产生"搭便车"的心理，这些将不利于企业长期稳健、可持续地发展。基于此，本书对于董事会规模对企业业绩的影响作出如下假设：

假设 5：REITs 公司董事会规模与企业综合绩效负相关。

独立董事区别于其他内部董事，是企业专门聘请其他公司或机构的权威人士，致力于更好地监督管理者，同时，能够从更全面的角度对问题进行分析讨论，相对地更能得出较为完善、可行的决策。另外，把眼光放远来看，独立董事也能够充分运用自己多方面的资源为企业获取更多的资本，提升企业的形象。因此，本书针对 REITs 公司独立董事比例与绩效的关系提出下面的假设：

假设 6：REITs 公司董事会中独立董事的比例与企业综合绩效正相关。

3. REITs 公司高管激励对绩效的研究假设

高级管理人员的薪酬作为对经营方进行激励的手段，适当提高管理人员的报酬，可以一定程度上刺激高级管理人员的积极性，管理者收获到了自己满意的薪资时，能够更加努力地为企业的业绩出力，使自己在完成今后的工作中，获取的报酬更多，以此循环，进而使得公司的业绩表现更佳。综上所述，本书将对管理者的报酬和绩效水平的关系作出下列假设：

假设 7：REITs 公司高管薪酬与企业综合绩效正相关。

通过研究，公司的管理者团队持有部分股权也被认为是有效的激励方法，经营者持有股份，将有效地降低与投资者之间的委托代理问题，当管理人员自身拥有公司部分所有权时，他会将公司与自己本身当作利益共同体，为了实现自己的股票红利，同时也会将提升企业的良好形象纳入自己的职责范围内，从而促进企业业绩目标的达成。因此，本书针对管理者持股对绩效影响的假设如下：

假设 8：REITs 公司高管持股比例与企业综合绩效水平正相关。

6.2.2　变量的选取依据与样本的来源

1. 变量的选取依据

（1）股权结构评价指标

第1大股东持股比例 S_1 表示企业第1大股东所持有股权的比例。CR_{10} 表示前10大股东所持股份比例之和，反映 REITs 企业股权集中或分散的程度。Z 指数为 REITs 企业第1大股东持股比例与第2大股东持股比例的商，Z 越大，表示第2大股东对第1大股东的制衡能力越弱，反之，制衡能力则越强。IH_{20} 表示公司前20大机构投资者所持股份的比例。

（2）董事会治理评价指标

本章对董事会治理情况用董事会规模（BS）和独立董事占比（IND）表示。董事会规模（BS）是 REITs 公司年末独立董事、董事会内部成员之和。独立董事人数占董事会人数的比例（IND），该指标反映董事会的独立性高低，及独立董事对公司各利益相关方，包括董事会、股东或投资方、经营者等监督和判断的能力。

（3）高管激励评价指标

高管激励评价指标主要由高管平均薪酬（AW）和高管持股（HP）两个指标构成。这两个指标表示通过报酬和股权的激励，经营者是否能为企业的绩效目标的达成产生更好的作用。

（4）控制变量

企业资产规模（$\ln SIZE$），在多元回归分析的实证当中，由年末总资产的对数表示），表明在控制住公司规模大小对其综合绩效的影响条件下，其他的各个解释变量（自变量）对被解释变量（因变量）综合绩效 F 的影响情况。

（5）被解释变量

被解释变量选取第 6.1 节中，运用主成分分析评价方法综合了企业的盈利能力指标、偿债能力指标、营运能力指标、成长能力指标、股本扩张能力指标五大类得出的综合绩效评价指标 F。

以上变量指标选取含义见表 6-5：

指标选取含义表
表 6-5

变量类型	变量名称		变量代码	变量含义及说明
被解释变量	公司绩效		F	第 6.1 节主成分分析得出的 REITs 综合绩效
解释变量	股权结构变量	第1大股东持股比例	$S1$	第1大股东持股比例
		前10大股东持股比例	$CR10$	前10大股东持股比例之和
		Z 指数	Z	第1大股东持股比例/第2大股东持股比例
		前20大机构股东持股比例	$IH20$	前20大机构股东持股比例之和
	董事会治理变量	董事会规模	BS	董事会成员人数
		独立董事比例	IND	REITs 董事会中独立董事人数占董事会人数的比例
	高管激励变量	高管平均薪酬	AW	高管的平均薪酬
		高管持股	EH	高管持股比例之和
	控制变量	企业资产规模	$\ln SIZE$	公司年末总资产的资产对数

2. 样本的来源

本节数据的选取标准同上文。选取美国在纽约证券交易所（NYSE）、纳斯达克证券交易所（NASDAQ）上市的 118 只 REITs 公司截至 2016 年 12 月 31 日的数据作为分析样本。数据来源于 Wind 数据库、NAREIT、网易财经、雪球网及 REITs 公司年报，基于数据选择的可操作性及有效性，具体选取的标准如下：

（1）剔除 REITs 上市公司年数不满三年，可能对实证模型的稳健性有影响的 REITs 公司。

（2）剔除选取指标的数据中有非正常波动及丢失的 REITs 上市公司。

6.2.3　模型的建立

为了避免各指标间的多重共线性，本书将运用逐步回归法分别对各个指标进行多元线性回归分析。为了验证第 6.2.1 节假设 1、假设 2、假设 3、假设 4，建立多元线性回归模型，本书拟通过模型 1 式（6-11），对有关 REITs 企业股权结构中第 1 大股东持股比例（S1）、股权集中度（CR10）、股权制衡度（Z 指数）以及机构持股比例（IH20）对企业综合绩效 F 的影响进行研究，具体模型如下：

$$F = \alpha_0 + \alpha_1 S1 + \alpha_2 CR10 + \alpha_3 Z + \alpha_4 IH20 + \alpha_5 \ln SIZE + \omega \tag{6-11}$$

其中：α_1、α_2、α_3、α_4、α_5 为待计算的系数，α_0 为截距项，ω 为残差项。

拟通过模型 2 式（6-12），验证第 6.2.1 节的假设 5、假设 6 中有关 REITs 公司董事会治理指标的董事会规模（BS）、独立董事的比例（IND）对综合绩效 F 的影响，具体模型如下：

$$F = \beta_0 + \beta_1 BS + \beta_2 IND + \beta_3 \ln SIZE + \sigma \tag{6-12}$$

其中：β_1、β_2、β_3 为待计算的系数，β_0 为截距项，σ 为残差项。

拟通过模型 3 式（6-13），检验第 6.2.1 节中假设 7、假设 8，涉及的对于高管激励指标的管理者平均薪酬（AW）、高管持股比例（HP）两个指标与 REITs 企业综合绩效 F 的相关性，具体模型如下：

$$F = \gamma_0 + \gamma_1 AW + \gamma_2 HP + \gamma_3 \ln SIZE + \tau \tag{6-13}$$

其中：γ_1、γ_2、γ_3 为待计算的系数，γ_0 为截距项，τ 为残差项。

6.3　实证结果总结及对策建议

6.3.1　实证结果及分析

本书通过对 REITs 公司治理分别从股权结构治理、董事会治理、高管激励三个方面对绩效的影响进行了研究假设，并针对假设建立研究模型，利用 SPSS20.0 计量软件对模型进行了实证研究，在进行多元线性回归之前，首先对原始数据进行了描述性统计和标准化处理，描述性统计结果见附录。接下来，对模型运用逐步回归法，进行多元线性回归。

以上模型通过多元线性回归进行分析的结果见表 6-6：

多元线性回归结果 表6-6

变量	模型1	模型2	模型3
S1	−0.977 （−30.394） （0.000）＊＊＊		
CR10	−0.238 （−1.740） （0.075）＊		
Z	−0.839 （−29.772） （0.000）＊＊＊		
IH20	0.103 （0.865） （0.390）		
BS		0.963 （28.114） （0.000）＊＊＊	
IND		0.431 （3.534） （0.001）＊＊＊	
AW			0.893 （23.568） 0.000＊＊＊
HP			0.932 （25.188） （0.000）＊＊＊
调整 R 方	0.947	0.944	0.906
F 值	462.558	431.814	307.752
VIF	1.508	1.232	1.706

注：栏中数据第一行为回归系数，第二行"（）"中数字为 t 检验值，第三行"（）"中数字为 P 值。＊＊＊表示 1％的显著性水平，＊＊表示5％的显著性水平，＊表示10％的显著性水平。

由表6-6回归结果可知：第1大股东持股比例（S1）、Z指数（Z）、董事会规模（BS）、独立董事的比例（IND）、高管平均薪酬（AW）及高管持股比例（HP）与企业的综合绩效在1％的显著性水平下呈现显著相关；前10大股东持股比例之和（CR10）和企业的综合绩效在10％的显著性水平下呈现相关的关系。并且通过对模型的逐步回归，前20大机构持股的比例（IH20）对企业综合绩效的影响表现为不显著。通过进行共线性诊断，发现 VIF 值小于10，说明模型的各变量之间不存在严重的多重共线性。表6-7对回归结果进行了汇总和具体分析：

回归结果汇总 表6-7

	预期符号	企业综合绩效 F 实证结果
第1大股东持股比例（S1）	—	—
前10大股东持股比例之和（CR10）	—	—
Z指数（Z）	—	—

	预期符号	企业综合绩效 F 实证结果
前 20 大机构持股的比例（IH20）	+	不显著
董事会规模（BS）	−	+
独立董事的比例（IND）	+	+
高管平均薪酬（AW）	+	+
高管持股比例（HP）	+	+

1. 股权结构实证结果分析

回归分析结果显示，第 1 大股东持股比例对企业综合绩效的影响为负，验证了假设 1。也就是说，第 1 大股东持股比例越大，其控股能力越强，"一股独大"越明显，企业的综合绩效越低。大股东如果对公司拥有绝对的控股权，他就会通过各种手段，攫夺、侵蚀其他中小股东和投资者的利益，产生"隧道效应"（当大股东的利益与其他中小股的利益不一致时，大股东会利用其在企业的绝对控股的优势，对着资金进行占用利用投资行为，亦或是采用其他不公平的手段进行交易获得非显性的利益）。

前 10 大股东持股比例之和（CR10）对公司的综合绩效的影响在 10% 的显著性水平下为负，与前文假设 2 中的反向相关一致。前 10 大股东持股比例的和表明了企业股权的集中程度，实证结果显示，公司的股权集中程度越高，该企业的综合绩效水平表现越差，而实证结果相对于第 1 大股东持股比例对综合绩效在 1% 的水平下有显著的负影响，原因可能是第 1 到第 10 大股东在一定程度上中和了第 1 大股东持股比例过高对绩效的负面影响，并对其形成了相对积极的制衡影响。这说明，当公司的大部分股权都掌握在极少部分人手中的情况下，中小股东的权益比较容易受到侵占，当法律法规还得不到健全的发展时，无法保障中小股东的权益。另外，如果公司股权过于集中，对代理方或者经营者的监督效果会大打折扣，另外这时，如果出现代理的链条过长的情况，利益关系将会变得较为模糊，这对企业的综合绩效会产生消极的影响。因此，要保证第 1 大股东的持股比例不能过高，同时又存在其他股东对其形成制衡作用。

Z 指数对企业的综合绩效影响为负，验证了假设 3。Z 指数是公司的第 1 大股东（S1）与第 2 大股东（S2）之间的商，该指数越大说明第 1 大、第 2 大股东所持有股份的差距越明显，也就是第 1 大股东是绝对控制股权的，这表明该企业的股权制衡程度比较低。反之，若该比例越小，则表示企业的第 1 大、第 2 大股东所持有股份的比例相差较小，公司的股权制衡能力比较强。而本书通过对 REITs 公司股权制衡程度对绩效的影响进行的实证结果表明，Z 指数越小，也就是公司的股权制衡程度越强，该企业的综合绩效表现得就越好。

前 20 大机构持股的比例（IH20）对企业综合绩效的影响结果为不显著，与假设 4 显著正相关较为不符合。原因可能是美国 REITs 公司的机构投资者持股发展比较成熟，通过分析发现美国 REITs 公司的机构持股比例占比较大，并且前 20 大机构投资者持股比例一般控制在 60%～80% 之间，因此导致该实证结果不显著。

2. 董事会治理实证结果分析

通过之前的实证分析，本书得出董事会规模对绩效的影响可能为正相关的结论，公司的董事会规模越大，该企业的综合绩效水平越好，显示与假设 5 相反。其原因可能有两个方面：第一，董事会代表着企业全体股东的利益，影响着公司关键性的决策，它一方面作为股东的被委托方，而一方面又充当着股东代表对企业的经营者进行监督和协调，董事会成员较多便于监督经营者行为、协调各方的权益，在任免公司经理人的时候，信息会更加的透明与公开；第二，人数相对较多的董事会，其专业知识面比较广，在管理的各方面形成互补，这样形成的决策质量比较好，并且更加有利于获取外部有效的信息，这样有助于提高企业的综合绩效。

独立董事的设立是为了更好地对企业的治理结构进行完善，上文通过实证分析了 REITs 独立董事占董事会成员的比例对企业综合绩效的影响，发现独立董事的比例越高，企业综合绩效水平就越好，这与假设 6 比较一致。提高公司独立董事的比例，也就更好地使董事会的独立性得到了提高，独立董事的影响力也就得到了相应的提升。独立董事一方面通过对公司股东以及管理者有效的监管，防止主要股东和经理人的利己行为，亦或是双方互相串通损害公司及其他投资者等相关利益者的权益，促进公司治理结构趋于合理，从而使得企业能够有效地运营，而促使综合业绩能够得到更好的提升。另一方面，独立董事的人选大多来自于在职或非在职的各界成功人士，他们能够更全面、多角度地对问题进行分析讨论，相对地更能得出较为完善、可行的决策。

3. 高管激励实证结果分析

高管平均薪酬和高管持股比例是对经营方进行激励的手段，前文的实证结果显示，公司的高管薪酬的平均值越高，其对企业综合绩效的影响呈现出显著的正相关，验证了假设 7，也就是说，适当提高高管的酬劳，对其积极性有显著的提升，使得公司的业绩表现更佳。当经营者因为努力工作而获得了较高的、令自己满意的报酬时，为了维持甚至提高自己的薪资水平，他会在接下来的工作中付出更多的心血，如此一来，良心的循环将会达成，以此来达到提升公司综合绩效水平的显著成效。

高管的持股比例的高低对该企业业绩的提升作用的实证结果为正相关，这使假设 8 得到了验证。换句话说，公司管理者所持有的股份将会对其激励产生正向作用，高管持股相对来说，降低了投资者或委托方与经营者或代理人之间的某些利益不一致的问题，当代理者也拥有该企业一定的所有权时，他将会更高限度地发挥自己的最大价值，以此来实现自己除了经营公司所带来的基本薪酬之外的红利。另外，经营方持有公司股权时，他也会更加注重企业对外的良好形象，这样一来，公司各方面的价值或许将会得到更高的提升。

6.3.2 REITs 公司治理问题总结

1. REITs 公司股权结构的治理对企业综合业绩的影响较为显著

REITs 公司的第 1 大股东持股比例与股权集中程度能够负向影响企业的经营绩效。大股东绝对控股时，可能会出现为谋取自身的利益，产生"隧道效应"，导致中小股东的利益受到侵害。从股权集中程度的角度来说，当 REITs 企业的股权过于集中时，会降低管理者自身的能动性，从而埋下委托代理问题的隐患，因此，适度地分散股权可能更有利于企业价值的实现。当所有权适度分散时，会降低股东对企业的控制权，相对地，经营者的控制权将有所提升，产生所谓的"两权分离"，虽然这样会提高代理成本，但是这些代理成本相较于"两权分离"所产生的益处，例如专业化的运营、分散化的风险等，实在是小巫见大巫。

REITs 公司的第 2 大股东对第 1 大股东的股权制衡可以有效地提升企业的综合绩效，股权制衡能够适当地调节大股东与中小股东之间的"第二类代理问题"。几个相对持股比例较高的股东对第 1 大股东进行监督和约束，而不至于"一股独大"的股东一意孤行，以此来限制大股东的掠夺行为，从而得出较为合理的决策，有利于使公司向好的方向发展。

实证结果显示 REITs 公司机构持股比例的大小对企业业绩的影响不显著，究其原因，可能是因为美国 REITs 企业的机构持股发展比较完善，类型包括养老基金、共同基金、保险公司等。包括持股比例一般在 60%～80% 比较常见，不管是企业绩效的高低，其机构投资者持有的股份都大概在一定的范围内波动。

2. REITs 公司董事会成员及独立董事比例的增加能够正向影响企业的业绩

董事会成员的增加使得信息透明化，各成员也能够各施所长。而随着董事会规模的扩大，其独立性也要相对增强，独立董事占董事会的比例越高，越能够促进企业的运营绩效。现代公司企业制度中的所有权与控制权相分离，及股权的相对分散，致使经营者逐渐拥有较多的企业控制权，随之而来的委托代理问题会愈发显著，为了加强对经营者的内部监管，增强企业董事会的独立性，独立董事制度应运而生。区别于其他内部董事，独立董事不能在本公司有其他职务，并且不能影响其他成员的决策，这样有效地避免了董事会成员与经营层之间的串通合谋。

3. REITs 公司对经理层的薪酬和股权激励

当经理人认为所获得的报酬与自己的努力相匹配时，会更加努力地实现业绩目标，以此来满足自己的需求，在这样的良性循环中循环，公司的经营业绩表现会更佳。当企业的经营者持有股份时，会将公司与自己本身当作利益共同体，如此一来，与投资者之间的委托代理问题将得到缓解，与此同时，为了实现自己基本薪酬外的红利和提升企业的良好形象，经理人将会付出更多的努力，从而促进企业业绩目标的达成。

6.3.3　完善 REITs 公司治理结构的对策建议

1. 优化股权结构，合理运用股权制衡

优化第 1 大股东持股比例。在 REITs 企业中，要避免"一股独大"，通过适度降低第 1 大股东的控股比例，减少大股东不合理行为造成侵占中小投资者利益的情况发生。另外，大股东应当适当放权给经营者，在监督约束的同时，使其合理有效地发挥自己的主观能动性，从而提高 REITs 企业的综合绩效。

适当分散化股权。避免股权的过度集中，这样相对减弱了大股东与小股东双方的第二类代理问题。当然分散化的股权一方面需要建立比较完善的法律制度来保障投资者的权益，避免发生争夺企业控制权、恶意收购的情况发生。另一方面，当没有股东具有绝对控股企业的能力时，对经营者管理水平的要求就会提高，此时，就需要选择优秀的管理人才发挥运营才能，同样的，股东以及董事会对管理者的监督和激励将会变得比较重要。

构建合理的股权制衡机制。在适度降低绝对控股大股东持股比例的同时，扶持对其有制衡作用的股东积极地参与企业的治理。也就是说，要保证第 1 大股东的持股比例不能过高，同时又存在其他股东对其形成制衡作用，从而使各股东之间形成互相监督的状态，使企业能够平稳可持续地发展。各股东相互督促，降低在所有权与控制权分离的情况下，经营层反而侵占股东权益事件发生的概率。

引入机构投资者。拥有成熟投资理念的机构投资者，比较看重长期的投资价值，通过引进养老基金、共同基金等战略机构投资者，有效地改善 REITs 企业的治理结构，使机构投资者能够充分利用自己的资金来实现企业价值的提升。健全规范机构投资者投资法律程序，完善 REITs 企业信息披露机制。激励机构投资者参与企业治理，促进 REITs 企业综合绩效的提升。

2. 增强董事会独立性，完善独立董事监督机制

适度扩大董事会规模，可以加强对经理人的监督，充分发挥对作为委托人股东和作为被委托方的经理层之间的桥梁作用。加强董事会的独立性，明确董事会成员和管理层人员职责的界限。健全董事会的权责机制，遵守与委托人的契约，自我约束和自我完善，不辜负利益相关方的信任。贯彻落实对经理人员的选拔、激励、考评、约束、监督机制，以保证满足股东的意愿，实现 REITs 公司的良好业绩水平。

聘任能力强、专业好、有责任的独立董事，其职业范围不应仅仅局限于单一职业，应该从多个方面考虑，比如财务类型、法律类型、研究学者、政府人员等，性别比例、平均年龄要适中。总而言之，全方位多角度地进行考虑，使独立董事成员可以取长补短，发挥更大的作用。选取独立董事的程序要透明化，注重公正性。实行可行的独立董事激励机制，如薪酬激励、名誉激励等，使其充分发挥监督作用，有效地避免企业内部董事与经理层合谋的可能性，以及管理层的权力扩大引发侵占投资者权益的事情发生，积极帮助投资者改善 REITs 公司的内部治理结构。另外，对独立董事的约束也是必不可少的，应当优化其薪酬考核机制，报酬与企业绩效挂钩，充分参与企业结构的治理，而不至于成为摆设。

3. 建立有效的经理人激励制度

"人才"是企业得以发展的资本，薪酬是人才需求的直观表现。人力资源部门在进行对员工绩效的考评，建议将年度目标进行分解，有利于对时间节点的把控，在每个关键节点目标完成时，进行奖励或惩罚，经营者能够更加直观地感受劳有所得，在接下来的工作中尽力实现业绩目标，达到良性循环。年中和年末针对本年度业绩的完成情况，进行薪酬的调整。在进行薪酬激励的同时，要对高管的不良行为进行约束，赏罚有度、恩威并施，才能使经营者为了企业的蓬勃发展贡献力量。

让经理层拥有企业的所有权，使他们不仅仅只考虑短期的利益所得，而是更加努力实现长期的经营目标，促使 REITs 企业长期稳健、可持续地发展。企业可以以年度业绩完成情况为标准，对经营者以低于行情适当比例的价格出售股票，经营者可以享受股票增值带来的红利，并且经营者获得的是货真价实的所有权，同样相应的，该经理人也与所有股东一样，共同承担企业的风险，享受企业的收益。另外，可以实行"事业合伙人"机制，通过使高管对 REITs 企业投资项目的持股，来激励其在经营过程中充分考虑机会成本，而且更加注重企业的良好形象，使企业的价值得到提升。

参考文献

[1] 陈德萍，陈永圣. 股权集中度、股权制衡度与公司绩效关系研究——2007~2009 年中小企业板块

的实证检验 [J]. 会计研究，2011（1）：38-43.

[2] Bauer R，Eichholtz P，Kok N. Corporate governance and performance：the REIT effect [J]. Real Estate Economics，2010，38（1）：1-29.

[3] 吴淑琨. 股权结构与公司绩效的 U 型关系研究——1997～2000 年上市公司的实证研究 [J]. 中国工业经济，2002（1）：80-87.

[4] Noguera M. The effect of founder CEOs on the structure of REIT board of directors and REIT performance [J]. Real Estate Finance，2015，31（3）：123-132.

[5] 孙喜平，胡伟. 上市公司董事会激励与公司绩效实证研究 [J]. 山东社会科学，2012（10）：135-138.

[6] Friday H S，Sirmans G S. Board of director monitoring and firm value in REITs [J]. Journal of Real Estate Research，1998，16（3）：411-427.

[7] 姚德权，李倩. 传媒上市公司高管薪酬激励与经营绩效实证研究 [J]. 现代传播（中国传媒大学学报），2011（12）：93-98.

[8] 赵银德，李丹，赵叶灵. 基于主成分分析的民营制造业上市公司绩效评价研究 [J]. 财会通讯，2011（20）：19-20.

第7章 我国发展商业地产REITs模式研究

7.1 商业地产基本概况

7.1.1 商业地产基本概况

现代管理学之父彼德·德鲁科在 1954 年其著作《the Practice of Management》提出"商业地产"并加以明确界定。房地产是住宅类地产和非住宅类地产的统称，而商业地产是指以商业活动作为主要功能的房地产。商业地产在我国发展较晚，于 2000 年提出用于区别以工业生产为主要功能的工业地产和以居住为主的住宅地产的以外物业地产，2010年，我国针对住宅市场进行紧缩性调控，商业地产成为楼市调控的受益者获得了迅速的发展。在我国，对商业地产的概念尚无权威的定义，但通常存在以下两个方面的定义：

从广义方面来讲，商业地产通常是指为商业活动提供场所并通过商业经营活动获得收益的地产。商业活动是指商业主体和客体共同参与市场交易，这些市场交易往往在商场、店铺、写字楼、仓库、会议中心等发生。因此、商业地产涵盖除以住宅为目的的住宅地产和以生产为目的的工业地产之外的诸多物业形式，如写字楼、公寓、酒店、购物中心、医院等商业服务性的物业。

从狭义方面来讲，商业地产是专用于商业用途的房地产，其开发融资、经营模式、用途和功能都区别于写字楼、普通住宅和公寓，既要满足购物、饮食、娱乐等社会需求的功能，又要满足商家经营等经济需求的功能，主要是指零售地产（Retail Property），包括购物中心、商业中心、超市、商业广场等用途的房地产。

商业地产物业类型的多样导致盈利模式的多样性，但主要是靠租金和物业增值来获取收益，商业地产是综合了商业、地产和投资三种特征的行业，除具备房地产的特点，还具备自身独有的特点：

1. 投资规模大、周期长

商业地产由于自身具有商业、地产、投资三方面的属性，首先，商业地产在项目区域选择方面大都位于区域繁华地带和经济中心且建筑面积普遍表现在 5 万 m^2 以上，致使商业地产项目土地购置成本巨大。其次，商业地产项目建设程序复杂，在建筑安装工程阶段表现的尤为突出，相关配套设施及内部装修要求高，比如在楼层层高设计、墙的承重、构件安装设计等需满足商业地产项目不同商家的要求，促使建设安装成本进一步高于住宅项目。在运营方面，商业地产项目普遍采用出租的方式取得收益，资金回收期较长且资金占用量大，且在经营前期需要经历 2～3 年的经营过渡期，商业项目运作需要宣传、促销、广告等活动费。

2. 高风险与高收益并存

高收益的产生常常伴随高风险的出现，商业地产也不例外。商业地产项目的收益不仅仅来自于销售价格与建造成本相减的差额，更主要的是通过商业地产项目的长期运营获得未来的租金收入及物业自身价值的升值。商业地产项目是一项系统工程，包括项目的开发、项目的建设、投入使用及运营四个阶段。在整个寿命周期内，包含多方利益主体且涉及多方风险。租金收入不仅会受到全寿命周期内投资决策风险、建设过程中的建设风险及运营过程中的运营风险对其产生的影响；同时，地段优劣、交通和人流状况、商业或企业的品牌商誉、管理者的经营管理、国家宏观政策等多种因素也会对租金产生影响。因此，商业地产项目高收益和高风险存在正相关。

3. 资产流动性差

商业地产项目对资金金额要求较高，一定程度上排除了中小投资者的参与，限制了参与者的范围和数量，且寻找合适买家或经营者需要花费较长的时间，导致商业地产项目资金的灵活性和流动性较差。

4. 运营管理要求高

租金收入和物业升值是商业地产通过持有物业及运营管理获取的收入，因此后期的经营直接关系到租金收入和物业的增值。商业地产项目运营直接面向市场并且经营期限较长，科学合理的组合物业类型及拥有良好的运营管理能力能够缩短项目的培育时间，使项目尽快盈利，达到品牌效应和人气效应，而商业地产项目在运营阶段实现品牌效应和人气效应是商业地产成功的主要表现，基于以上因素对商业地产运营管理要求较高。

5. 经营内容和模式多样化

在一个商业地产项目中会具备不同的经营内容，如餐饮、娱乐、金融等。根据商业地产项目的经营模式的不同可以分为：只租不售物业、只售不租物业和租售结合物业。开发商将商业地产项目采用住宅房产项目经营方式销售是为了尽快回笼资金，不参与项目的后期运营；开发商将商业地产项目进行整体业态组合规划及后期参与运营，通过将物业出租给商业经营者获得租金收入及物业的增值来获得收益；开发商把部分物业出租，另一部分销售，这种模式是通过销售一部分套现，缓解开发商目前资金压力，出租的物业同时为后期融资留下后路。

7.1.2　商业地产价值链分析

商业地产项目是一个系统，参与主体包含开发商、投资商、物业管理者、项目经营者及消费者，通过开发商提供商业地产平台，投资商、物业管理者、经营者创造与提升商业地产项目物业的价值，最终通过终端消费者实现。商业地产项目的价值是由不动产价值、商业运营价值、投资价值三部分构成，价值构成具体表现为开发、投资、租赁及商业等四类价值。商业地产项目开发与运营整体过程涉及的价值链参与主体之间的利益关系如图7-1 所示。

开发商：获取商业地产项目土地开发、立项、进行商业规划设计、对商业地产项目进

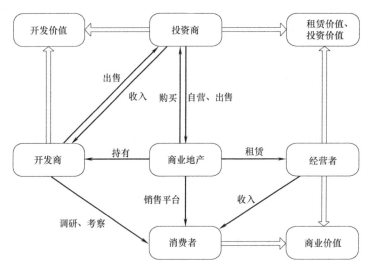

图7-1 商业地产开发与运营整体过程价值链及参与主体之间的价值链关系

行建设、招商引资、把商业地产项目委托物业管理公司进行物业管理，并把商业地产项目出售、出租给投资商和经营者取得收益。

投资商：从开发商已建成的商业地产项目中购买一部分地产的经营权或者产权、进行自营或者通过招商出租卖给其他经营者。

物业管理者：接受投资商或开发商的委托对商业地产项目进行管理、招商经营者，合理配置商业地产业态类型，通过对商业地产项目的管理获取管理费。

经营者：从投资商或者开发商处租赁商铺，取得商铺的实际经营权，商铺经营的管理者，向投资商或者开发商支付租金，直接面向终端消费者，通过向消费者提供管理服务或者商品获取利润。

消费者：在商业地产物业内进行针对消费者的娱乐、购物、餐饮获得服务或者商品等的社会需求或经济需求消费活动，能使价值链得到终端实现。

商业价值：经营者向消费者提供商品或者服务，从消费者处收取一定的费用。主要有两种形式：一是经营者将租赁的商铺转租给其他经营者获取转让费；二是经营者将租赁的商铺作为营业场所，通过消费者消费活动获取营业收入。

租赁价值：租金价值以租金的形式表现出来，商业地产项目产权拥有者将商铺租赁给经营者使用，商业地产项目产权拥有者获取出租租金与出让经营权获取收益。

投资价值：是指商铺的租售价值和商铺的物业价值等，物业价值包括建筑价值、地段价值等。这部分价值由经营者来承担。

开发价值：开发商将商业地产项目开发完成后，通过销售所获得的收入。

消费者向经营者所在的经营场所发生消费，经营者通过提供商品或服务给消费者获得活动的收益，经营者把其中一部分的收益上缴物业管理费和租金，租金上缴给租赁给经营者该物业的投资者，投资商获取收入。开发商通过租售商业地产项目获得收益，实现开发价值。

商业地产价值链是一个复杂、系统的价值体系，贯穿于商业地产的全寿命周期，并且受各个参与主体价值的填补和约束。

7.1.3　商业地产开发及运营管理面临的现实困境

通过对商业地产价值链的剖析，商业地产较住宅类房地产的开发及运营管理更加复杂，表现在投资回收期限更长、资金投入大、风险大。因此，商业地产开发商、投资商和经营者面临着更高的要求，我国商业地产主要面临融资困难和运营管理两大难题。

1. 商业地产融资困境

一方面，商业地产位于城市的繁华地带，获取土地的出让价格较高，资本投入规模大，因建筑结构、空间布局、内部装修品质要求高，导致建设安装成本较高。另一方面，商业地产一般需要在项目建成后的 2 至 3 年内培育其商业氛围，实现人气聚集、地标标志后获取稳定的租金。因此，商业地产项目沉淀大量资金。

商业地产具有商业、地产和金融三种特性，在我国金融市场上商业地产行业发展的金融创新工具运用较少。近些年，如房地产投资信托基金（REITs）和住房抵押贷款支持证券（MBS）等工具才刚刚开始尝试。目前我国商业地产资金主要是银行贷款加自筹资金，约占开发资金的 60%。受到上市发行股票或者发行债券门槛较高的限制和信托的受益凭证持有时间较短的制约，传统的融资渠道已不能满足商业地产对资金的强大需求，新的融资方式的创新亟待探索与尝试。

2. 租售并举与统一经营的矛盾日益严重

我国商业地产开发商为了实现企业资金的快速回笼，大多采用重资产模式，从银行贷款拿地建造房屋，部分销售以获取资金，剩下房屋建设后不用做销售而通过租赁回笼资金。阶段性融资导致产权和统一性管理出现矛盾，租售混合模式虽然一方面能够缓解一定的资金压力，但另一方面却由于产权分割造成经营与管理困难。已出售的物业产权全部或部分移交给中小业主，增加了物业管理者、租户与小业主的协调难度，对商业地产物业区内业态布局、商业氛围及运营管理极其不利，使得商业地产统一经营的管理理念不能实现，降低了商业物业的整体质量，无法达到品牌效应、地标形象和人气聚集，无法引起投资者兴趣，制约资金回收。商业地产是开发商、投资商、物业管理者及经营者的有机整体，要保持商业地产的整体性和管理的一致性，加强商业地产开发经营战略的统一性，必须具备雄厚的资金储备能力、市场融资能力和抗风险能力。

7.2　现阶段融资模式对商业地产发展趋势的计量分析——以天津为例

7.2.1　商业地产融资模式分析

商业地产开发项目规模大，开发投资除自有投资外还需要金融机构的支持。因此，获取投资资金的成本以及资金的多少，将会直接影响到房地产价格的波动。因此，房地产资金来源结构成为各界人士普遍关注的问题，即各种融资方式是如何影响房地产市场价格的波动。

我国目前房地产业融资方式按照投资和储蓄的方式可以分为内部融资和外部融资两种模式，其中内部融资是开发商通过企业内部的资金运作获得，来自企业运作经营所得的利润[1]。外部融资对企业的资金获得主要通过金融媒介来完成，又可以分为权益融资及债务融资。

1. 内部融资

内部融资是企业的自有资金，这部分资金主要包括企业公积金、折旧提取、应收账款转让、未分配利润等财务分配方法，出售股权筹集的资金也是重要的融资方式。内部融资主要用在土地的购置及前期开发的自有资本金。

2. 外部融资

（1）金融机构贷款

主要是指房地产开发商向商业银行、非银行金融机构借款融资（信托），分为短期贷款和长期贷款，短期贷款是为房地产项目开发期间提供生产性资金，部分资金也可用于房地产开发企业的流动资金。而长期贷款需要房地产开发企业以在建工程或开发企业用地做抵押获得。

（2）利用外资

由于近年来国内采取了更严的房地产信贷政策，企业为寻求更多资金，促使房地产开发企业和境外资金合作。相较于国外处于饱和状态的房地产市场，城镇化建设发展为国内房地产市场提供较大的利润，吸引了海外资金的进入。外资通过直接或者联合购买土地、进行项目合作、直接参股房地产公司等渠道，这一类资金除了通过发放借款、直接投资等合法渠道流入外，部分还以热钱的形式进入。

（3）债券融资

房地产开发企业通过发行借款信用凭证为企业筹集资金，债权人承诺债券持有人在一定时期内获得预期收入和到期收回本金的一种有价债券，具有融资成本高、融资数额大及融资条件严格等特点。由于国家对房地产调控等一系列政策和房企融资成本影响房地产龙头企业，海外融资成为重要的债券融资渠道。

（4）资产证券化

资产证券化是以项目所属的资产为基础，以项目资产可以带来的预期收益为保证，在资本市场发行资产抵押证券，据以融通资金的一种项目融资方式。根据房地产证券流通特点可将其分为两类，即资本市场下的房地产证券，如开放式基金、房地产投资信托基金（REITs）；和债务资本市场下的房地产证券，如住房抵押贷款证券（MBS）以及市政债券。

（5）房地产信托

就是信托机构作为受托人，通过代为管理、运营、处理房地产及相关资产，为委托人获取一定收益的行为。由于信托操作简单，复杂法律关系较少，在近几年发展较快。

（6）民间资本

民间资本进入房地产的途径纷繁，且隐秘。曹群的研究指出私募基金具有很强的民间资本色彩，属于民间资本涌入房地产业的重要载体[2]。这部分资金通常以承诺高收益为特征，在融资渠道不断收紧的情况下，也是众多开发商的最佳选择。

（7）股权融资

股权融资通过房地产企业上市融资（直接上市、借壳上市）和上市公司增发股票来筹集资金，通过股权融资是我国上市的房地产企业对外筹集资金的重要手段，但房地产企业上市条件严苛、难度较大且手续复杂，因此股权融资并不是房地产开发企业的主要资金来源。

（8）销售回款

这一类款项通过预收购房定金或收取购房者分期付款而获得，以定金、预付款以及按揭贷款等为主，这部分资金成本较低且稳定，对房地产项目的开发建设作用明显，同时也能很大程度上反映出房地产市场的需求变化。

7.2.2 融资模式对商业地产发展的影响作用分析

1. 构建理论模型

为了实证分析能够获得清晰明确的数据支持，对资金来源指标进行汇总分类，并根据天津市统计年鉴选取国内贷款、利用外资、自筹资金及其他资金来源共 4 个解释变量。然后将这 4 个解释变量划分为外源融资方面和内源融资方面的指标，从资金供给角度构建房地产价格变动的理论模型（图 7-2）。

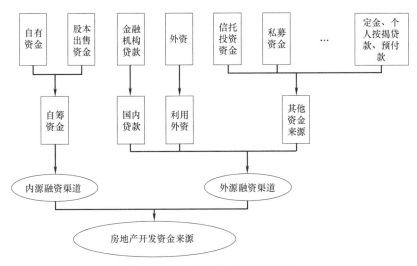

图 7-2　房地产价格变动理论模型

由房地产资金供给公式得到房价变动的理论公式为：

$$PAP = f(I^{\mathrm{O}}, I^{\mathrm{I}}) \tag{7-1}$$

其中：PAP 表示房地产的销售价格；I^{O} 代表房地产开发资金的外源融资；I^{I} 代表房地产开发资金的内源融资。

根据图 7-2 得到影响房地产内源融资、外源融资结构的理论公式为：

$$I^{\mathrm{I}} = I(PS) \tag{7-2}$$

其中：PS 代表自筹资金。

$$I^{\mathrm{O}} = O(DL, FI, OT) \tag{7-3}$$

其中：DL 为国内贷款；FI 为利用外资；OT 为其他资金来源[①]。

结合公式（7-1）、式（7-2）、式（7-3）能够得到影响房地产价格波动的理论模型：

$$PAP = P(PS, DL, FI, OT) \tag{7-4}$$

---

① 其他资金来源：个人按揭贷款、定金、预收款及通过其他非银行金融机构融资的资产。

2. 商业地产开发资金来源的数量分析

目前房地产开发资金主要来源包括国内贷款（包含银行贷款和非银行贷款）、自筹资金、利用外资（含外商直接投资）、其他资金（定金及预付款、个人按揭贷款）。从表 7-1 看出：房地产开发资金投资总额从 2004 年的 407.30 亿元连年递增至 2017 年的 4366.66 亿元，约为 2004 年投入资金的 10 倍。从数额来看，其他资金和自筹资金是天津房地产开发资金的主要来源，自筹资金和其他资金在波动中表现出上涨趋势，且其他资金来源在研究年限内的绝对数额均大于其他三个资金来源的数量。如 2016 年与 2017 年分别高达 2428.54 亿元、2396.75 亿元，远高于其他三个资金来源。利用外资的资金波动幅度较大，2004 年的 5.65 亿元到 2017 年的 0.02 亿元，但 2013 年为 16.22 亿元。从绝对值来看，从 2005 年的 −38.25% 到 2007 年的 245.79%，再到 2013 年的 367.38% 以及 2017 年的 −99.02%。

2004—2017 年天津市房地产开发资金来源（单位：亿元） 表 7-1

年份	资金来源合计	国内贷款		利用外资		自筹资金		其他资金	
		绝对数	增长率	绝对数	增长率	绝对数	增长率	绝对数	增长率
2004	407.30	83.50	—	5.65	—	124.69	—	193.46	—
2005	621.67	138.35	65.69	3.49	−38.25	201.75	61.81	278.07	43.74
2006	765.91	181.05	30.86	6.09	74.64	250.74	24.28	328.03	17.97
2007	987.56	274.62	51.69	21.07	245.79	271.90	8.44	419.96	28.03
2008	999.64	284.49	3.59	24.10	14.37	319.77	17.61	371.28	−11.59
2009	1413.07	363.18	27.66	11.49	−52.33	332.10	3.86	706.30	90.23
2010	1665.54	539.59	48.58	8.34	−27.44	457.74	37.83	659.88	−6.57
2011	2161.03	585.67	8.54	10.14	21.66	719.78	57.25	845.44	28.12
2012	2146.28	570.37	−2.61	3.47	−65.79	831.71	15.55	740.73	−12.38
2013	2761.47	765.22	34.16	16.22	367.38	892.08	7.26	1087.95	46.87
2014	2823.48	817.16	6.479	7.19	−55.67	875.23	−1.89	1123.91	3.31
2015	3208.65	954.00	16.75	6.54	−9.93	932.39	6.53	1315.72	17.07
2016	4397.21	1066.99	11.84	2.05	−68.65	899.63	−3.50	2428.54	84.58
2017	4366.66	1186.03	11.16	0.02	−99.02	783.86	−12.87	2396.75	−1.31

由表 7-2 可知，在 2004—2017 年间根据各项资金构成比例从高到低分别为其他资金来源、自筹资金、国内贷款、利用外资。利用外资所占的比例远远低于其他三项资金来源，2009—2017 年占比低于 1%，我国房地产利用外资不高的原因是：对于房地产资金来源的国际资金流入量，我国政府一直出台相关政策严格限制。其他资金来源成为房地产企业最主要的资金来源渠道，其中定金、个人按揭贷款及预付款占其他资金来源中的一大部分，这一资金来源在一定程度上能够体现出市场需求度。虽然政府对房地产调控保持谨慎状态，但从 2007 年至今，国内贷款比重一直保持在 25% 以后，房地产贷款量占新增贷款量的比重依然较大。

2004—2017 年天津市房地产开发企业资金来源构成（单位：%）　　表 7-2

年份	国内贷款	利用外资	自筹资金	其他资金
2004	20.50	1.39	30.61	47.50
2005	22.26	0.56	32.45	44.73
2006	23.64	0.80	32.74	42.82
2007	27.81	2.13	27.53	42.53
2008	28.46	2.41	31.99	37.14
2009	25.70	0.81	23.50	49.98
2010	32.40	0.50	27.48	39.62
2011	27.10	0.47	33.31	39.12
2012	26.57	0.16	38.75	34.51
2013	27.71	0.59	32.30	39.40
2014	28.94	0.25	31.00	39.81
2015	29.74	0.20	29.06	41.00
2016	24.27	0.05	20.46	55.23
2017	27.16	0.00	17.95	54.89

7.2.3　现阶段融资模式对商业地产价格波动影响的时序性分析

1. 向量自回归模型

向量自回归模型（Vector Autoregression Model，VAR）是由克里斯托弗·西姆斯（Christopher sims）1980 年提出，主要运用非结构方法解决各变量间的动态关系分析问题，把系统中的每一个内生变量作为系统中所有内生变量的滞后值的函数来构造模型，推动了对经济系统内生变量互动关系分析的广泛应用。VAR 模型可以用于模拟、分析和预测系统相关性，刻画随机扰动对系统的动态冲击，定量描述冲击的大小、正负及持续时间。

VAR 模型的定义式为：设 $Y_t = (y_{1t}, y_{2t}, \cdots, y_{Nt})^T$ 为 $N \times 1$ 阶时序变量列向量，则含有 N 个变量滞后 p 期的 VAR 模型为：

$$Y_t = C + \Pi_1 Y_{t-1} + \Pi_2 Y_{t-2} + \cdots + \Pi_p Y_{t-p} + U_t \tag{7-5}$$

其中：$Y_t = (y_{1t}, y_{2t}, \cdots, y_{Nt})^T$；

$C = (c_1, c_2, \cdots, c_N)^T$；

$\Pi_i (i = 1, 2, \cdots, p)$ 是 i 个待估参数 $M \times N$ 阶矩阵；

$U_t = (\mu_{1t}, \mu_{2t}, \cdots, \mu_{Nt})^T$ 是 $N \times 1$ 阶随机误差列向量；

p 为模型最大之后阶数。

最大滞后阶数 p 值的选择关系到 VAR 模型的准确性，滞后阶数太小，残差可能存在自相关，参数估计的一致性无法确保。适当增加滞后变量个数，可消除残差中存在的自相关。但滞后阶数过大，则会导致待估参数过多，自由度严重下降，直接影响模型参数估计的有效性[3]。滞后阶数的确定通常采用赤池信息准则（AIC）和施瓦茨（SC）准则确定，特别地，Eviews6.0 软件可以使用多种判断准则得出结果，确定 p 值方法与原则在增加 p

值的过程中，使通过检验的准则数最多[4]。

2. 样本选取与数据来源

本节选取的国内贷款、其他资金、自筹资金、利用外资均除以当季度天津市商品房销售面积，得到单位销售面积分摊的投资额，并利用单位销售面积国内贷款（PADL）、单位销售面积利用外资（PAFI）、单位销售面积其他资金（PAOT）、单位销售面积自筹资金（PAPS）及商品房销售价格（PAP）共 5 个时间序列变量建立向量自回归模型（VAR）以分析不同房地产融资模式对房价波动的动态关系。数据来自 wind 数据库、天津市统计年鉴，时间跨度为 2004 年 1 季度至 2015 年 1 季度。在进行实证分析过程中，先对 5 个变量使用 Census X12 乘法进行季节调整消除季节影响。图 7-3 至图 7-6 分别给出了天津房地产价格及不同融资方式的时间序列变化趋势，用"▲"表示房价的时间序列，用"■"表示 4 种融资方式的时间序列。

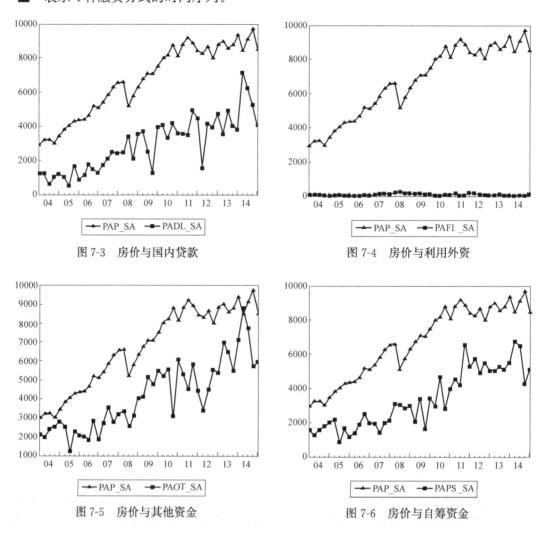

图 7-3　房价与国内贷款　　　　　图 7-4　房价与利用外资

图 7-5　房价与其他资金　　　　　图 7-6　房价与自筹资金

由图 7-3 至图 7-6 可知，房价与国内贷款、其他资金来源、自筹资金 3 个时间序列变动趋势一致，说明具有非常密切的长期均衡关系，但各个时间序列呈现出非平稳的变动趋势。因此对 5 个时间序列进行相关性分析，由表 7-3 可知房价与国内贷款、其他资金来源、自筹资金存在着显著的相关性。考虑对非平稳序列构建动态回归模型，但是非平稳序列又容易产生虚假回归的问题，而虚假回归之所以会产生是因为残差序列不平稳。如果非平稳序列之间具有协整关系，那就不会产生虚假回归问题。

房价与不同融资方式的相关系数矩阵　　　　　　　　　　　表 7-3

	房价	国内贷款	利用外资	其他资金来源	自筹资金
房价	1.000000	0.830617	0.137532	0.827726	0.834911
国内贷款	0.830617	1.000000	0.109729	0.850268	0.826214
利用外资	0.137532	0.109729	1.000000	−0.007627	0.128836
其他资金	0.827726	0.850268	−0.007627	1.000000	0.847841
自筹资金	0.834911	0.826214	0.128836	0.847841	1.000000

3. 单位根检验

为保证模型的有效性，避免出现伪回归，对 5 个变量进行 ADF 单位根检验，单位根检验结果见表 7-4。检验结果为：所有原时间序列均在 0.01 的显著水平下不平稳而一阶差分序列平稳，即 5 个变量都是一阶单整序列 I (1)，因此需要对模型中包含的 5 个变量进行协整检验。

单位根检验　　　　　　　　　　　表 7-4

	T 统计值	伴随概率(1%)
PAP	−1.616531	0.4658
D(PAP)	−7.796411	0.000
PADL	−0.06766	0.9457
D(PADL)	−3.679237	0.0091
PAFI	−3.496469	0.0127
D(PAFI)	−8.665685	0.000
PAOT	−2.014781	0.2797
D(PAOT)	−7.335692	0.000
PAPS	−1.166970	0.68
D(PAPS)	−12.38737	0.00

4. 协整检验

对经济变量进行时间序列分析时，要求经济变量的时间序列必须是平稳的，即没有确定性趋势或者随机趋势，否则会产生伪回归问题，使得所得结果失真。但是，在现实中经济变量的时间序列通常是非平稳的，如果对其简单差分把它变得平稳，则会失去经济含义。通过协整检验，可以判断各变量间是否存在共同的随机趋势，从而得到一组非平稳序列的线性组合是否具有稳定的均衡关系。如果序列 $\{x_{1t}, x_{2t} \cdots, x_{dt}\}$ 都是 d 阶单整，存在向量 $\alpha = (\alpha_1, \alpha_2, \cdots, \alpha_k)$，使得：$Z_t = \alpha X^T \sim I(d-b)$

其中，$b > 0$，$x = \{x_{1t}, x_{2t} \cdots, x_{kt}\}^T$，则认为序列 $\{x_{1t}, x_{2t} \cdots, x_{kt}\}$ 是 (d, b) 阶协整，记为 $x_t \sim CI(d, b)$，α 为协整向量。

采用 Johansen 协整检验，具体应用痕迹检验方法，结果表明：在 5% 显著水平，房地产销售价格、单位销售面积国内贷款、单位销售面积自筹资金、单位销售面积其他资金、单位销售面积利用外资之间存在协整关系，即存在长期的稳定性的关系，因此不需要考虑建立差分 VAR 模型。

5. 格兰杰因果检验

通过单位根和协整检验后，可以对天津房地产开发资金来源与房地产价格做 Granger 因果关系检验，Granger 因果检验可以判断一个变量是否是另一个变量变动的原因，检验的原理在于通过加入 X 的滞后值判断模型解释程度是否提高，得出当期的 Y 能够在多大程度上被过去的 X 解释，如果解释程度足够高时说明 X 的变化是 Y 变化的 Granger 原因，需要强调的是，格兰杰因果检验结果根据变量出现的顺序，说明引起与被引起的关系。滞后阶数取 2，检验结果见表 7-5。

利用外资 PAFI 与房地产价格的波动的伴随概率为 0.1105，不能拒绝原假设，所以利用外资与房价波动没有直接的因果关系；PADL、PAOT、PAPS 与房价变动的伴随概率分别为 0.0155、0.0387、0.0006，小于 0.05，拒绝原假设。所以在 5% 的显著水平上是房价变动的原因。由表 7-5 可以看出房价的变动不是国内贷款、利用外资、自筹资金、其他资金变动的 Granger 原因。

天津房地产价格与房地产开发资金来源 Granger 因果检验　　表 7-5

原假设	滞后阶数	F 统计量	相伴概率	结果
PADL 不是 PAP 的 Granger 原因	2	8.329515	0.0155	拒绝
PAFI 不是 PAP 的 Granger 原因	2	4.405997	0.1105	接受
PAOT 不是 PAP 的 Granger 原因	2	6.50194	0.0387	拒绝
PAPS 不是 PAP 的 Granger 原因	2	14.93089	0.0006	拒绝
PAP 不是 PADL 的 Granger 原因	2	0.278689	0.8699	接受
PAP 不是 PAFI 的 Granger 原因	2	1.567359	0.4567	接受
PAP 不是 PAOT 的 Granger 原因	2	1.435940	0.4877	接受
PAP 不是 PAPS 的 Granger 原因	2	1.689342	0.4297	接受

6. 脉冲响应

利用脉冲响应函数刻画不同资金来源受到一个标准差冲击之后对房价的动态影响，既能够描绘出房地产价格的调整路径，同时也能够表达出调整力度和时滞状况。图 7-7～图 7-10 是基于 VAR（2）的脉冲响应函数，横轴代表冲击作用的滞后期数（单位：季度），纵轴表示房价对单位销售面积国内贷款、单位销售面积利用外资、单位销售面积其他资金来源、单位销售面积自筹资金的冲击响应程度。"▲" 描述了脉冲响应函数，"■" 描述了响应函数值正负两倍标准差的偏离带。

图 7-7 反映了在国内贷款正向冲击下，房地产价格缓慢增长，且在第 3 个月时达到最大，到第 6 期之后处于相对稳定。进一步分析表明：利用国内贷款的增长对天津房价的波动产生长期促进作用。国内贷款促使房价上涨原因有两个方面：（1）国内贷款的快速供给导致房地产投资过热，银行对房地产企业提供贷款的主要依据是抵押房屋的价值，房屋的

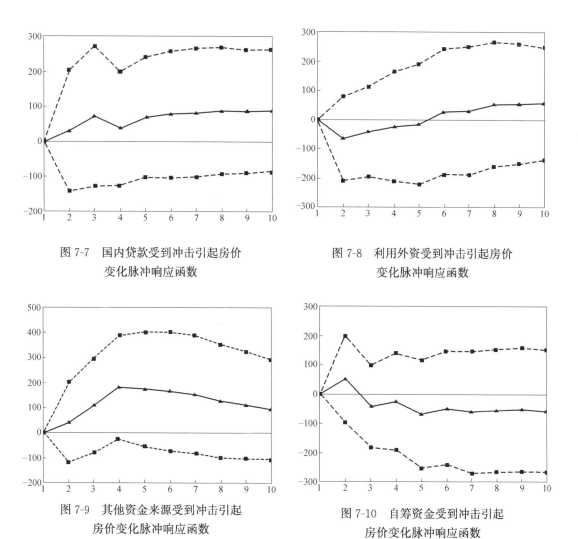

图 7-7　国内贷款受到冲击引起房价
变化脉冲响应函数

图 7-8　利用外资受到冲击引起房价
变化脉冲响应函数

图 7-9　其他资金来源受到冲击引起
房价变化脉冲响应函数

图 7-10　自筹资金受到冲击引起
房价变化脉冲响应函数

价值随着现房的销售价格上涨而上涨，银行利润上涨，在利益的驱使下，银行会忽视房地产信贷风险，放松信贷条件，加大对房地产业的资金支持，房地产市场呈现繁荣状态，在一定的程度上能够推高房价形成"银行贷款增加—房价上升—银行贷款增加"螺旋式上升。（2）国内贷款的增加能够促进房地产商的投机行为，房地产投机商利用银行贷款资金进行炒地圈活动，人为地增加土地需求量，导致土地价格上涨，进一步促进房价上涨。

分析图 7-8，当利用外资增长率出现 1 个百分点的正向冲击后，房价前 5 期呈现负向反应，6 期之后房价的增长率呈正反应且一直持续下去。利用外资的增长对天津房价的波动产生长期促进作用，但促进作用的效果不够显著。

分析图 7-9，房地产价格在其他资金来源的正向冲击下，房价的增长率一直呈现出正向反应，且在第 4 期达到最大。表明其他资金的增长对天津的房价波动具有持久拉动型且产生长期促进作用。造成这种现象的原因是：（1）近年来我国不断调低银行存贷款利率，使得居民个人住房贷款成本大大降低，城镇居民基于较高的房价上涨预期，积极参与购房投资，增加了居民对购房的刚性需求以及投资性购房；（2）社会资金缺乏投资渠道及房地产开发商缺少融资渠道，其他融资成本较高，进一步加剧了房价过快上涨。

分析图7-10，房地产价格在自筹资金的正向冲击下，在前2期对房价的增长率呈正向反应，且在第2期时效应达到峰值0.5144百分点，3期之后对房价的增长率呈负向反应且一直持续下去。长期来看，自筹资金抑制房价上涨，表明自筹资金不是造成天津房价增长的原因。

在不同资金来源的正向冲击下，房地产价格的动态影响是不同的。而房价的波动取决于这些变量的综合影响，因此，为研究不同资金来源对天津房价波动的贡献程度，找到房地产价格波动的主要原因，采取方差分解的方法进一步分析讨论。

7. 方差分解

方差分解（Variance Decomposition）通过分析每个结构冲击对内生变量变化的贡献度，变量的改变程度通常用方差来度量，贡献度用百分比表示，从而评价不同结构冲击的重要性。因此，对于VAR模型而言，方差分解能够表示出对变量产生影响的每个随机扰动的相对重要性信息。

方差分解能够分析不同资金来源的冲击对房价变化的贡献程度。从表7-6可以看出，房价本身对其波动的贡献率为从第2期的97.46%降至第10期的80.64%，表明短期内房价波动的原因是由于自身引起的，但从长期来看，房价波动脱离自身波动的影响，其他资金来源、国内贷款成为影响房价波动的主要因素。

天津市房地产价格的 Cholesky 方差分解　　　　　　　　　表7-6

期	S. E.	PAP_SA	PADL_SA	PAFI_SA	PAOT_SA	PAPS_SA
1	519.1616	100.0000	0.000000	0.000000	0.000000	0.000000
2	616.8642	97.45983	0.243161	1.132395	0.469122	0.695490
3	719.2374	94.13317	1.155462	1.165150	2.683689	0.862527
4	812.9474	89.97870	1.110811	1.001226	7.134234	0.775027
5	890.5793	86.56273	1.531881	0.866960	9.797393	1.241035
6	955.9417	84.39146	1.969228	0.839879	11.47489	1.324542
7	1008.485	82.53284	2.432470	0.843638	12.63559	1.555464
8	1056.557	81.43826	2.912765	2.912765	12.92897	1.707110
9	1096.507	80.64185	3.305338	1.189458	13.04953	1.813821
10	1133.642	80.08931	3.698571	1.362675	12.90095	1.948493

方差分解的结果进一步证实其他资金来源对房价波动贡献程度最大，约占13%，诸如信托类资产等形式，资金来源的资产成本较高进而要求高回报的其他资金，是推动房价上涨的重要诱因，在一定程度上决定着未来的房价走势，合理的其他资金来源是房地产重点关注的焦点。国内贷款对房价的贡献率逐步增加，贡献度大约为3.70%，表明在长期内国内贷款对房价影响是不断增强的。而无论从长期还是短期来看，利用外资、自筹资金对房价波动的影响，贡献度都比较小，第10期对房价的贡献度仅为1.36%、1.95%，利用外资、自筹资金对天津房价波动的影响十分微弱。

7.2.4　实证结果分析

通过对房地产价格和房地产融资模式各变量间的关系分析，可以得出：

（1）通过协整检验，可以看出房地产价格和国内贷款、利用外资、其他资金来源以及自筹资金存在长期的均衡关系，意味着房地产价格的波动与房地产开发资金来源的渠道有关。国内贷款、自筹资金能够抑制房价的波动，利用外资、其他资金来源能够促进房价的波动。

（2）通过格兰杰因果检验，发现利用外资的变化不是房地产价格的波动的格兰杰原因，国内贷款、其他资金来源与自筹资金增长率的变化均是房价变动的格兰杰原因。

（3）通过脉冲检验，国内贷款在正的冲击下仅能引起房价短期内剧烈波动，而长期相对稳定；而其他资金来源变化所带来的短期以及长期影响都比国内贷款带来的影响更显著，自筹资金增长率的冲击在短期内引起房价上升，但长期内不是房价上涨的原因；利用外资增长率的冲击在长短期内部房价波动的影响不显著。

（4）通过方差分解，发现短期内房价波动的原因是由于自身引起的，具有自我调节稳定的作用，但随着时间的推移，房价波动脱离自身波动的影响，房地产开发资金来源对房价影响越来明显，说明当房地产价格受到房地产开发资金来源的冲击，冲击会传导到房价上来，引发房价波动风险，特别是其他资金来源、国内贷款受到冲击，对房地产价格影响较大，说明这些因素的变动更容易给房价带来风险。从长期来看，引起房价增长率波动的原因中 12.9% 与其他资金有关，3.7% 与国内贷款有关。

其他资金来源、国内贷款是房价调控的本质，也是各方重点关注的对象，且其他资金来源构成复杂、来源多样，在国家货币政策宽松时期，可能获得各方满意的收益，一旦国家货币政策紧缩，必然造成资金短缺从而要求更高的回报率，结合当前天津房地产市场供需分析，房地产供应过大如果无法及时消化库存，有可能造成资金链断裂甚至崩盘。为促使天津房地产市场良好发展，需调节融资结构、创新投融资工具。

7.3　REITs 在商业地产中的应用分析

7.3.1　REITs 在我国商业地产中运行分析

1. REITs 在我国商业地产中的运行分析

（1）拓宽融资渠道，实现资金快速回笼

商业地产项目规模大，价值高，需要投入大量的资金。目前我国商业地产融资渠道单一，最普遍的是自有资金加银行贷款，大约占全部资金来源的 60%。银行贷款融资成本低，手续便捷，但在我国房地产宏观调控和稳健的货币政策下，从银行贷款的难度加大。除此之外，房地产企业还可以通过上市融资、债券融资、信托等方式融资获取资金。上市融资的优点在于规模大且没有还款压力，但上市条件苛刻，成本高。债券融资不会分散企业控制权，并且具有抵税作用，但目前我国债券市场不够完善，符合发债要求的企业较少，因此债券发行的比例不高。信托能够平衡房地产委托人、信托公司和投资受益人等各方利益，但房地产信托产品的期限一般为 1 至 3 年，不能完整支持商业地产开发周期所需资金。发展 REITs 可以有效改善企业融资结构，防范资金链断裂，并且有效分散银行资金风险，为商业地产的开发及运营提供稳定资金。

（2）盘活存量资产，形成产业聚集、人口聚拢

我国商业地产库存量大，截至 2015 年 12 月商品房待销售面积达到 7.19 亿，商业地产已经沉淀了巨大的运营和开发中的资产，且传统投资杠杆已经缺乏效率，商业地产行业亟须有重资产模式向轻资产模式转变，同时，许多商业地产开发商正在积极探索需求轻资产化运营。目前全球已有 20 多个国家和地区推出 REITs，为商业地产运营模式带来深刻变化，从而有效化解房地产库存。房地产开发商将自持物业通过 REITs 转成租赁物业，达到化解库存、盘活资产，形成人口、产业聚集。

（3）推动我国商业地产升级转型

我国商业地产的发展时间不长，而当前正处于市场转型和升级的拐点。商业地产开发模式圈地扩张的重资产模式向精细化分工的轻资产模式转变。轻资产的关键是实现产权变现、资金回笼，但仍然保留对物业的实际控制权，而 REITs 正好能够实现这一目的。结合 REITs，转变商业地产经营和管理模式对提高商业地产企业资金周转、促进我国商业地产市场健康发展具有重要的意义。

（4）加快我国房地产金融改革和创新

金融支持对于房地产业的发展举足轻重，发展房地产业必须推动房地产和金融的结合创新，而发展 REITs 是加快我国房地产金融改革和创新的有效途径，首先发展 REITs 能够完善房地产金融体系。成熟的房地产金融体系应该具备多层次的特征，以满足不同类型的投融资需要，发展 REITs 是丰富我国房地产金融体系的有效尝试。其次，发展 REITs 能够通过促进金融市场的发展而加快房地产金融创新，发展 REITs 涉及新的相关法律法规的制定、交易规则以及监管制度的创新，是探索金融市场多元化发展的尝试，因此对促进金融市场走向成熟，从而带动房地产金融水平的整体提升十分有益。

2. REITs 在我国商业地产中的可行性分析

综合美国、日本等国家和中国香港 REITs 的发展经验不难看出，发展 REITs 需要主客观条件的支持。

（1）国家政策为 REITs 的发展提供了现实条件

在金融政策方面：证监会于 2014 年 5 月在《关于进一步推进证券经营机构创新发展的意见》中，明确提出"研究建立房地产投资信托基金（REITs）的制度体系及相应的产品运作模式和方案"；中国人民银行 2014 年 9 月《中国银行业监督管理委员会关于进一步做好住房金融服务工作的通知》中也指出"积极稳妥开展房地产投资信托基金（REITs）试点"；住房和城乡建设部 2015 年 1 月出台《关于加快培育和发展住房租赁市场的指导意见》中指出"积极鼓励投资 REITs 产品，各城市要积极开展 REITs 试点，并逐步推开"。2015 年 9 月 30 日国内首只真正意义上的 REITs 产品，获得监管层批准，鹏华前海万科 REITs 公募上市。

（2）REITs 的各参与方相对成熟

REITs 的各参与方相对成熟最主要的是投资者和发起者。随着经济的发展，我国居民收入和储蓄存款增长迅猛，保险资金和养老金等社会资金数目庞大，但缺乏好的投资渠道。而 REITs 对房地产产权的风格降低了个人投资者的进入门槛，又可以吸纳社会闲散

基金，能够达到资金的高效配置。此外，我国商业地产行业的快速发展具备了一批实力雄厚的开发商。从资本运作能力、品牌影响力等角度考量都较适合 REITs 的发起人。

（3）投资标的有保障

我国 GDP 增速和房地产状况预示着房地产行业还十分广阔，特别是稳定发展的住宅物业、蓬勃发展的写字楼和零售业等标的，以及在新型城镇化建设的大背景下，保障房、基础设施的大力推进为 REITs 提供了除住宅、商业地产以外的资产标的。

7.3.2　商业地产 REITs 的价值链分析

前文提出我国商业地产存在融资困难及运营面临瓶颈两大问题，且文章中详细剖析了我国商业地产目前的融资模式及存在的问题，房地产企业需寻找合适的方式来缓解或解决这些重要的问题，结合前文对 REITs 基本理论的分析，发现 REITs 优势在于能够汇集大量资金、定向投资且流动性强等，如果将 REITs 应用于我国商业地产，其是否能够发挥两者优势，解决商业地产所面临的现实困境，本书将借鉴国外成功 REITs 运作模式，详细剖析我国商业地产 REITs 价值链的实现过程（图 7-11）。

商业地产 REITs 的价值链的主体分为房地产开发商、基金托管人、投资者、基金管理人、经营者。房地产开发商和基金管理公司将商业项目打包，依法设立 REITs，通过向不特定或者特定的投资者发售 REITs 受益凭证或者股份获取资金，建立 REITs 资金池，REITs 基金管理人将筹集的资金经过分散风险的原则投入到相关房地产项目，从经营者处获取租金以及标的物的资本增值等投资性收入，然后将获得的收益以股息或者红利的形式分配给投资者，从而最终达到资金的快速回笼，实现资本循环。

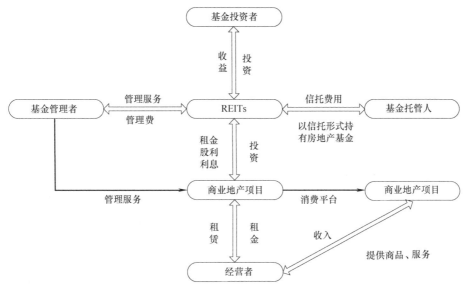

图 7-11　商业地产 REITs 价值链分析图

房地产开发商：项目土地的获取、商业规划设计、施工建设、招商引资。

投资者：REITs 基金收益凭证持有者，为项目募集资金。

基金托管人：代表基金持有者利益，监督基金管理者的行为。

基金管理者：依法募集资金，办理资金份额的发售和登记事宜；管理基金持有人 RE-ITs 的资产和负债，通过高质量的服务提高所持有房地产的租金，运用策略性投资增持物业，合理降低成本提高基金持有人回报，基金管理者通过提供管理服务获得管理费用。

经营者：商铺的经营者，向商铺的持有者支付租金，取得商铺的经营权，通过为消费者提供服务或商品，获取一定的盈利。

7.3.3 REITs 投资于商业地产物业类型的探索分析

为了确保 REITs 的红利分配，抵押型与权益型 REITs 均要求稳定且持续增长的收益，前者的收益主要来自发放贷款的利息，后者来自租金。选择具备这些条件的物业类型是保障 REITs 经营的基本前提。以 REITs 的先驱美国为例，在 REITs 经营的早期，投资的物业类型较为有限，仅包括写字楼、公寓、零售业等，时至今日，REITs 的投资已经涵盖了几乎所有具有稳定收益的物业类型（图 7-12），但在投资比例上存在明显差异，但仍投向以工业、办公楼、公寓和零售业类为主。

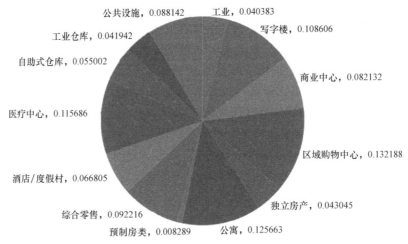

图 7-12　美国 REITs 投资的物业类型分布

在美国 REITs 市场上，投资物业类型首选有稳定租金收益的零售类、住宅、工业和写字楼，其中零售类（综合零售、区域购物中心、商业中心）市值占比 31%，住宅类（公寓类、预制房类）市值占比 17%，工业（工业仓库、工业、自助式仓库）和写字楼类市值占比分别为 13%、11%。中国 REITs 的投资方向与海外 REITs 投资领域有很多重合，在天津商业地产中，收益颇丰的办公楼、刚性或改善型需求的住宅、蓬勃发展的零售业及建造成本较低且收益较高的工业都具有一定的投资性。

1. 写字楼

天津写字楼市场分布在南京路—小白楼区域、友谊路区域、金融城及大型高端居住区位核心的三个商务区：后广场区域、卫津南路—奥城区域及老城厢区域。2008 年 1 季度，天津市优质写字楼为 104.3 元/m²/月，2014 年第二季度租金水平达到 128 元/m²/月，自此期间写字楼的租金基本处于增长状态，这得益于明确的政府规划、优势产业的带动以及市场需求。

根据图 7-13 所示写字楼市场的空置率发现，2008—2017 年写字楼的市场空置率波动较大，最小空置率为 2011 年第二季度的 12%，最大空置率为 2016 年第 3 季度的 36.20%。

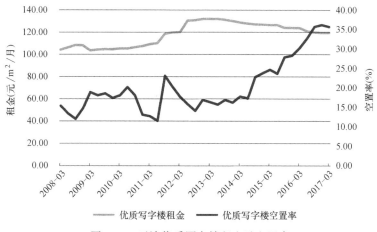

图 7-13   天津优质写字楼租金及空置率

2. 零售业

从优质零售物业首层的租金水平来看（图 7-14），2007 年 1 季度，天津市优质零售业物业月平均租金为 9.44 元/m²，2012 年 4 季度月平均租金增至 22.20 元/m²，2013 年 1 季度开始回落，但减缓速度平缓，2014 年 2 季度的租金水平为 20.6 元/m²。

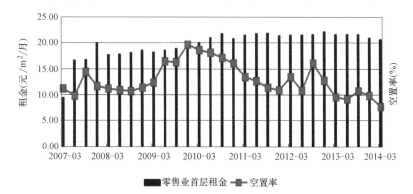

图 7-14   优质零售业物业首层租金及空置率

3. 住宅

图 7-15 显示，2009—2017 年商品住宅成交价格逐年上升，由 2009 年的 7416 元/m²，增至 2017 年的 15139 元/m²，价格上涨 104.14%，但增长率明显减缓，增长率由 2010 年的 25.35% 降至 2017 年的 17.63%。原因是近几年随着央行加息政策连续出台及严厉的限购限贷政策出台，一方面加大房地产开发商贷款难度；另一方面抑制房地产市场的需求使得商品住宅价格增长速度减缓。但是，随着轨道交通、城际铁路、滨海新区等大型项目逐步投入使用及北京部分产业迁入天津，天津商品住宅并未因政府宏观调控而抑制房价上涨及需求增加。

图 7-16 表明，近年来天津住宅市场正处于快速稳定发展阶段，供应量及需求量均呈逐年上涨趋势。2002—2005 年新开工面积与当年竣工面积基本持平，根据新开工面积及

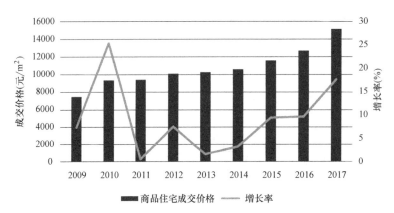

图 7-15　2009—2017 年天津市商品住宅成交价格及增长率

竣工面积每年增长率数据显示，住宅开工增长率与竣工增长率在 2004 年达到最高，分别为 30.36％和 35.13％，表明天津住宅市场稳定发展且在此期间供需均衡；2006—2011 年当年新开工面积大大超过当年竣工面积，但当年新开工面积与竣工面积相较于 2004 年逐渐回落，说明在 2006—2011 年房地产住宅市场供大于求，处于卖方市场，刚性需求较大及投资人群较多；2012—2014 年竣工面积均超过新开工面积，2014 年新开工面积为 1986.56 万 m^2，2014 年竣工面积高达 2130.25 万 m^2，且新开工面积增长率在 2012 年低至－25.67％，原因是近几年随着央行加息政策连续出台及严厉的限购限贷政策出台加大了房地产开发商的贷款难度及抑制了房地产市场的需求，而之后开工面积的回升主要得益于政府加大保障性住房的政策效应。

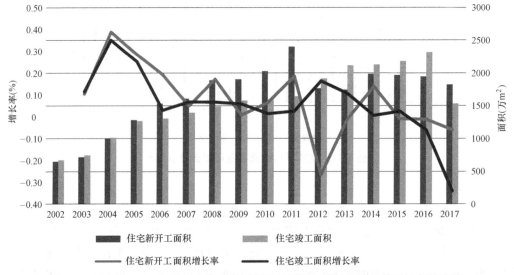

图 7-16　2002—2017 年天津市住宅市场新开工面积、竣工面积及其增长率的比较

根据 2002—2017 年天津市住宅竣工面积、销售面积实际情况来看（图 7-17），2002—2007 年当年竣工与当年销售面积基本均衡，但在 2006 年出现当年销售面积超过当年竣工面积的情况。由于 2008 年受宏观经济的影响，2008—2011 年出现了当年竣工面积超过销售面积的情况，尽管如此，商品房空置情况较为稳定。但 2012—2015 年竣工面积远超过

销售面积，空置率严重，对于商品住宅应采取以出售为主、租售结合的方式降低商品住宅空置率。2016—2017 年竣工面积小于销售面积，说明国家出台的去库存政策有所成效。住宅市场总体上显示出开发面积逐年增长，空置率维持在较为稳定的水平上，价格稳中有升，说明市场依然处于供不应求的阶段，住宅需求稳定且逐年增加。

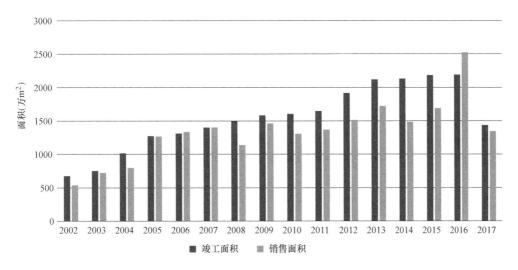

图 7-17　2002—2017 年天津市住宅竣工面积、销售面积情况

4. 工业

图 7-18 显示了 2008—2017 年天津市各种用途土地成交面积。从 2017 年全年天津市各种用途土地成交比例来看（图 7-19），在全市土地成交面积中，工业类用地成交比例最大，共成交 1167.35 万 m²，占总成交比例的 56％；其次为住宅用地，比例为 39％；商业用地占比 5％。

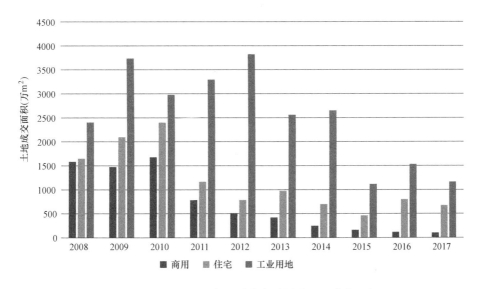

图 7-18　2008—2017 年天津市各种用途土地成交面积

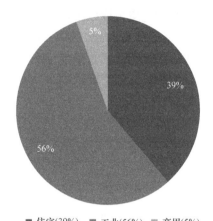

■ 住宅(39%)　■ 工业(56%)　■ 商用(5%)

图 7-19　2017 年天津市各种用途土地成交比例

7.3.4　商业地产 REITs 风险收益分析

不同类型的 REITs 具有不同的收益，根据市场环境运用不同的投资策略对不同的投资标的物进行组合，最终能够导致不同的风险匹配不同的收益。

1. 商业地产 REITs 收益来源及其构成

（1）租金

受利率影响相对较小，商业地产 REITs 以出租经营性物业，获取持续稳定的租金收益。租金收入是 REITs 从租赁该出租物业的租户处获得的收入，包括地租、管理费、折旧费和维修费等。

（2）股利收入

股利收入是股息和红利。REITs 基金管理者通过在一级和二级市场投资并持有房产公司发行的股票，从而每年都可能获取一定数量的红利和股息。

（3）利息收入

REITs 在日常运作中需要保留一定比例的资金，当投资者赎回 REITs 受益凭证时付现所用。REITs 的管理人将所保留的资金存入银行获取一定的利息收入。

（4）资本利得

REITs 管理者若要 REITs 获得最大程度的收益，应当根据风险收益原则考虑标的物资本利得，即在证券市场低价买入标的物股票，高价卖出获取差价收入。

2. 商业地产 REITs 风险分析

REITs 的风险具体分为系统风险和非系统风险。那些能够影响整个房地产投资市场的因素引起的风险统称为系统风险。这类风险因素能够影响到所有投资者，不能通过分散化投资来实现。这些风险包括法律政策风险、宏观经济因素、市场风险以及流动性风险。非系统风险往往是由于某些或某一个事件的发生导致某个 REITs 的收益风险异常，这类风险能够通过分散化投资组合分散掉。主要包括：投资决策风险、财务风险、委托代理风险、经营风险和规模风险。

（1）系统风险

1）法律政策风险

　　法律政策风险是指 REITs 在运作过程中由于法律及政策体系的不完善、政治风险发生变化及执行力度不够给投资者带来的风险。如金融政策、税收等不稳定造成的风险，REITs 从设立、运营到最后退出，都处于一个复杂的系统之中，国家强制力的规定可以起到规范各方的行为，健全的法律和积极的政策不但能够促进 REITs 的良性发展，而且可以起到约束和激励的作用。如果 REITs 相关的法律不够成熟、政策又无支持，REITs 的收益就无法得到保障，容易造成损失。

　　2）市场风险

　　REITs 市场风险是指资产交易价格波动带来的风险，REITs 作为资产证券化的一种工具，同时受到资本市场和房地产市场的双重影响。在资本市场，股票市场的整体景气度与 REITs 股票收益率存在很大程度的正相关，当股票市场行情较好时，对于经营不善的 REITs 容易隐藏问题，诱导投资者继续持有其股票，一旦资本市场环境发生变化，将导致投资者造成巨大损失。在房地产市场方面，房地产市场的供需关系、房地产市场价格预期、租金水平、房地产相关行业的景气度等因素的变化都能对投资者的预期决策产生影响，从而导致 REITs 价格波动，最终给投资者带来风险。如房地产市场某种类型房产供给大于需求，投资者面临房地产商品积压，无法找到买主且无人愿意承租，最终导致资金无法收回，预期收益无法实现。

　　3）宏观经济因素风险

　　REITs 作为金融衍生品，其收益受到宏观经济因素如汇率、利率、通货膨胀变动的影响。汇率变动可能影响投资国际市场 REITs 收益，当本国货币升值，海外 REITs 价值就会缩水，房地产属于利率敏感项目，REITs 资产结构、管理策略、财务杠杆以及资产组合专门化程度差异都会影响 REITs 对利率风险的敏感度。抵押型 REITs 对利率的敏感度高于权益性 REITs，利率上升，REITs 资金成本增加可能导致收益降低。通货膨胀降低投资者的收益率，影响投资者的投资激进型，降低了房产投资的价值，造成投资受损从而带来风险。宏观经济因素与 REITs 的收益存在很大联系，一旦发生变动容易带来风险。

　　4）周期风险

　　房地产行业一般需经历复苏、发展、繁荣、危机、衰退和萧条六个阶段，房地产的发展本身具有周期性，REITs 的投资标的为房地产，因此 REITs 的运作随着房地产的周期性变化而逐渐变化。

　　(2) 非系统风险

　　1）投资决策风险

　　投资者在选择投资 REITs 物业类型时产生了错误的判断而遭受损失。不同类型的 REITs，收益来源和对风险的敏感程度也不相同。权益型 REITs 的收益来源为租金收入和房地产的增值，而抵押型 REITs 通过发放房地产抵押贷款和购买抵押证券获取贷款利息作为收入来源，因此收益率对利率的敏感程度要大于权益性 REITs。不同类型 REITs 的经营模式和盈利特点的差异使得收益特征也不相同，因此 REITs 管理者的管理技巧和专业能力十分重要。如酒店型 REITs，其收益的高低较大程度地取决于经营因素，管理者的管理不当或决策失误都容易产生风险；而写字楼流动性较快，稳定性较差，对商业条件十分敏感。市场环境的多变性以及不同类型 REITs 特征，都需要 REITs 投资决策做出正确的评估，否则将给 REITs 带来极大的风险。

2）财务风险

REITs财务风险是指财务杠杆过高、利率增长及再筹资带来的风险。REITs同其他公司相类似，允许负债经营来扩大收益。特别是REITs高分红的特点使得管理者有提高杠杆比率增加留存收益的倾向，来实现REITs的规模扩张。但如果杠杆使用不当，负债过多而收入不足，将产生债务危机引发风险；在公司负债期间如果利率增加，使得公司资本成本增加，减少预期收益；当负债经营使得公司的负债比率加大，使得债权人的债权保障度下降，将很大程度限制公司从其他融资渠道增加负债筹资的能力，从而引发债务危机风险。

3）委托代理风险

委托代理风险的产生是由于委托人和被委托人之间信息不对称而带来的逆向选择和道德风险。在REITs的运作过程中存在多重委托关系，如投资者和REITs管理者、REITs管理者和基金管理公司。由于各方都想满足利益最大化，就有可能产生由于信息不对称产生的利己交易、关联交易及费用转移所带来的风险。如REITs基金管理人可能频繁交易、盲目扩张等有利于自己的操作方式损害投资者的利益，而基金管理公司为获取更多利润在REITs的管理中表现不公平。委托代理风险对REITs的稳健发展产生不利影响，因此在REITs的投资过程中必须考虑委托带来的风险。

4）经营管理风险

经营管理风险主要来自管理者管理不当和治理结构不合理带来的风险，由于REITs内部管理模式和外部管理模式对管理者的约束和激励不同，使得REITs的绩效也不相同。REITs董事会规模和内部所有权结构在一定程度上影响REITs的收益，一旦管理模式与自身实际不相匹配都可能带来亏损。同时，管理者对信息的识别、判断和决策以及对REITs本身管理，在REITs运作过程中都占据重要环节，一旦出现问题将为REITs带来风险。

5）规模风险

REITs的规模与投资策略相匹配，否则将为REITs带来风险。如小规模REITs抗风险能力差，应选择投资一类物业类型，占据信息优势。大规模REITs投资虽然多样化、抗风险能力强，但需要承担高额运营费用以及专业化程度分散的风险。

7.3.5 商业地产REITs投资组合策略分析

商业地产REITs的资产配置根据不同时期进行区域和物业类型的选择，本小节对资产组合策略做详细的分析，以方便投资者在进行投资决策时做出选择。商业地产REITs组合策略可根据不同的物业类型、区域和策略投资等分为三种组合策略。

（1）物业类型组合是根据不同物业的类型、结构档次、经营的形式等进行资产的划分，构造出不同物业类型的投资优化组合。

（2）区域组合是根据空间的角度进行资产的划分，按照不同的地理区域、行政区域、经济区域进行划分，构造基于区域组合的投资优化组合。主要包括：①同一城市不同区域同一物业类型的组合；②不同城市间的同一类型物业的组合。

（3）策略投资组合是基于不同经营方式如出售或者出租、不同投资方式及资产的持有时间进行资产的划分，构造不同策略的投资优化组合。

考虑到不同的资产持有时间、投资方式及经营形式难以定量化及缺乏研究资料的信息来源，本书仅对不同区域、不同物业类型方式进行实证分析。

7.4 商业地产 REITs 投资组合绩效优化的实证研究

7.4.1 REITs 投资组合绩效优化模型的构建

本节是以风险—收益作为中心变量建立的投资组合优化模型，通过确定 REITs 在不同商业地产项目中投资组合比例，探讨获得最大收益的商业地产项目投资组合为目标。

1. 基本假设

为达到不同物业类型组合获得最大收益（或最小风险）的目标，做如下假设：

（1）投资优化组合不受资金资源的约束；

（2）各种商业地产项目的投资满足技术可行、经济可行；

（3）不考虑物业类型的规模、不同物业资产持有时间；

（4）不考虑各种交易成本；

（5）商业地产投资项目组合的分布是正态分布；

（6）综合考虑期望收益率和风险的基础上进行投资组合优化。

$$\begin{cases} \max E(R_p) = \begin{bmatrix} x_1 & x_2 \cdots x_n \end{bmatrix} \begin{bmatrix} r_1 & r_2 \cdots r_n \end{bmatrix}^{\mathrm{T}} \\ \min \sigma_p^2 = \begin{bmatrix} x_1 & x_2 \cdots x_n \end{bmatrix} \Omega \begin{bmatrix} x_1 & x_2 \cdots x_n \end{bmatrix}^{\mathrm{T}} \\ \sum_{i=1}^{n} x_i = x_1 + x_2 + \cdots + x_n = 1 \\ \Omega = \begin{bmatrix} \sigma_{11} & \sigma_{12} & \cdots & \sigma_{n1} \\ \sigma_{21} & \sigma_{22} & \cdots & \sigma_{n2} \\ & & \cdots & \\ \sigma_{n1} & \sigma_{n2} & & \sigma_{nn} \end{bmatrix} \end{cases} \tag{7-6}$$

2. 均值—方差模型的运用

Markowitz 的均值—方差模型是一个单目标的优化组合模型，即以最大收益（最小风险）作为目标函数、最小方差（最大收益）作为约束条件。

3. 以 β 系数为测度的投资组合优化模型

本小节建立投资组合优化模型是以风险—收益作为中心变量，利用 Markowitz 均值—方差模型和 CAPM 定价模型分离出系统风险和非系统风险构建以 β 为系数的 Markowitz 投资组合优化模型：

$$\mathrm{Min}(\sigma_p)^2 = \sum^{n} x_i^2 \beta_i^2 \sigma_m^2 + \sum^{n} \sum^{n} x_i x_j \beta_i \beta_j \rho_{ij} \sigma_m^2 \tag{7-7}$$

$$\begin{cases} \sum_{i=1}^{n} x_i a_i + \sum_{i=1}^{n} x_i \beta_i R_m \geqslant R_0 \\ \sum_{i=1}^{n} x_i = 1 \\ 0 \leqslant x_i \leqslant 1 \\ i = 1, 2, 3 \cdots, n \end{cases} \tag{7-8}$$

其中：R_m 为资本市场投资组合带来的预期收益率，α_i 为无风险时的投资收益，R_0 为投资者期望的最低收益率，σ_p 为投资组合标准差，σ_m 为市场标准差，各种类型 REITs 之间的相关系数为 ρ_{ij}，β_i 为市场风险度量系数，反映投资组合的风险，相对于市场组合报酬率的敏感程度。计算公式为：

$$\beta_i = \frac{\text{cov}(R_i, R_m)}{\sigma_m^2} = \rho_{im}\left(\frac{\sigma_i}{\sigma_m}\right) \tag{7-9}$$

7.4.2 样本数据选取

由于我国尚未建立完善的 REITs 市场及商业地产不够成熟，缺乏可以进行实证研究的国内现实数据资料。鉴于美国是 REITs 的发源地，运作经验已超过 50 年，模式相对成熟，可供提供的数据比较完备，对中国 REITs 的发展将是最好的借鉴。本节分别选取2004 年 1 季度到 2014 年 4 季度四种不同类型 NPI 收益率与商业地产市场收益率、REITs（零售业、工业、办公楼、公寓）收益率与 All REITs 的收益率的季度数据（数据来源：NAREIT）为研究对象，引入 β 系数的投资优化决策模型，对物业类型分散化的投资组合策略进行实证研究，为我国 REITs 市场潜在投资者以及相关政策制定者提供借鉴。

7.4.3 投资组合策略下绩效优化研究

根据商业地产 REITs 投资定位以及投资组合策略，结合本书关于构建的投资组合模型，运用本书给出的数据展开具体实证研究工作。以写字楼、零售业、住宅、工业四种不同类型的 REITs 和商业地产为研究样本，进行投资组合策略分析，并根据实证结果对比分析。

1. 投资组合策略下商业地产的绩效优化研究

（1）"收益—方差"的描述性统计分析

首先测算出 2004—2014 年每季度的收益率，通过 Excel 工具进行数据统计分析，获得四种不同类型商业地产年收益率、方差、标准差和相关系数见表 7-7。此外，根据房地产市场整体季度收益率通过 Excel 表格计算出房地产整体市场年收益率和方差分别为8.82%、1.20%，见表 7-7。

各类商业地产年收益率、方差、标准差、相关系数分析　　　　表 7-7

2004—2014 年	工业	办公楼	零售业	公寓	房地
年收益率	8.53%	8.47%	10.12%	8.51%	8.82%
方差	1.23%	1.43%	0.90%	1.28%	1.20%
标准差	11.09%	11.95%	9.48%	11.32%	10.96%
相关系数（各类商业地产与综合指数）	0.991	0.989	0.960	0.981	1

从表 7-7 的结果来看，商业地产整体市场的年收益率为 8.82%，方差为 1.20%。零售业年收益率为 10.12%，高出商业地产将近 1.5%，工业、办公楼、公寓年收益率分别为 8.53%、8.47%、8.51%，稍微低于商业地产整体市场的年收益率。考虑把不同物业类型的商业地产收益率和方差作为风险度量因素，得出零收益的年收益方差仅为 0.009，

低于商业地产整体市场的年收益方差，但工业、办公楼、公寓年收益方差分别为 1.23%、1.43%、1.28%，高于商业地产整体市场收益率方差，表明投资工业、办公楼和公寓的风险比投资零售业风险要高。

根据四种物业类型季度收益率指数原始数据，使用 Excel 软件中 Correl 函数计算四种物业类型商业地产收益率中相互之间的相关系数，获得的结果见表 7-8。

四大物业类型收益率相关系数一览表　　　　表 7-8

	工业	办公楼	零售业	公寓
工业	1.000	0.985	0.940	0.961
办公楼	0.985	1.000	0.921	0.953
零售业	0.940	0.921	1.000	0.942
公寓	0.961	0.953	0.942	1.000

从表 7-8 资产之间的相关性来看，四种不同类型的商业地产与整体商业地产相关系数较高，均达到 0.95 以上，表明投资工业、办公楼、零售业、公寓商业地产市场，对商业地产整体市场的依赖程度较高。不同物业类型的商业地产之间的相关系数均高于 0.9，但不同类型的商业地产之间的相关系数却低于不同类型商业地产与商业地产整体市场的相关系数，如工业与办公楼之间的相关系数为 0.985，而办公楼、工业与商业地产整体市场的相关系数为 0.989、0.991。因此在进行投资时，可以选择相关系数相对较低的两种或者两种以上的物业进行组合。通过以上分析可以得出：投资零售业能够提高组合整体收益，利用办公楼、工业、公寓、零售业商业地产相关系数差异能够降低组合整体风险。

（2）测量各物业类型相对于商业地产整体市场的 β 值

通过公式（7-9）可以计算出不可分散风险度量系数 β_i，β_1、β_2、β_3、β_4 分别表示工业、办公楼、零售业、公寓的不可分散度量系数。$\beta_1 \approx 1$，表明工业地产的风险值与市场整体的风险基本相近；β_2、$\beta_4 > 1$，说明办公楼与公寓项目的风险比商业地产市场风险高；$\beta_3 < 1$，表明零售业地产风险值小于商业地产市场风险，通过投资组合可以降低整个投资的风险。由此可知：零售业市场不可分散的风险系数为 0.831，小于商业地产整体市场风险，工业、办公楼、公寓不可分散的风险分别为 1.003、1.079、1.014，较高于商业地产整体市场风险（表 7-9）。

各类商业地产不可分散风险度量系数 β　　　　表 7-9

工业（β_1）	办公楼（β_2）	零售业（β_3）	公寓（β_4）
1.003	1.079	0.831	1.014

（3）系统风险与非系统风险的测量

根据投资组合原理可知：非系统风险能够通过投资组合分散掉，系统风险不能够通过投资组合进行分散，属于不可分散风险。根据公式 $\sigma_{it}^2 = \beta_i^2 \sigma_{mt}^2 + \sigma_{i\varepsilon}^2$，可以测算出工业、办公楼、零售业、公寓投资的系统风险（表 7-10）。其中，$\beta_i^2 \sigma_{mt}^2$ 属于市场环境变化因素，是系统风险；$\sigma_{i\varepsilon}^2$ 是非系统风险，属于资产自身波动因素。

工业物业系统风险：$\beta_1^2 \sigma_{mt}^2 = 1.003^2 \times 0.012 = 0.0121$

办公楼物业系统风险：$\beta_2^2\sigma_{mt}^2 = 1.079^2 \times 0.012 = 0.0139$

零售业物业系统风险：$\beta_3^2\sigma_{mt}^2 = 0.831^2 \times 0.012 = 0.0083$

公寓物业系统风险：$\beta_4^2\sigma_{mt}^2 = 1.014 \times 0.012 = 0.0126$

不同物业类型系统风险和非系统风险分析表　　表 7-10

物业类型	β 值	系统风险	方差	非系统风险
工业	1.003	0.0121	0.0123	0.0002
办公楼	1.079	0.0139	0.0143	0.0004
零售业	0.831	0.0083	0.0090	0.0007
公寓	1.014	0.0126	0.0128	0.0002

用各个物业类型的总风险（方差）减去系统风险，得到被分散掉的非系统风险。由表 7-10 可知：工业、办公楼、零售业、公寓投资的非系统风险分别为：0.02％、0.04％、0.07％和 0.02％，分别占总风险的 1.63％、2.80％、7.78％和 1.56％，则这些非系统风险在投资组合优化时均可以分散掉。

（4）投资组合优化分析

根据以 β 系数为测度的 Markowitz 优化模型，使用整体市场方差、不同物业类型的相关系数及 β 值，通过二次规划，运用 Lingo 软件对目标函数求解，计算公式如下：

$$\text{Min}\sigma_p^2 = x_1^2\beta_1^2\sigma_m^2 + x_2^2\beta_2^2\sigma_m^2 + x_3^2\beta_3^2\sigma_m^2 + x_4^2\beta_4^2\sigma_m^2 + 2\rho_{12}x_1x_2\sigma_m^2$$
$$+ 2\rho_{13}x_1x_3\sigma_m^2 + 2\rho_{14}x_1x_4\sigma_m^2 + 2\rho_{23}x_2x_3\sigma_m^2 + 2\rho_{24}x_2x_4\sigma_m^2 + 2\rho_{34}x_3x_4\sigma_m^2$$
$$= 0.012x_1^2 + 0.014x_2^2 + 0.008x_3^2 + 0.012x_4^2 + 0.009x_1x_3$$
$$+ 0.012x_1x_4 + 0.01x_2x_3 + 0.013x_2x_4 + 0.01x_3x_4 \tag{7-10}$$

$$\begin{cases} x_1r_1 + x_2r_2 + x_3r_3 + x_4r_4 = 8.53x_1 + 8.47x_2 + 10.12x_3 + 8.51x_4 \geqslant 8.82 \\ x_1 + x_2 + x_3 + x_4 = 1 \\ x_i \geqslant 0 \\ i = 1,2,3,4 \end{cases} \tag{7-11}$$

用 lingo 软件，求得该非线性规划不同类型商业地产的投资比例：

在命令窗口输入：

Model：

Min=0.012*(1.006*x1^2+1.164*x2^2+0.691*x3^2+1.028*x4^2+1.066*x1*x2+0.783*x1*x3+0.977*x1*x4+0.826*x2*x3+1.043*x2*x4+0.794*x3*x4)；

8.53*x1+8.47*x2+10.12*x3+8.51*x4>=8.82；

x1+x2+x3+x4=1；

x1>=0；

x2>=0；

x3>=0；

x4>=0；

end

得到四种类型项目的投资组合风险最优比例是：工业 $x_1 = 0.194$、办公楼 $x_2 =$

0.119、零售业 $x_3=0.503$ 和公寓 $x_4=0.184$。此时，投资风险最小，投资组合的方差仅为 0.007，投资组合的风险小于所有单个类型投资的风险。投资组合的收益率达到了 9.28%，只比零售业收益率低，大于商业地产市场收益率 8.82% 与其他所有的单个类型投资收益率。由此可知，不同物业类型资产进行组合投资，能够保证在一定收益的情况下，达到分散风险的效果。

2. 投资组合策略下商业地产 REITs 的绩效优化研究

（1）"收益—方差"的描述性统计分析

首先测算出 2004—2014 年每季度的收益率，通过 Excel 工具进行数据统计分析，获得四种不同类型商业地产 REITs 年收益率、方差、标准差和相关系数，见表 7-11。

各类 REITs 年收益率、方差、标准差、相关系数分析　　　表 7-11

2004—2014 年	工业	办公楼	零售业	公寓	All REITs
年收益率	10.36%	10.28%	12.44%	15.10%	6.08%
方差	5.05%	5.31%	6.47%	6.71%	6.39%
标准差	22.47%	23.05%	25.45%	25.90%	25.28%
相关系数（各类 REITs 与综合指数）	0.858	0.971	0.979	0.913	1

通过数据统计分析，由表 7-11 可知：REITs 的年收益率为 6.08%，方差为 6.39%。公寓 REITs 年收益率为 15.10%，高出市场整体水平 9 个百分点，方差为 6.71%，风险高于整体 REITs 市场水平，工业与办公楼年收益率分别为 10.36%、10.28%，高于整个 REITs 的收益率，但工业 REITs、办公楼 REITs 的风险分别为 5.05%、5.31%，低于 REITs 市场风险水平。表明投资于零售业、公寓的年收益率高于 REITs 市场收益率，相应的风险也相对较高，高于 REITs 市场风险；投资于工业、办公楼的年收益率高于 REITs 市场收益率，低于零售业和公寓收益率，但风险低于 REITs 市场风险、零售业及公寓 REITs 的风险。此在进行投资组合时，可以通过投资零售业、公寓提高整体投资组合的收益率，投资办公楼与工业以减少风险。

根据四种物业类型季度收益率指数原始数据，使用 Excel 软件中 Correl 函数计算四种物业类型商业地产收益率中相互之间的相关系数，获得的结果见表 7-12。

四大物业类型收益率相关系数一览表　　　表 7-12

	工业	办公楼	零售业	公寓
工业	1.000	0.845	0.881	0.673
办公楼	0.845	1.000	0.939	0.888
零售业	0.853	0.939	1.000	0.881
公寓	0.673	0.888	0.881	1.000

从表 7-12 资产之间的相关性来看，办公楼、零售业、公寓与 REITs 市场收益率相关系数较高，均达到 0.9 以上，工业与 REITs 市场收益率相关系数相对于其他三类物业类型 REITs 相关系数较低，表明投资办公楼、零售业、公寓于整体商业地产 REITs 市场的依赖程度较高。办公楼、零售、公寓投资之间的相关系数较高，均达到 0.8 以上，且办公

楼与零售业之间的相关系数高达 0.939。但公寓和工业投资之间的相关系数较小，甚至可以说不相关，两者物业类型之间的相互依赖程度较低。因此在进行投资时，可以选择相关系数相对较低的两种或者两种以上的物业进行组合，如投资于工业和公寓两种类型的物业。

（2）测量各物业类型相对于商业地产整体市场的 β 值

通过公式（7-9）可以计算出不可分散风险度量系数 β_i，β_1、β_2、β_3、β_4 分别表示工业、办公楼、零售业、公寓的不可分散度量系数。由表 7-13 可知，$\beta_3 \approx 1$ 表明零售业 REITs 的风险值与市场整体的风险基本相近；β_1、β_2、$\beta_4 < 1$，表明工业 REITs、办公楼 REITs、公寓 REITs 的市场不可分散风险值小于 REITs 市场整体的不可分散风险，通过投资组合可以降低整个投资的风险。

各类商业地产不可分散风险度量系数 β 表 7-13

工业（β_1）	办公楼（β_2）	零售业（β_3）	公寓（β_4）
0.763	0.885	0.985	0.935

（3）系统风险与非系统风险的测量

根据投资组合原理可知：非系统风险能够通过投资组合分散掉，系统风险不能够通过投资组合进行分散，属于不可分散风险。根据公式 $\sigma_{it}^2 = \beta_i^2 \sigma_{mt}^2 + \sigma_{i\varepsilon}^2$，可以测算出工业、办公楼、零售业、公寓投资的系统风险（表 7-14）。其中 $\beta_i^2 \sigma_{mt}^2$ 属于市场环境变化因素，是系统风险；$\sigma_{i\varepsilon}^2$ 是非系统风险，属于资产自身波动因素。

工业物业系统风险：$\beta_1^2 \sigma_{mt}^2 = 0.763^2 \times 0.0639 = 0.0372$

办公楼物业系统风险：$\beta_2^2 \sigma_{mt}^2 = 0.885^2 \times 0.0639 = 0.0500$

零售业物业系统风险：$\beta_3^2 \sigma_{mt}^2 = 0.985^2 \times 0.0639 = 0.0620$

公寓物业系统风险：$\beta_4^2 \sigma_{mt}^2 = 0.935^2 \times 0.0639 = 0.0559$

不同物业类型系统风险和非系统风险分析表   表 7-14

物业类型	β 值	系统风险	方差	非系统风险
工业	0.763	0.0372	0.0505	0.0134
办公楼	0.885	0.0500	0.0531	0.0031
零售业	0.985	0.0620	0.0647	0.0027
公寓	0.935	0.0559	0.0671	0.0112

用各个物业类型的总风险（方差）减去系统风险，得到被分散掉的非系统风险。由表 7-14 可知：工业、办公楼、零售业、公寓投资的非系统风险分别为 1.34%、0.31%、0.27% 和 1.12%，分别占总风险的 26.53%、5.83%、4.17% 和 16.69%，则这些非系统风险在投资组合优化时均可以分散掉。

（4）投资组合优化分析

根据以 β 系数为测度的 Markowitz 优化模型，使用整体市场方差、不同物业类型的相关系数及 β 值，通过二次规划，运用 Lingo 软件对目标函数求解，计算公式如下：

$$\text{Min}\sigma_p^2 = x_1^2 \beta_1^2 \sigma_m^2 + x_2^2 \beta_2^2 \sigma_m^2 + x_3^2 \beta_3^2 \sigma_m^2 + x_4^2 \beta_4^2 \sigma_m^2 + 2\rho_{12} x_1 x_2 \sigma_m^2 + 2\rho_{13} x_1 x_3 \sigma_m^2 +$$

$$2\rho_{14}x_1x_4\sigma_m^2+2\rho_{23}x_2x_3\sigma_m^2+2\rho_{24}x_2x_4\sigma_m^2+2\rho_{34}x_3x_4\sigma_m^2$$

$$=0.037x_1^2+0.050x_2^2+0.062x_1^2+0.056x_4^2+0.037x_1+0.042x_1x_3$$

$$+0.031x_1x_4+0.052x_2x_3+0.047x_2x_4+0.052x_3x_4 \tag{7-12}$$

$$\begin{cases} x_1r_1+x_2r_2+x_3r_3+x_4r_4=10.36x_1+10.28x_2+12.44x_3+15.10x_4>6.08 \\ x_1+x_2+x_3+x_4=1 \\ x_i\geqslant0 \\ i=1,2,3,4 \end{cases}$$

$$\tag{7-13}$$

用 lingo 软件，求得该非线性规划不同类型商业地产 REITs 的投资比例：

在命令窗口输入：

Model：

Min＝0.064＊(0.582＊x1^2＋0.783＊x2^2＋0.97＊x3^2＋0.874＊x4^2＋0.571＊x1＊x2＋0.66＊x1＊x3＋0.48＊x1＊x4＋0.819＊x2＊x3＋0.735＊x2＊x4＋0.811＊x3＊x4)；

10.36＊x1＋10.28＊x2＋12.44＊x3＋15.10＊x4＞＝6.08；

x1＋x2＋x3＋x4＝1；

x1＞＝0；

x2＞＝0；

x3＞＝0；

x4＞＝0；

end

得到四种类型 REITs 投资风险组合最优比例是：工业 $x_1=0.48$、办公楼 $x_2=0.21$、零售业 $x_3=0.09$ 和公寓 $x_4=0.22$，此时，投资风险最小，投资组合的方差仅为 0.027，投资组合风险小于所有单独投资的风险。投资组合的收益率达到了 19.90%，远大于整体市场收益率 6.08%。

7.4.4 投资组合策略下收益率、风险对比分析

从物业类型投资组合策略研究的实证结果分析，比较投资于工业、办公楼、零售业、公寓四种类型的商业地产和投资于工业、办公楼、零售业、公寓四种类型的商业地产 REITs 在收益率提升和风险降低幅度方面的效果。

1. 投资收益率提升的比较分析

根据商业地产、REITs 投资组合的研究情况、提取实证结果，对比分析其投资收益率的增幅情况。由表 7-15 可知：REITs 投资组合收益率较整体市场收益率增幅 13.82%，效果显著。商业地产投资组合收益率较整体市场增幅 0.46%，提升效果不是非常明显。因此得出：在投资收益率提升功能方面，REITs 投资组合作用比商业地产投资组合化效果更强。

2. 风险降低的比较分析

由表 7-16 可知：REITs 投资优化组合在风险降低中较整体市场风险降幅 0.037，效果明显；而商业地产优化投资组合风险降幅功能不是非常显著，仅较整体市场风险降幅

0.005。因此得出：在风险降低方面，REITs 投资优化组合作用比商业地产投资优化组合效用更强。

商业地产、REITs 投资组合收益率对比表   表 7-15

物业类型 投资组合	投资组合收益率		
	整体市场收益率	优化组合收益率	增幅
商业地产	8.82%	9.28%	0.46%
REITs	6.08%	19.90%	13.82%

商业地产、REITs 投资组合方差对比表   表 7-16

业态投资组合	组合方差		
	整体市场方差	优化组合方差	降幅
商业地产	0.012	0.007	0.005
REITs	0.064	0.027	0.037

7.4.5 投资组合绩效研究的应用型分析

该实证分析对商业地产 REITs 投资优化组合提供了实证依据，不仅有利于机构投资者和其他投资人根据自身的投资风险偏好，选择合适的产品。REITs 产品的特殊性体现在它是综合了地产、商业以及资本市场运作的产物，考虑到 REITs 的收益水平由商业地产的租金直接决定，随着经济发展的周期变化，宏观环境对 REITs 收益的影响显著，不同物业类型 REITs 其收益不同且不同类型 REITs 其风险产生和作用不同。因此，在进行商业地产 REITs 投资优化组合时需要考虑可供选择的物业类型项目特征以及对相应物业类型的资产进行细分。

采用不同类型的物业进行投资优化组合时需要具备一定的优势和相应的资源作支撑，投资商根据自身的优势、竞争力和资源的角度合理进行资产分配，由于投资商、房地产开发商资源、自身优势等各具差异，因而将选择的物业类型投资策略也不相同。REITs 管理人和投资者通过密切关注宏观经济形势和国家政策包括法律法规的变化、货币政策的调整及税收和产业政策改变等对不同类型 REITs 收益的影响，制定和调整投资策略以实现投资目标。因此投资决策过程中必须要考虑物业的物理状况（物业区位、周边环境、房龄）、物业类型和潜在租户审慎研究分析。表 7-17 梳理了 REITs 投资不同物业类型需要考虑的特点、投资要素以及需要注意的主要风险。

不同物业类型特点、投资考虑要素以及主要风险   表 7-17

物业类型	特点	投资要素	主要风险
公寓	业绩与地区供求关系高度相关	地段、交通、生活、配套设施	周期风险、治安风险、市场需求
写字楼	收入固定写字楼市场经常发生过度建设	金融、文化、商贸中心、交通便利	商业活动中心位移地区、环境风险
零售业	与租户分享收益、开发成本高	地段潜在价值、人口密度	店面空置率、租户的经营范围
工业	租赁收入低变现性	工业类型、环保	制造产品容易积压、技术风险

7.5　我国发展商业地产 REITs 的模式及对策建议

我国发展商业地产 REITs 市场，应该对以下 5 个方面做出明确的描述：（1）商业地产 REITs 成立阶段选择何种组织、运作模式；（2）商业地产 REITs 筹集阶段资金的募集方式、投资主体有哪些；（3）商业地产 REITs 投资阶段的投资对象及投资定位分析；（4）商业地产 REITs 管理阶段的管理模式和收益分配比例的确定；（5）REITs 的退出模式，最后针对商业地产 REITs 发展模式提出针对性的对策建议。商业地产 REITs 发展模式流程图如图 7-20 所示。

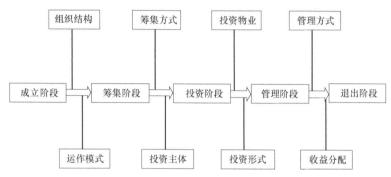

图 7-20　商业地产 REITs 发展模式流程图

7.5.1　REITs 融资模式分析

REITs 的运行涉及金融和地产两个重要的领域，发起人在其发起时需要具备资本运营经验和房地产实践操作经验，因此信用资质良好，规模较大的基金公司同经营业绩较优、具有丰富房产投资管理经验及实力雄厚的房企共同发起 REITs，起到互相促进、取长补短的作用。发展我国商业地产 REITs 的融资模式总构思是：商业房企联合基金公司设立 REITs 在公开市场募集资金后用于商业地产的开发培育，使物业具有一定的规模，能够带来持续稳定的收益，然后将租金收入以分红的形式分给投资者。该模式的操作流程如图 7-21 所示，具体操作步骤如下：

（1）商业房企和基金公司共同设立基金管理公司，然后通过基金管理公司发起 REITs。商业房企负责开发不同类型的商业地产，基金公司负责基金的日常运营管理。

（2）REITs 在公开市场向机构投资者和社会公众募集资金，签发受益凭证。

（3）基金公司聘请或者成立资产管理公司，资产管理公司根据市场环境、房地产周期等负责对商业地产不同物业进行收益和风险的评估，基于收益最大、风险最小原则寻找合适的物业投资组合。并对通过评估测试过的物业类型进行资产收购和管理，实现商业地产收益最大化。

（4）资产管理公司对不同物业类型的商业地产的管理是进行出租和一定比例的出售，对出租的商业地产进行运营。

（5）将出租获得的租金和资本增值、出售获得的销售收入交给基金托管机构保管，基金托管机构一般为银行，基金托管机构支付给投资者收益。

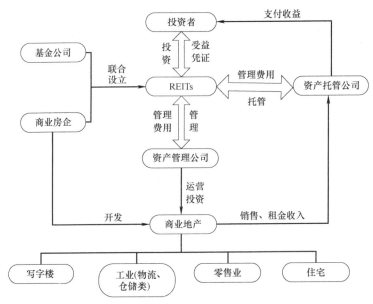

图 7-21 我国商业地产 REITs 融资模式设计

7.5.2 商业地产 REITs 成立阶段

1. 商业地产 REITs 组织模式选择

（1）契约型 REITs

契约型 REITs 是根据信托契约设立，通过发行收益凭证向投资者募集资金而组建的REITs。投资者与 REITs 管理公司（REITs 的发起人）、REITs 管理公司和 REITs 保管公司订立信托契约，形成法律信托关系。REITs 管理公司根据信托契约进行投资，并将收益分发给投资者，REITs 保管公司作为受托人也需要根据契约关系负责保管信托基金，并将收到的收益根据信托关系及时转交给 REITs 管理公司。契约型 REITs 属于信托产品。

在我国市场发行的房地产信托产品都是以房地产项目为标的的 1 至 3 年为主的短期信托产品。近几年以信托形式进入房地产领域的资金不断增加，截至到 2015 年 2 季度末，信托资金投向房地产领域的规模达到 1.32 万亿元，比 2014 年 2 季度末的 1.26 万亿元同比增长 4.76，环比基本持平。

（2）公司型 REITs

公司型 REITs 是根据公司法设立，和股份有限公司在组织形式上类似，公司型 RE-ITs 的投资资金来自股东缴纳的注册资金，投资者因购买 REITs 公司发行的股票而成为股东，REITs 公司的资产为股东所有，股东选择董事会，董事会通过选择 REITs 资产管理公司，将其资金委托 REITs 资产管理公司进行管理，并以股利的形式向投资者分配投资于各类房地产而获得的收益。REITs 公司和投资者的关系属于公司和股东的关系。

我国商业地产 REITs 建议选择采取契约型的组织形式。虽然公司型组织结构是 RE-ITs 发展最终主流趋势，但现阶段推行公司型 REITs 还不够成熟，原因是：①REITs 在发展初期，因契约型组织形式简单且易于操作，国外 REITs 都是从契约型组织形式开始的；②因契约型 REITs 主体之间订立的是契约信托关系，且近几年信托机构发行的房地产信托产品取得较好收益，这种模式符合中国当前经济环境；③因其公司型 REITs 是根据公司法设立，而我国目前还没有建立相关的法律制度，且在证券投资基金等方面没有公司型基金的市场依托和经验，现阶段发展公司型 REITs 风险过大，不适合一步到位；④公司型 REITs 的投资者和 REITs 公司属于个人与公司关系，在我国没有相关 REITs 免税的法律政策，则 REITs 公司需要缴纳企业所得税，而投资者作为股东层面需要缴纳个人所得税，面临双重纳税。对于契约型 REITs 不需缴纳公司层面的税收，避免双重纳税的局面。

就我国目前金融、资本市场环境，商业地产 REITs 应选择以信托模式的契约型 RE-ITs，随着金融市场的完善、相关法律政策的出台再考虑发展公司型 REITs。

2. 商业地产 REITs 运作模式选择

由于封闭型 REITs 在设立前期能确定资金数额和能保证投资者权利，并且在 REITs 运作的整个过程能够保证资金的稳定性，因此封闭型 REITs 所具有的特征与我国商业地产对资金的要求达到统一，所以在我国商业地产 REITs 发展初期，市场不完善的情况下，应采取封闭型 REITs 运作方式。

7.5.3　我国商业地产 REITs 筹集阶段

1. 商业地产 REITs 组织模式的选择

REITs 按募集方式分类分为公募型 REITs 和私募型 REITs。

（1）公募型 REITs

公募型 REITs 是以公开发行的方式向不特定的社会公众募集信托资金。具有以下特点：①对投资者要求低、投资额度低，投资者属于不特定的社会公众，可以为个人、机构投资者等，为中小投资者进入房地产市场提供一条十分有效的途径；②资金来源广泛、投资主体众多、有利于分散风险；③公募型 REITs 具有较强的流动性、可变现性；④由于投资者众多，为保护投资者的权利，在公募型 REITs 的各个运行环节都具有严格的条件，造成运作机制缺乏灵活性。

（2）私募型 REITs

私募型 REITs 以非公开发行的方式向特定的投资者募集信托资金。具有以下特点：①投资对象固定、投资者数量有限、对最低投资额要求较高、投资门槛高；②资金来源大部分来自于特定的机构或者企业，不利于小型企业投资人和个人投资者；③相较于公募型 REITs 流动性差，因此其投资信托资金的运作机制较公募型模式宽松、灵活；④由于投资者折现，其 REITs 的运作机制较公募型模式宽松、灵活。

从市场环境出发，建议我国商业地产 REITs 采用公募的方式募集资金。原因是：①证券投资基金在我国的发展已经奠定了良好的基础；其次，具备分类监管模式、充分的信息披露要求以及资产第三方托管制度等"监"与"管"的措施都已逐渐提上议程，各方面的条件表明整个信托监管体系已经具备了公募资金的基础。②私募方式投资者固定、投资门槛高，一旦市场监管制度不够完善，私募融资风险大，不利于分散风险。③居民储蓄整体存款数额大，但是单个居民储蓄数额小，针对公募型 REITs 具有较强的投资潜力且能够提高投资效率。

2. 商业地产 REITs 的投资主体选择

由于 REITs 具有较高的分红比例，如美国、新加坡将纳税收入的 90％分配给投资者，中国香港将净收益的 90％分配给投资者，造成内源性融资数量较少，资金主要来源于外部融资。由于 REITs 可采用内部融资和外部融资两种方式，因而产生相对应的资金来源为权益资金与债务资金。

（1）权益资金

权益资金是指股东或者受益人投入的资本，并持有 REITs 的股票或者受益凭证。在美国市场，大量 REITs 股票挂牌上市。通过发行股票，经由机构投资者及个人投资者认购。机构投资者通常包括养老保险、社会保险等相关资金。从 20 世纪 90 年代中期开始，不动产经营者通过公开发行股份，期望运用权益资金弥补负债资金的不足，随后美国经济迅速转强，商业地产市场获得复苏，这一结果的出现使得 REITs 的上市增加，REITs 整体市场总市值呈现急剧增加。REITs 股票跟一般上市公司股票的流通市场相同，在美国各大主要股票交易市场，均能看到 REITs 股票的流通。如 NYSE、NASDAQ。

（2）债务资金

REITs 债务资金通常从金融市场融资获得，发行债券、银行借入、信托或者商业票据等属于债务资金。美国以公司型 REITs 为主流，在公开市场可以同公司一样通过发行公司债、商业本票等获得资金。而在私募市场，资金的供给者往往只有一位或者少数的几位贷款人，直接通过与贷款人签订协议完成资金的借贷。不动产的经营开发需要的金额庞大，个人投资者不能满足 REITs 的资金需求，这类贷款人需要大型的机构法人，如保险公司、商业银行、养老基金等。

通过上述分析，从 REITs 的资金供给方面，个人投资者、机构投资者等最有可能成为我国 REITs 的资金供给方。近几年，银行为防范风险加大了对房地产开发贷款项目的难度，致使信托资金投入房地产公司的数额逐渐增大。因此，就目前情况信托资金可以更多地参与 REITs 市场。

7.5.4 商业地产 REITs 投资阶段

1. 投资物业定位

REITs 打包上市的资产需要具备完整产权出租型的能够带来稳定收益、信用良好、便于预测租金收益的物业类型。在国际 REITs 市场上，REITs 在美国发展前期，将其建造成本低、回报率高的工业地产物业，租户众多、租金分散风险的零售业物业和写字楼物业，稳定收益的公寓物业打包进行资产组合。现阶段美国 REITs 发展较成熟，投资物业类型涉足于具有稳定收益的商业地产。日本、新加坡等亚洲国家 REITs 的基础物业类型为工业物业、零售业物业、写字楼等物业。

根据前文天津商业地产不同类型的物业现状及收益分析，结合对美国商业地产和 RE-ITs 投资优化的实证分析，从投资的收益来看，出租型公寓、零售业将是 REITs 的投资方向，从投资的风险来看，办公楼、工业是 REITs 的投资方向。结合国外商业地产 RE-ITs 融资模式，可以将工业、零售业、写字楼、公寓商业物业资产打包发行信托。其中以不同物业类型商业地产的市场价格出租，其中公寓、零售业其收益相对较高，可以中和写字楼、工业物业收益低的弱势，进一步保证投资者的收益。同时，公寓、零售业周期波动性较大，具有高风险，可以被写字楼、工业收益的稳定性所中和。REITs 的投资策略可以通过法律法规的变化、货币调整以及税收和产业政策的改变结合不同规模、区位、类型来进行择时择地选择或适当调整相应的投资策略。

2. 投资形式选择

REITs 按投资形式、收入来源的不同分为权益型 REITs、抵押型 REITs 和混合型 REITs。国际商业地产 REITs 以权益型 REITs 为主流。权益型 REITs 可以横向发展，专注于某一区域或者某一物业类型投资；也可以纵向发展，长期做某几种物业类型或者某几个区域的投资。权益型 REITs 主要收购、持有和经营商业地产，以租金收入、资产增值作为 REITs 的收入来源，受房地产市场波动的影响和利率的影响比较小；抵押型 REITs 主要投资房地产抵押贷款或者房地产贷款支持证券（MBS），不持有物业产权，以房地产贷款利息为主要收入来源，抵押型 REITs 受利率影响较大且与市场利率变动成反向变动关系；混合型 REITs 是两种类型的综合，同时进行权益投资和债券投资，以不动产经营收入和利息收入作为主要收入来源，风险介于权益型和抵押型两者中间。

对于我国商业地产 REITs 的发展投资模式，不限制权益型 REITs、抵押型 REITs 及混合型 REITs 在市场上发展。因为权益型 REITs 需要投资于成熟的物业，我国虽存在成熟的商业物业，具备发展权益型 REITs 的条件，但成熟商业物业数量较少，需要培育大量的成熟物业。而我国商业地产开发商融资渠道单一，急需拓宽融资渠道。抵押型 REITs 可以投资在建物业，且流动性较好，具备灵活的退出方式，能够缓解商业地产开发商融资困境，实现资金回笼。另外，在发展抵押型 REITs 时需要吸取中国香港 REITs 实践过程中的经验教训，为避免炒作，允许 REITs 以持有物业为目的的商业开发，借鉴美国 REITs 的相关法律，限定商业地产开发商持有物业年限不得低于 4 年。

7.5.5　商业地产 REITs 管理阶段

1. 管理模式选择

REITs 的管理模式分为外部管理模式和内部管理模式。美国 REITs 以内部管理模式为主流，而亚洲以外部管理模式为主。内部管理模式是指 REITs 自身具有选择投资物业类型及资产管理的责任，可以直接选择承包商且为他们直接提供物业租赁相关的服务。但内部管理模式需要 REITs 具有专业的顾问进行资产的管理，否则存在较大风险。外部管理模式是指 REITs 从专业咨询顾问公司聘请专业顾问为 REITs 订购房产购置及融资决策。相对于内部管理模式的 REITs，利用外部管理模式的 REITs 的效率较高，因为其有专业的管理人员进行日常业务管理，但在利益分配方面具有代理问题及具有自我交易的可能。由于各方都追求利益最大化，股东和顾问之间存在利益冲突，由于 REITs 需要不断地投资物业和处置物业，专业顾问选择物业且实施投资策略，因此代理问题会在房屋租赁、出售及投资时期产生。由于专业顾问可能同时管理两个或两个以上的 REITs，为使得自身获得最优利益，存在自我交易的可能。

REITs 属于权益类产品，投资管理、运营管理能力及经验直接关系到 REITs 的投资收益效果以及风险防范能力，关系到 REITs 面对外部环境的风险抵御能力。美国 REITs 有数量庞大的专业人士，主要以内部管理的公司型为主，亚洲各国的 REITs 起步较晚，主要以外部管理为主。就中国目前情况来看，缺乏房地产投资管理的专业人员以及专业的物业管理顾问公司，且房地产企业和金融机构水平都需要进一步提升，没有适合REITs自身发展的合适顾问。所以，中国REITs应先聘请外部管理公司以提高自身的生存能力，通过绩效激励和股权激励建立激励机制，将REITs管理者的利益和投资者相连，弱化因委托代理关系产生的徇私舞弊行为，使其在决策和管理中更加科学和谨慎，增强REITs在宏观环境中的适应性，随着人才的积累慢慢向内部管理模式转变。

2. 收益分配

结合本书对美国、新加坡和中国香港收益分配比例分析可知，90%以上的收入分配给投资者。在REITs发展前期，我国为吸引更多的投资者的投资和关注，借鉴国外经验，制定高比例的分配方式，如每年至少分配一次且90%以上的收入以股利的形式分配给投资者。

7.5.6　商业地产REITs资金退出机制

REITs对于房地产企业运营模式最大的影响在于提供了一种资金退出机制，其实质为重资产模式向轻资产模式转变。待REITs发行期满后，回收收益凭证解散基金或者采取发行新的REITs收购原有REITs物业，从而进一步实现资金的退出。

7.5.7　鹏华前海万科REITs

1. 鹏华前海万科REITs背景介绍

2015年6月，由鹏华基金管理有限公司与万科企业股份有限公司共同创建的国内首只公募REITs——鹏华前海万科REITs正式获证监会批准，2015年9月，鹏华前海万科REITs在深交所上市交易，基金代码为184801，鹏华前海万科REITs的主要收入来源为目标公司的营业收入、利息收入、股利收入及出售股票或证券收益，规定每年基金收益分配比例不低于基金年度可供分配利润的90%。

鹏华前海万科REITs的成功上市发行，标志着我国REITs发展具有划时代的重大意义。作为国内首只公募REITs，鹏华前海万科REITs受到了各界人士的广泛关注。其设立条件见表7-18。

鹏华前海万科REITs设立条件　　　　　　　　　　　　　表7-18

设立条件	标准
组织结构	契约型、混合型证券
最低持有年限	不低于2年
地区区域限制	无限制
税收政策	(1)未给予REITs以税收优惠政策 (2)主要税收:营业税、房产税、企业所得税、契税、印花税 (3)投资者:所得税
上市日期	2015年9月30日
基金代码	184801
持股比例	无特别规定
收入来源	主要为目标公司的营业收入;利息收入、股利收入及 出售股票或证券收益
收益分配	每年基金收益分配比例不低于基金年度 可供分配利润的90%

2. 鹏华前海万科 REITs 模式分析

鹏华前海万科 REITs 采用了契约型 REITs 的组织形式。基金组织结构如图 7-22 所示：

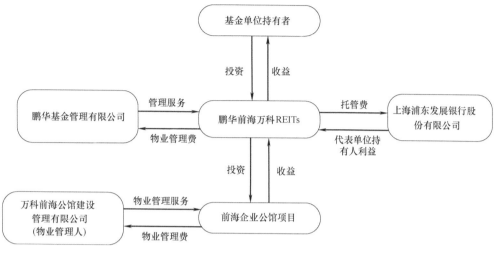

图 7-22　鹏华前海万科 REITs 组织结构图

鹏华基金作为鹏华前海万科 REITs 的管理人，除了负责产品设计、合同拟定和募集资金职能外，还对所管理的基金财产进行记账、向基金持有人分配收益、定期披露基金年报（半年报）及其他与基金财产有关活动。鹏华前海万科 REITs 基金托管人——浦发银行，负责鹏华前海万科 REITs 的交易清算、基金合同及托管协议约定，并对基金合同生效之后所托管基金的投资标的项目和投资比例等进行严格监督。鹏华前海万科 REITs 通过对项目公司的增资持有项目公司 50％的股权，从而间接获得前海企业公馆项目的现金收益权，但前海公馆项目的所有权仍为前海管理局所有。

基金的管理费按 0.65％的年费率计提，计算方法为：每日应计提的基金管理费＝前一日的基金资产净值×0.65％÷当年天数。基金的托管费 0.1％的年费率计提，计算方法为：每日应计提的基金托管费＝前一日的基金资产净值×0.1％÷当年天数。

3. 鹏华前海万科 REITs 发展的三个阶段

（1）筹集阶段

2015 年 4 月 15 日，鹏华基金就鹏华前海万科 REITs 的公开募集向证监会提出申请，同年 4 月 22 日，证监会受理了鹏华前海万科 REITs 公开募集的申请。2015 年 6 月 5 日，证监会颁布证监许可〔2015〕1166 号文，批准了鹏华前海万科 REITs 正式注册募集。批准鹏华前海万科 REITs 募资规模为 30 亿元，募集对象包括机构投资者、合格境外机构投资者和个人投资者。

（2）投资阶段

鹏华前海万科 REITs 的基金合同约定，在封闭运作期内，该基金的资金主要投向有项目公司股权（项目公司指的是深圳万科前海公馆建设管理有限公司），主要负责运营前海企业公馆项目，固定收益类产品和权益类资产等也属于基金投向范围。前海企业公馆项目从 2015 年 1 月 1 日至 2023 年 7 月 24 日享有收益权，基金对项目公司的投资比例不超过基金资产的 50％。固定收益类资产（国债、次级债、可转换债券、央行票据、短期融资券、中期票据、资产支持证券、银行存款等）、权益类资产（股票、权证等权益类资产的投资）的投资比例不低于基金资产的 50%。

完成鹏华前海万科 REITs 融资后，鹏华前海万科 REITs 和深圳万科各持有项目公司 50% 的股权。其余资金分别投向权益类产品和固定收益类产品，截至 2015 年末和 2016 年末，占鹏华前海万科 REITs 投资比例最高的为债券类的产品，投资比例为 65%～70%，股票在资产组合中的比重较低。与房地产相关的投资（即对项目公司的投资）比重在 20% 左右。

（3）管理阶段

鹏华前海万科 REITs 对项目公司经营决策权由万科企业执行，鹏华前海万科 REITs 保留部分权力，在重大事项，如公司章程的修改、公司的终止、注册资本及股权结构的调整、资产抵押、对外担保和单笔超过人民币 2000 万元的重大资产处置等问题上有一票否决权。

4. 鹏华前海万科 REITs 风险

（1）租赁风险：鹏华前海万科 REITs20% 的资金投资于前海公馆写字楼，由于物业属于高技术产业园，单元租户租赁面积大，容易受到退租和空置率的影响。

（2）收益风险：鹏华前海万科 REITs 通过对项目公司的增资持有项目公司 50% 的股权，从而间接获得前海企业公馆项目的现金收益权，但前海公馆项目的产权为前海管理局所有，将来退出时最后的资产增值收益如何具有收益问题，而且所有的经营收益，写字楼租约一般为 3～5 年，在第 4～9 年的时候万科为了账面好看，做了一个非常激进的租金增长率 9%，在第 4 年其涨幅是比较客观的，第 5～8 年期间此幅度上涨就有点过于乐观，实现度上有风险。再加上税收过多，税负过重，很难达到国外 REITs 那么高的收益率。

（3）BOT 提前终止风险：证券化的对象为万科前海企业公馆未来的租赁收入，而不是前海企业公馆项目本身。由于没有物业权，随时面临 BOT 提前终止的风险。

5. 鹏华前海万科 REITs 资金退出机制

鹏华前海万科 REITs 合同规定，基金应分别在 2015 年 12 月 31 日（2015 年 12 月签订补充协议，将第一次股权交割日延迟到 2017 年 3 月 31 日）、2018 年 12 月 31 日、2021 年 12 月 31 日和 2023 年 10 月 31 日向深圳万科转让 14%、18%、17.5% 和 0.5% 的项目公司股权，直至鹏华前海万科 REITs 全部股权退出。基金运作期届满，鹏华前海万科 REITs 自动转换为上市开放式基金（LOF），基金名称变更为"鹏华丰锐债券型证券投资基金（LOF）"。

参考文献

[1] 任潇潇. 我国房地产发展与其资金来源结构的关系研究 [D]. 成都：西南财经大学，2012.
[2] 操群. 私募基金与房地产融资 [J]. 首席财务官，2012（01）：29-29.
[3] 高晓梅. 计量经济分析方法与建模：Eviews 应用及实例（第 2 版）[M]. 北京：清华大学出版社，2009.
[4] 张晓峒. 数量经济应用系列：Eviews 使用指南与案例 [M]. 北京：机械工业出版社，2009.

第8章　我国REITs的发展现状及其障碍

8.1　我国 REITs 的发展历程

8.1.1　房地产信托业务启航

《中华人民共和国信托法》2001 年 10 月 1 日生效施行之后,《信托公司管理办法》和《信托公司净资本管理办法》《信托公司集合资金信托计划管理办法》分别于 2007 年和 2008 年 12 月执行,信托业"一法三规"的出台对信托公司业务模式的调整、创新业务的开展和信托监管,以及在综合反映信托公司潜在风险和有效控制风险方面,具有非常重要的意义。在该项目中,2003 年北京国际信托借鉴国际 REITs 的运作思路发行了"法国欧尚天津第一店资金信托计划"(简称欧尚信托),该产品运用信托计划资金购买法国欧尚天津第一店的物业产权,与欧尚集团签订租约,投资者以物业租金收入实现回报,亦可享有物业增值收益。作为第一只准 REITs 产品与典型的 REITs 相比,仍具有通过私募方式募资、信托合同流动性差、多元化程度较低等差距。2011 年,天房集团作为发行主体的"天津版"保障房 REITs 相关工作并将试点方案报送国务院。

8.1.2　内地企业境外发行 REITs

2005 年,越秀投资在港交所发行 REITs,该产品以信托资金取得越秀投资在广州的四处物业的控股权,并成功在港交所公开上市,成为港交所第二个 REITs 产品。该产品是我国企业发行的第一单 REITs,但交易发行市场并不在境内,且之后随着房地产限制外资政策的发布,国内企业海外发行 REITs 计划受阻。

8.1.3　国务院提出发展 REITs,央行主导首批试点

2008 年,国务院出台金融"国九条",首次从国务院层面高度提出发展 REITs,随后,国务院发布了细化的"金融 30 条",明确提出"开展房地产信托投资基金试点,拓宽房地产企业融资渠道"。2009 年,央行联合 11 个部委制定了 REITs 实施方案,并在北京、上海、天津开展试点,但此次试点后并无项目跟进。2017 年住建部等九部委在联合发布的《关于在人口净流入的大中城市加快发展住房租赁市场的通知》(即九部委"153号文")中明确指出,选取 12 个城市试点,包括支持住房租赁企业发债及 ABS 进行融

资，支持推动 REITs。2019 年 1 月 1 日，上海证券交易所在新年致辞中表示，进一步发挥债券市场直接融资功能，深化债券产品创新，推动公募 REITs 试点，加快发展住房租赁 REITs。

8.1.4 QDII 发行 REITs 基金

2011 年，在国内 REITs 推进受阻的情况下，诺安全球收益不动产基金、鹏华美国房地产基金等 QDII 基金等产品，其主要投资标的是 REITs。通过投资于 REITs 或房地产公司股票，这类基金可使投资者间接投资于 REITs，但其本质上是 Fund of Fund，与我国 REITs 市场关系不大。

8.1.5 私募、公募 REITs 突破性的尝试

2014 年 5 月，国内离国际标准的 REITs 最为接近的产品——中信启航专项资产管理计划成功发行，相对于之前的产品，该产品最大的突破在于可通过深交所综合协议交易平台挂牌转让，从而实现了 REITs 产品的流通。2014 年 12 月，中信华夏苏宁云创资产支持专项计划成立，该产品与前述中信启航产品结构相仿、设计思路类似。2015 年 9 月 30 日"鹏华前海万科 REITs"作为国内首支公募型 REITs 在深圳证券交易所挂牌上市。鹏华前海万科 REITs 作为国内首只公募房地产信托基金成功推出，标志着拥有"自由贸易试验区"和"金融业对外开放试验示范窗口"的前海金融创新又有了新的进展，是我国资本市场资产证券化产品发展史上一个里程碑，具有重要的现实意义。2015 年 12 月 23 日由云南城投集团主导的酒店类 REITs"恒泰浩睿—彩云之南酒店资产支持专项计划"在上海证券交易所挂牌上市。2016 年 3 月"Amare-绿地酒店业房地信托"在新加坡证券交易所上市，以绿地国内 19 家酒店物业为资产持有。2017 年中国类 REITs 市场快速增长，发行 16 单类 REITs 产品，发行规模总额 379.67 亿元，增长迅速。

但是由于我国相应的法律制度还不完善，REITs 还只处于起步阶段，我国的房地产投资信托基金产品和真正的 REITs 仍存在着很大的差别。

我国房地产投资信托基金的发展带有十分显著的政策推动性，这导致目前市场中的 REITs 产品带有较强的目的性和趋同性，与真正 REITs 相比，还存在着很大差异。

8.2 我国现行 REITs 产品的主要缺陷

8.2.1 产品性质的差异

REITs 属于股权类的投资产品，购买 REITs 是一种投资行为，信托持有人通过持有信托基金而间接拥有 REITs 所投资的房地产，其本质上属于权益买卖行为；而我国目前的房地产信托产品实际上属于房地产信托投资计划，其本质是债权类产品，属于信贷融资行为，信托持有人并不拥有信托计划所投资的房地产。

8.2.2 以融资为主要目的

目前我国的房地产信托产品大部分为资金信托，且信托机构对信托财产的运作也多是

向房地产开发企业进行贷款融资。这种信托运作方式相对简单，信托收益来源是以贷款利息为基础。但受益人必须就信托收益纳税，信托机构若获得信托报酬，则也须缴纳公司所得税，我国房地产投资信托基金没有避税功能。

8.2.3　组织结构的差异

REIT 产品发行后，所有权与经营权相分离，并且 REITs 设立后，由专业的基金管理人进行管理。而我国房地产投资信托基金则是房地产开发商通过信托投资公司获得信托贷款后，进行项目投资与开发，并无专业的资产管理机构。

8.2.4　缺乏流动性

我国信托产品目前缺乏统一的交易平台，在二级市场的流通性方面存在着较大缺陷。信托成立后，收益人可向合格投资者转让其持有的信托单位，但转让信托收益权的，受让人不得为自然人；机构所持信托收益权，不得向自然人转让或拆分。

此外，我国房地产投资信托产品公众参与程度不高、投资项目过于单一、投资期限过短等问题也影响着我国房地产投资信托基金的发展。

8.3　我国发展 REITs 所面临的主要障碍

8.3.1　调整 REITs 的法律规范缺失

我国目前尚未制定专门调整规范 REITs 的单行法律，在现行立法中涉及 REITs 的主要有《公司法》《证券法》《证券投资基金法》《合伙企业法》及《信托法》《信托投资公司管理办法》《信托投资公司资金信托管理暂行办法》等多部法律法规。

我国《证券投资基金法》规定："基金财产只能投资上市交易的股票、债券和证券监督管理机构规定的其他证券品种。但是房地产投资信托基金投资标的大多数为实物资产，因此与《证券投资基金法》冲突。

这使得 REITs 的设立和运行面临诸多法律瓶颈：一是根据《信托法》，信托公司受托代客户管理或经营的商业中介，信托业务，我国法律规定房地产信托产品主要针对具体的房地产开发项目，以信托合同向特定人群发行募集资金而非受益凭证。国内资金信托只能通过私募方式来募集资金，同时对于资金信托的发行人数、额度以及推广方式有着严格的限定，使得中小投资者无法通过 REITs 来投资房地产，违背了 REITs 的本意；二是根据《公司法》和《证券法》，虽然存在设立公司形式 REITs 的可行性，但《公司法》未就 SPV 公司的设立作出规定，影响了 REITs 运行过程中项目公司实体问题；三是《公司法》《证券投资基金法》和《信托投资公司资金信托管理暂行办法》等法律法规对公司公开发行证券作了严格的规定，SPV 公司很难达到这些法律、法规所要求的发行有价证券的条件[1]。此外，REITs 还面临信托登记、分红限制、信息披露、破产隔离等诸多立法缺失问题，这些都需要对 REITs 涉及的法律问题进行顶层设计，出台专门法律进行调整和规范。

8.3.2　税收政策不稳定，税收优惠政策缺失

根据我国税收法规的规定，证券投资基金管理人运用基金买卖股票、债券的差价收入，继续免征营业税和企业所得税。该规定适用于证券投资基金，并未明确适用于 REITs，而且我国政府在基金与证券方面的税收一直以来都是以临时的文件出现的，所以基金方面的税收政策具有不稳定性。

REITs 的运作涉及多道交易环节与程序，而越多的交易环节将面临更多的税收负担。在这个问题上，虽然 REITs 其本身可能减少了基金的所得税，但是 REITs 的多个拥有物业所有权的信托设立的公司等将会涉及企业所得税。在 REITs 方案的重组过程中，因物业交易也将产生相当多的交易税费。另外，由于 REITs 主要涉及物业的出租，房地产税的缴纳也将不可避免[2]。

2015 年房地产行业即将纳入"营改增"试点范围，在有关 REITs 的税收优惠政策尚未出台、商业地产空置率上升的情形下，高企的税负压制了我国商业物业的租金回报率，降低了各方投资主体参与的积极性，严重制约了 REITs 的发展。

8.3.3　国内优质基础资产难寻，房地产市场售价过高

由于 REITs 主要着眼于成熟物业资产的投资和管理，收益来源以成熟物业的租金收入与物业资产的增值为主，因此 REITs 产品的基础资产一般打包商业性物业，类似商业零售（购物中心、区域性的购物广场、独立的零售店）、酒店和写字楼等这类具有相对稳定的租金收入或现金流入的物业。而国内目前的商业性物业库存严重，还没有走到租金回报平稳、收益较好的阶段，可以作为 REITs 基础资产的成熟、优质物业数量少、规模小，租金回报率低，高端物业比重低、形式单一，这也在一定程度上限制了 REITs 基础资产的选择范围。

8.3.4　产权问题

2015 年 3 月 1 日国务院颁布了《不动产登记暂行条例》，条例中没有出现不动产信托登记这一重要的不动产权利类型，而之前颁布的《土地管理法》和《房地产管理法》出现并存的情况，造成房产和地产的登记机关、登记程序、登记效力以及登记权属证书均无法统一。REITs 的运行涉及众多的物权变动登记，因此目前不统一的登记制度必然对 REITs 产生诸多限制[3]。

8.3.5　监管协调问题

国内 REITs 的创设和运行涉及多个部委的职责，原因在于国内 REITs 的交易主要涉及两个市场，一个是银行间市场，另一个是交易所市场，其中银行间市场由中国人民银行、银监会监管，交易所市场由证监会监管。REITs 的资产包无论是商业地产还是保障性住房都涉及住房城乡建设部的监管。而在 REITs 的税收征管方面，需要财政部和国家税务总局出台相关的优惠政策。REITs 可能涉及的不动产登记又属于国土资源部的职责范围。多部门监管机制下难免会产生权责冲突，因此有必要针对 REITs 厘定各有关部门的权限范围，建立专门的监管协调机制。

8.3.6 缺乏专业管理机构和从业人员

目前，我国缺乏 REITs 成功运作所必需的大量专业管理机构和从业人员。我国国内的房地产项目普遍存在缺乏专业管理机构的问题，投资和物业出租经营等方面的管理能力较差。同时，我国现有房地产信托从业人员中真正熟悉金融市场运作和房地产投资及运作的专业人才并不多，难以承担发展 REITs 大任，这是因为我国现有房地产信托主要向房地产开发企业提供委托贷款，而国外成熟 REITs 则主要进行股权投资，两者差距甚远。

由以上分析可知，REITs 的健康发展离不开完善的法律法规、税收优惠、优质的商业地产、产权划分、专门的监管协调机制和专业的从业机构与人员等。从这些方面考察，我国目前大规模推出 REITs 产品的条件尚不成熟，草率推出很可能会使之沦为机构圈钱的平台，应当对此持谨慎态度。

8.4 我国 REITs 发展的必要性分析

从美、日、新等发达国家的经验来看，房地产承压时期推出的 REITs 对防止房价过度下跌、帮助房价企稳也起到了一定的正面作用（表 8-1）。因此，对于中国而言，REITs 的推进可以更好地帮助房地产部门去库存，提供"稳定器"作用。

主要国家推出 REITs 背景[4]　　　　　　　　　　　　　　　表 8-1

国家	时间	推出法规	房地产市场背景	推出 REITs 目的
美国	1960	Internal Revenue Code	50 年代商业地产市场经历了一轮繁荣，供给激增，在 60 年代初到中期迎来低谷	增加房地产流动性，使得小型投资者也可以参与大规模的地产项目投资
日本	2000	Investment Trust Law	90 年代日本经历经济危机，房地产市场价格泡沫破裂	作为商业地产新开发项目的资金来源选择，为房地产市场注入流动性
新加坡	1999	Guidelines for Property Funds	政府的严格控制和财阀企业的盲目扩张，亚洲金融危机的爆发	提供商业地产的低税投资方式，吸引地产投资；放开限制避免地产投资公司选择国外的公司架构

8.4.1 缓解政府融资压力，防范系统性金融风险

我国房地产投资集团拥有庞大的自持物业，通过 REITs 转成为租赁物业，实现良性循环，不但降低运营成本，而且极大降低了金融系统风险；有利于金融产业生态的形成，实现机构聚集、人才聚集，带动新区产业升级与繁荣；探索与完善金融创新路径，总结出可复制可推广的经验，成为金融创新高地。

8.4.2 为房企引入一个高效和灵活的融资渠道

房地产项目规模大、价值高，需要投入大量资金。目前，我国商业地产的融资渠道较为单一，最普遍的是自有资金加银行贷款，大约占全部资金来源的 60%。银行贷款融资成本低，手续便捷，但在我国房地产宏观调控和稳健的货币政策下，银行贷款难度加大。

除此之外，房地产企业还可通过上市融资、债券融资等方式获取资金。上市融资的优点在于规模大且没有还款压力，但上市条件苛刻，成本高。债券融资不会分散企业控制权，并且具有抵税作用，但目前我国债券市场不够完善，符合发债要求的企业较少，因此债券发行的比例不高。发展 REITs 可以有效改善企业融资结构，防范资金链断裂，并有效分散银行资金风险，为地产的开发及运营提供稳定资金。通过 REITs 的收购，可以使房地产开发商的物业迅速变现，能够快速盘活存量，加快资金流转速度，优化房企资产负债结构，促使房企由重资产向轻资产模式转变。

8.4.3 保持我国房地产市场的健康发展，助推我国房地产业升级转型

REITs 对房地产有重要的影响。首先，对标的资产注入了流动性，增强资产变现能力，减少资产对企业资产负债表的影响；其次，降低了房地产项目投资的参与门槛，增加有效投资需求。从理论上而言，流动性的注入并不能改变资产本身涨跌的长期趋势，但流动性的缺失，常常会造成资产价格的过度上涨或下跌，而流动性的提供可以更好地寻找真实价格，帮助供需双方达到平衡。

我国房地产业正处于市场转型和升级的拐点，房地产开发模式将由圈地扩张式的重资产模式向细化分工精细运营的轻资产模式转变。轻资产的关键是实现产权变现但仍然保有对物业的实际控制权，而 REITs 正好可以实现这一目的。结合 REITs 转变房地产经营和管理模式对于提高房地产企业资金周转、促进我国房地产市场健康发展具有重要意义。特别是商业地产当前正处于如何实现由"圈地、开发和出售"的重资产模式向以"持有、经营"为目的的轻资产模式转变。地产项目产权的变现中，房企开发商具有对物业的实际操控权是实现轻资产的关键。根据 REITs 应用到商业地产中的运营管理模式能够实现资金新的退出机制且长期持有收益，进而促进我国商业地产市场健康发展。

8.4.4 加快我国房地产金融改革和创新

金融支持对于房地产业的发展举足轻重，发展房地产业必须推动房地产和金融的结合创新，而发展 REITs 是加快我国房地产金融改革和创新的有效路径。首先，发展 REITs 能够有效完善房地产金融体系。成熟的房地产金融体系应该具备多层次的特性，以满足不同类型的投融资需要，发展 REITs 是丰富房地产金融体系的有益尝试。其次，发展 RE-ITs 能够通过促进金融市场发展而加快房地产金融创新。发展 REITs 涉及新的相关法律法规的制定、交易规则以及监管制度的创新，是探索金融市场多元化发展的尝试，因此对促进金融市场走向成熟，从而带动房地产金融水平的整体提升十分有益。

8.5 我国发展 REITs 的可行性分析

8.5.1 我国发展 REITs 的必要性及可行性

1. 我国发展 REITs 的必要性

（1）拓宽融资渠道，稳定资金供给

房地产项目规模大、价值高，需要投入大量资金。目前，我国商业地产的融资渠道较

为单一，最普遍的是自有资金加银行贷款，大约占全部资金来源的 60%。银行贷款融资成本低，手续便捷，但在我国房地产宏观调控和稳健的货币政策下，银行贷款难度加大。除此之外，房地产企业还可通过上市融资、债券融资等方式获取资金。上市融资的优点在于规模大且没有还款压力，但上市条件苛刻，成本高。债券融资不会分散企业控制权，并且具有抵税作用，但目前我国债券市场不够完善，符合发债要求的企业较少，因此债券发行的比例不高。发展 REITs 可以有效改善企业融资结构，防范资金链断裂，并有效分散银行资金风险，为地产的开发及运营提供稳定资金。

（2）推动我国房地产业升级转型

我国的房地产市场发展时间不长，而当前正处于市场转型和升级的拐点。房地产开发模式将由圈地扩张式的重资产模式向细化分工精细运营的轻资产模式转变。轻资产的关键是实现产权变现但仍然保有对物业的实际控制权，而 REITs 正好可以实现这一目的。结合 REITs 转变房地产经营和管理模式对于提高房地产企业资金周转、促进我国房地产市场健康发展具有重要意义。

（3）加快我国房地产金融改革和创新

金融支持对于房地产业的发展举足轻重，发展房地产业必须推动房地产和金融的结合创新，而发展 REITs 是加快我国房地产金融改革和创新的有效路径。首先，发展 REITs 能够有效完善房地产金融体系。成熟的房地产金融体系应该具备多层次的特性，以满足不同类型的投融资需要，发展 REITs 是丰富我国房地产金融体系的有益尝试。其次，发展 REITs 能够通过促进金融市场发展而加快房地产金融创新。发展 REITs 涉及新的相关法律法规的制定、交易规则以及监管制度的创新，是探索金融市场多元化发展的尝试，因此对促进金融市场走向成熟，从而带动房地产金融水平的整体提升十分有益。

2. 我国发展 REITs 的可行性

综合美国、中国香港等 REITs 的发展经验不难看出，发展 REITs 需要主客观条件的支持。

主观上，REITs 的各参与方要相对成熟，其中最关键的是投资者和发起者。随着经济的发展，我国居民收入和储蓄存款增长迅猛，保险资金和养老金等社会资金数目庞大，但都缺乏好的投资渠道。而 REITs 对房地产产权的分割降低了个人投资者的进入门槛，又可以吸纳社会闲散资金，能够达到资金的高效配置。此外，我国房地产行业的快速发展成就了一大批实力雄厚的开发商。从资本运作能力、品牌影响力等角度，其专业化水平具备成为 REITs 发起人的能力。

首先，投资标的有保障。我国 GDP 增速和房地产市场状况预示着房地产行业的前景还十分广阔，特别是在新型城镇化建设的大背景下，保障房、基础设施的大力推进为 REITs 提供了除住宅、商业地产以外的资产标的。其次，有相关政策支持（表 8-2）。2008 年以来，国务院、证监会等相继出台文件，支持开展 REITs 试点，拓宽房地产融资渠道。最后，有可参考的案例。2005 年，越秀分拆旗下广州四处物业在中国香港上市，成为国内第一支离岸 REITs，其物业组合方式、资产重组路径等都具有借鉴意义。2014年 4 月，中信证券推出大陆首单 REITs 产品，将中信自有的两栋办公楼作为基础资产，采取分级证券化并在交易所流通，在投资者权益、分红特点、退出机制等方面与标准 REITs 模式十分接近。

中国推进 REITs 政策一览表　　　　　　　　　　　表 8-2

时间	相 关 内 容
2007.6	央行召开 REITs 专题座谈会，发改委、财政部、住建部、银监会、证监会等参会部门一致认为，应按照"试点与立法平行推进"的原则启动中国 REITs
2007.10	证监会初步选定 8 省 12 家企业进行企业调研和市场培育，第一站选择在天津
2009.7	上海市的"浦东新区 2009-1REITs 发行募集说明书（第一稿）"完成
2009.8	《房地产集合投资信托业务试点管理办法》《管理办法》草案完成
2010.12	央行发布《银行间债券市场房地产信托受益券发行管理办法》，通过信托公司在银行间市场发行房地产信托受益券，银行间市场属于场外交易，且投资者均为金融机构，债权版 REITs 启动
2011.1	天津和上海关于利用房地产信托投资基金（REITs）来开展保障性住房融资的方案，获得国务院批准；天津市天房集团的 RIETs 项目已经上报央行
2012.8	中信证券和天房信托合作，以其持有的 4 万套公租房租金作为基础资产，发行债权版 REITs，在银行间市场受各大金融机构投资者追捧，此后再无债权版 REITs 获批
2013.12	证监会发布《证券公司资产证券化管理规定》，券商专项资产管理计划将作为证券公司资产证券化产品的载体，股权版 REITs 启动
2014.5	证监会发布《关于进一步推进证券经营机构创新发展的意见》，明确提出研究建立 REITs 的制度体系及相应的产品运作模式和方案，之后证监会起草了《公开募集房地产证券投资基金管理暂行规定》并开展试点工作
2014.9	央行 930 政策成为全国楼市转折的风向标，此时《关于进一步做好住房金融服务工作的通知》特别提到了"积极稳妥开展房地产投资信托基金（REITs）试点"
2015.1	住建部发布的《关于加快培育和发展住房租赁市场的指导意见》，再次提出要"积极推进房地产投资信托基金（REITs）试点"
2015.10	中国房地产估价师与房地产经纪人学会起草了《房地产投资信托基金（REITs）物业评估指引（试行）》，被业内称作首个中国版 REITs 专业物业评估规范性文件
2016.1	证监会主席肖钢在题为《深化改革健全制度加强监管防范风险促进资本市场长期稳定健康发展》的讲话中提出"发展企业资产证券化，推进基础设施资产证券化试点，研究推出 REITs。"
2016.3	国务院总理李克强政府工作报告指出"深化投融资体制改革，继续以市场化方式筹集专项建设基金，推动地方融资平台转型改制进行市场化融资，探索基础设施等资产证券化。"
2017.7	《关于人口在净流入的大中城市加快发展住房租赁市场的通知》提出鼓励地方政府出台优惠政策、积极支持并推动发展房地产投资信托基金（REITS）
2017.10	十九大报告指出，坚持房子是用来住的不是用来炒的定位，加快建立多主体供给、多渠道保障、租购并举的住房制度
2017.11	《关于金融机构资产管理业务统一监管规制的指导意见（征求意见稿）》指出，坚持服务实体经济的根本目标，充分发挥资产管理业务的功能，切实服务实体经济的投融资需求
2017.12	中央经济工作会议指出，今后三年，打好防范化解重大风险攻坚战，促进形成金融和实体经济、金融体系内部的良性循环，完善促进房地产市场平稳健康发展的长效机制
2018.1	中基协召开类 REITs 业务专题研讨会明确私募基金可参与类 REITs 业务
2018.1	证监会系统 2018 年工作会议研究出台公募 REITs 相关业务细则
2018.4	中国证监会、住房城乡建设部联合印发《关于推进住房租赁资产证券化相关工作的通知》重点支持住房租赁企业发行以其持有不动产物业作为底层资产的权益类资产证券化产品，推动多类型具有债权性质的资产证券化产品，试点发行 REITs

　　政府、学界和金融机构对 REITs 发展渐渐形成共识，产业运行良好发展环境更加稳固。2018 年中国证监会、住房和城乡建设部《关于推进住房租赁资产证券化相关工作的通知》中"重点支持住房租赁企业发行以其持有不动产物业作为底层资产的权益类资产证券化产品，积极推动多类型具有债权性质的资产证券化产品，试点发行房地产投资信托基金（REITs）。"特别是 2019 年 1 月《中共中央国务院关于支持河北雄安新区全面深化改革和扩大开放的指导意见》"创新投融资机制，支持发行房地产投资信托基金 REITs 等房

地产金融创新产品，明确管理制度和运行方式，探索与之相适应的税收政策"，进一步激发了各界高度关注。上交所和深交所在 2019 年初，积极回应市场关切与需求深化市场改革创新，分别就推动公募 REITs 规则出台和试点工作，力争取得进一步突破。

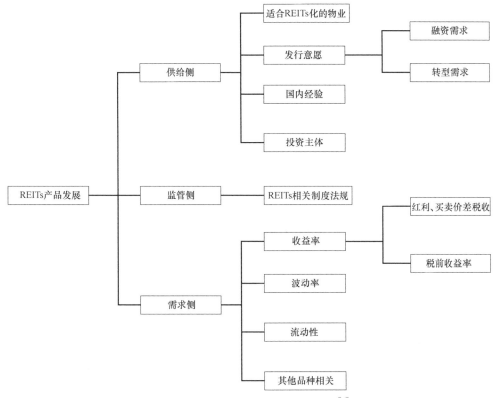

图 8-1　发展 REITs 可行性条件分析[5]

我国房地产信托投资基金的探索刚刚起步，从近几年 CNKI 的 800 余篇相关文献分布分析，国内相关的理论研究集中在对其起源、概念、运作模式、发展状况以及在中国发展的可行性分析较多。而在围绕机制设计、运营管理、绩效问题和风险问题等方面理论进行系统研究，募集形式、投资方式和 REITs 上市模式、REITs 投资退出路径、制度保障和企业运作等角度的研究尚不充分（图 8-2）。

8.5.2　我国"准 REITs"在国内交易所成功上市的经验可供借鉴

2014 年以来，我国国内市场已经陆续推出多个类 REITs 产品，为 REITs 的发展提供了良好的前期市场环境。2014 年中信苏宁云创、海印股份、中信启航先后推出，这三款产品都以商业地产相关权益作为最终收益来源，具有了 REITs 的基本特征；2015 年 9 月 30 日，鹏华前海万科 REITs 封闭式混合型发起式证券投资基金获批并在深圳证券交易所挂牌交易，成为国内首只获批的公募 REITs 基金，是我国资本市场资产证券化产品发展史上一个里程碑，具有重要的现实意义。

一是前海 REITs 是国内房地产投资信托基金从私募跨向公募的一次飞跃，进一步打开了基金产品的创新发展空间，有力地拓展了资本市场深度与广度；二是前海 REITs 是满足

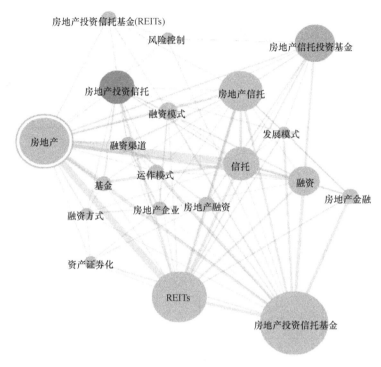

图 8-2　房地产投资信托基金的研究现状

企业融资需求、服务实体经济的代表性金融产品，有助于撬动社会资本参与前海开发建设；三是作为创新性低风险投资工具，REITs 对资本市场发展普惠金融注入了新动力，有助于提升我国社会整体财富管理水平。2015 年 12 月 11 日，国内首单国资类 REITs "招商创融-天虹商场（一期）资产支持专项计划"发行成功，这也是企业资产证券化备案制实施以来，市场上首单在资产出表前提下，优先级及次级份额实现完全市场化销售的 REITs 项目。类 RE-ITs 产品的陆续推出，不断提升了投资者对该类金融产品的认可度，为 REITs 在国内的真正发展奠定了深厚的市场基础。其中运行模式比较成熟和具有代表性的就是中信启航和鹏华前海万科 REITs，它们的组织运行模式设计值得进一步发展和借鉴。

　　根据 RCREIT（REITs 研究中心）数据，截至 2018 年 12 月 28 日，我国共发行类 REITs 产品 43 支，发行金额累计 903.21 亿元。已发行类 REITs 持有物业类型主要包括写字楼、购物中心、零售门店、租赁住房、酒店、物流仓储中心、书店和社区商业等，其中排名前三的物业类型为购物中心、写字楼和零售门店，分别占比为 27%、26% 和 18%（表 8-3）。

中国发行部分 REITs 一览表　　　　　　　　　　　　表 8-3

类别	名称	发行时间	基础资产	规模（亿元）	收益率	期限（年）
公募REITs	鹏华前海万科REITs	2015.9.30	前海企业公馆租金收益权	30	7.5%	10
	兴业皖新阅嘉一期房地产投资信托基金资产支持证券	2017.2.20	皖新传媒发起并已收购其名下八家新华书店门店物业	5.535 3.3 优先 A 级 2.235 优先 B 级	优先 A 级 4.2% 优先 B 级 4.7%	18

续表

类别	名称	发行时间	基础资产	规模(亿元)	收益率	期限(年)
私募 REITs	中信启航专项资产管理计划,简称(中信启航)	2014.4.25	北京中信大厦;深圳中信大厦	52.1 36.5 优先 15.6 次级	优先 7%~9% 次级 12%~42%	A 类 3 B 类 4 都不超过 5
	海印股份专项资产管理计划,简称(海印股份)	2014.8.15	15 家商业物业租金收益权	15 14 优先级 1 次级	优先 6.5%~8% 次级 8%~9%	A 类 5 B 类 5
	中信华夏苏宁云创资产支持专项计划,简称(中信苏宁云创)	2014.12.16	11 家苏宁店	43.95 20.8 优先 23.1 次级	优先 7%~8.5% 次级 8%~9.5%	A 类 18 B 类 3+1
	招商创融-天虹商场(一期)资产支持专项计划	2015.12.11	天虹鼎诚大厦裙楼	14.5 9.42 优先 5.07 次级	优先 5.24% 次级 4.35%	A 类 4+1 B 类 4+1
	恒泰浩睿-海航浦发大厦资产支持专项计划	2015.12.2	上海浦发大厦	25 15.31 优先 9.69 次级	优先 5.3% 次级 6.9%	A 类 18 B 类 3
	恒泰浩睿-彩云之南酒店资产支持专项计划	2015.12.23	北京新云南皇冠假日酒店;云南西双版纳避寒皇冠假日酒店	58 7.7 优先 A 49.3 优先 B 1 优先 C	优先 A4.49% 优先 B6.39% 优先 C7.99%	A 类 18 B 类 9 C 类 9
	天风-中航红星爱琴海商业物业信托受益权资产支持专项计划	2016.06.14	中航信托依据信托合同享有的信托受益权	14 6.8 优先 A 类 6.2 优先 B 类 1 次级	优先 A4.90% 优先 B7.00% 次级 0.00%	A 类 18 年 B 类 5 年 C 类 18 年
	中信华夏苏宁云享资产支持专项计划	2016.8.4	苏宁云商持有的位于六个核心一二线城市及国家高新区的优质物流仓储资产	18.47 12 优先级 6.47 权益级	4%	预期 3 年 不超过 4 年
	新派公寓权益型房托资产支持专项计划	2017.11.3	新派公寓 CBD 店	2.7 1.3 优先级 1.4 权益级	≤5.3%	3+2

参考文献

[1] 任潇潇. 我国房地产发展与其资金来源结构的关系研究 [D]. 成都:西南财经大学,2012.

[2] 李智. 房地产投资信托制度(REITs)风险之法律规制与运营控制 [J]. 中央财经大学学报,2007 (08):41-47.

[3] 凌辉. 房地产投资信托(REITs)监管研究 [D]. 长沙:中南大学,2010.

[4] 张跃龙. 我国发展房地产信托投资基金(REITs)的风险因素分析 [D]. 广州:暨南大学,2008.

[5] 吕焕. 我国商业地产 REITs 风险治理 [D]. 西安:西安建筑科技大学,2013.

第9章 我国发展REITs路径选择及政策建议

9.1 我国发展 REITs 的路径选择

发展商业地产 REITs 产品，应该对以下 8 个方面做出明确的描述（图 9-1）：（1）选择何种发行主体与交易市场；（2）如何采取税收优惠、合格投资者划分与流动性问题；（3）选择何种组织结构、运作方式发展商业地产 REITs；（4）商业地产 REITs 筹集阶段资金的募集方式、投资主体；（5）REITs 投资阶段的投资定位与投资形式选择；（6）商业地产 REITs 管理阶段的管理模式和收益分配比例的确定；（7）REITs 整个过程风险控制体系构建；（8）REITs 的退出模式。最后针对商业地产 REITs 的发展提出针对性的对策建议。

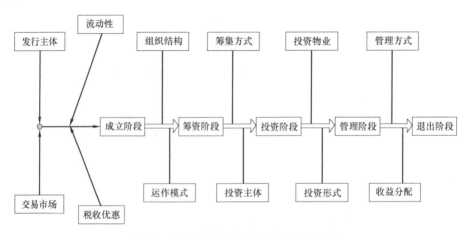

图 9-1 商业地产 REITs 发展模式流程图

REITs 在管理和运行的过程中牵涉到金融和地产两个重要领域，发起人在发行 RE-ITs 时应该具有资本运营经验与房地产实践操作经验，因此信用资质良好、规模较大的基金公司同经营业绩较优、具有丰富房产投资管理经验及实力雄厚的房企共同发起 REITs，起到互相促进、取长补短的作用。REITs 应用在我国商业地产发展模式总构思为：首先，商业房企与基金公司联合成立专业 REITs 机构，根据标的物的价值在公开市场上发行 REITs 受益凭证；其次，把筹集的资金用在对不同物业的开发和培植层面上，当物业具有一定规模及成熟度能够带来持续稳定的收益时，将收益以分红的形式按持有受益凭证的份额分给投资者。发展商业地产 REITs 的基本框架如图 9-2 所示，操作步骤如下：商业房企和基金公司共同设立 REITs 发行机构。商业地产的开发与培育由商业房企负责，基金公司负责 REITs 发行时期的工作，包括发行金额、负责受益凭证的销售等工作。RE-ITs 发行机构向机构或个人投资者在公开市场募集资金，签发受益凭证，获取资产。

REITs 发行机构聘请或建立专业的资产（物业）管理公司，资产管理公司根据市场环境、房地产周期等因素对标的物物业进行"收益—风险"评估，基于单位风险收益最大化原则寻找不同物业之间资金的分配比例，实现商业地产收益最大化。

资产管理公司对不同物业的商业地产的管理是进行出租和一定比例的出售，并对出租的商业地产进行运营。

将出租获得的租金和资本增值、出售获得的销售收入交给基金托管机构保管，基金托管机构一般为银行，基金托管机构支付给投资者收益。

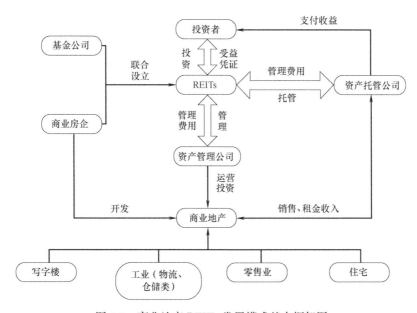

图 9-2　商业地产 REITs 发展模式基本框架图

9.1.1　REITs 的发行主体与交易市场选择

1. REITs 的发行主体

（1）信托公司

信托公司担任受托机构，应当经银监会核准，取得房地产投资信托基金受托机构资格。信托公司申请房地产投资信托基金受托机构资格的市场准入条件和程序，由银监会另行制定。

（2）证券基金管理公司

证券投资基金管理公司担任受托机构，应当经证监会核准，取得房地产投资信托基金受托机构资格。证券投资基金管理公司申请房地产投资信托基金受托机构资格的市场准入条件和程序，由证监会另行制定。

各家基金管理公司都加大了对房地产信托的研究力度，一些基金管理公司已经明确地把自己定位于专营房地产信托的机构，房地产专家队伍在不断壮大，房地产投资的经验也在不断的积累。《中华人民共和国证券投资基金法》以专项法规的形式对房地产信托业务的经营规则、监督管理、风险控制等方面做出了详尽的规定，该部法律不仅是一部规范房地产信托的法规，更被专家视为为催生我国的 REITs 做好了准备。

基金管理公司是 REITs 的重要参与者，具备丰富的市场运作经验和较强的、专业的研究能力。从长远来看，证券投资基金管理公司将是 REITs 作为发行主体的最好选择。

2. REITs 的交易市场选择

未来我国 REITs 的国内交易市场的选择，目前，国内由央行和证监会主导，分别在银行间市场由央行牵头、银监会参与制定的"债权类"方案和交易所市场由证监会制定的"股权类"方案的试点，这两种探索对未来 REITs 的发展具有积极作用和重要意义。

无论是在银行间市场还是交易所市场发展 REITs，从未来 REITs 的主要发展方向来看，建议以交易所市场为主，主要理由如下：一是 REITs 的发展需要做到规范性和产业化，而交易所市场具备规范市场发展的专业能力、健全证券监管体系的监管系统；二是交易所市场内的证券公司、基金管理公司等机构将来都是 REITs 的重要参与者，均具备丰富的市场运作经验和较强的、专业的研究能力；三是交易所市场具备 REITs 公开发行和交易的条件，有利于 REITs 资金的募集，并为投资者提供了便利的退出通道；四是交易所市场拥有大量的、规模较大的地产类上市公司，对地产运作具有丰富的经验，且拥有丰富的物业资源。

9.1.2 REITs 的税收优惠、合格投资者和流动性问题

1. 税收优惠选择

税收优惠是 REITs 产品的核心，REITs 发展较为成熟的市场均为 REITs 产品设计了税收优惠方案。

当前，在 REITs 的设立、运营和终止中，按我国的税收体制可能涉及多种税收。在 REITs 设立阶段，物业所有者将物业转让给 REITs，可能涉及土地增值税、转让收入所得税、营业税、契税、印花税等各类税收。其中土地增值税是税负最重的一种潜在税收，增值部分征收比例在 30% 以上，将大大降低持有人的发行动力和 REITs 产品的收益率。在 REITs 运营阶段，REITs 可能面临双重征税，即在 REITs 层面征收企业所得税，在投资者层面再征收所得税。在 REITs 的中止阶段，物业的处置也可能涉及 REITs 设立阶段的种种税收。种类繁多的税收将严重影响 REITs 产品的收益率，降低其对投资者的吸引力。

明确 REITs 税收制度，一方面需要降低产品设立/中止过程中的种种税费，特别是需要对土地增值税进行另行规定；另一方面需要确立 REITs 产品收益单次征税的属性，可以参照基金产品的做法，对产品层面进行免税处理，仅对个人投资者所得进行税收征收。

2. 合格投资者

在成熟市场中，REITs 是投资门槛很低的投资品，个人投资者参与较多，这也是REITs 本身设计的目标之一。在我国市场发展的初期，基于风险控制的考虑，设置合格投资者制度对个人投资者进行划分具有一定的必要性，但不宜标准过严，反而违背了 RE-ITs 产品设计的初衷。

3. 流动性问题

成熟市场中，REITs 是交易十分活跃的品种，将流动性低的不动产转化为流动性较好的证券本身也是 REITs 的重要功能之一。但在我国，信托产品难以上市竞价交易，而封闭式基金的竞价交易活跃程度尚可。虽然我国《证券投资基金运作管理办法》规定公募基金投资单一证券比例不得超过 10%，但鹏华 REITs 作为试点产品，虽然未能成为绝大部分资金投资于物业的标准 REITs，但其突破了《证券投资基金运作管理办法》的投资比例规定，对于我国未来 REITs 的发展是重要的一次实践。我们认为，突破基金法对于投资比例的限制是当前我国实现 REITs 的一种最具操作性的方式。

9.1.3　REITs 组织模式和运作方式选择

1. 组织模式选择

（1）契约型 REITs

契约型 REITs 是按照信托契约进行设立，由投资者和基金管理人、基金托管人和物业管理者等订立信托契约，形成具有法律效用的信托关系。基金管理人按照信托契约对不同物业地产进行投资，并将收益分发给投资者；基金托管人依据契约关系对信托基金进行保管，并将收到的收益根据信托关系及时转交给基金管理人。契约型 REITs 属于信托产品。

在我国房地产市场发行的信托产品大多以房地产项目标的物为融资对象并且时间期限为 1 至 3 年的短期信托产品。近几年以信托形式进入房地产领域的资金不断增加，截至到 2015 年 2 季度末，房地产信托产品的规模达到 1.32 万亿元，相对于 2014 年 2 季度末的 1.26 万亿元，同比增长 4.76%。

（2）公司型 REITs

公司型 REITs 是按照公司章程设立，和股份有限公司在组织形式上类似，公司型 REITs 的投资资金来自于股东缴纳的注册资金，投资者可以通过买入 REITs 公司发售的股票，继而成为公司的股东。公司分多个内部层面进行管理，在宏观层面上，决策机构如股东大会、董事会可以拥有涉及公司运作的重大决策权和监督执行权，在微观层面上，公司设置了类似基金经理人的专业投资团队，针对 REITs 自行管理和投资运营。

现阶段建议采用契约型发展商业地产 REITs，随着资本金融市场的完善、相关法律政策的出台再考虑发展公司型 REITs。虽然公司型组织结构是 REITs 发展最终主流趋势，但现阶段推行公司型 REITs 还不够成熟，原因是：①REITs 在发展初期，因契约型组织形式简单且易于操作，国外 REITs 都是从契约型组织形式开始的；②基于我国的法律体系和试点实践，在市场发展初期采用信托或基金作为 REITs 的载体，可以减少 REITs 设立的法律障碍，也有利于降低操作难度，提高投资者接受程度；③公司型 REITs 的投资者和 REITs 公司属于个人与公司关系，在我国没有相关 REITs 免税的法律政策，则公司型 REITs 的投资者面临双重纳税的局面，但对于契约型 REITs，投资者无需上交公司层面的税收，避开双重纳税的局面。

2. 运作方式选择

由于封闭型 REITs 在设立前期能确定资金数额和能够保证投资者权利，而且在 REITs 运作的整个过程能够保证资金的稳定性，封闭型 REITs 所具有的特征与我国商业地产对资金的要求达到统一。国外 REITs 的运作方式多以封闭型运作为主，结合我国商业地产状况与市场环境，目前应采取封闭型 REITs 动作形式。

9.1.4 REITs 募集形式和基金投资主体选择

1. 资金募集方式选择

（1）公募型 REITs

公募型 REITs 按照公开发行的方式针对不特定的购买对象募集信托资金。具有以下特点：①对投资者要求低、投资额度低、购买对象不固定，可以为个人、机构投资者等；②资金渠道广泛，投资者较多，风险比较分散；③公募型 REITs 具备较强的流动性以及可变现性；④由于投资者较多，在公募型 REITs 的各个运行环节为保护投资者的权利都需要具有严格的审核条件，致使缺乏灵活的运作机制。

（2）私募型 REITs

私募型 REITs 针对特定的购买者筹集信托资金。具有以下特点：①投资对象固定、投资者数量有限、对最低投资额要求较高、投资门槛高；②筹集资金渠道分布于特定的机构或者企业，不利于小型投资机构或个人投资者；③相对公募型 REITs，监管审核制度宽松、灵活。

结合目前市场和政策环境，建议公募型 REITs 和私募 REITs 协同发展。REITs 在对商业地产企业运营模式的影响，主要在于其提供了一种融资渠道以及退出机制。即商业房企联合房地产私募基金设立 REITs 在公开市场募集资金，然后用于商业地产的开发培育获取租金收益，再将租金收入以分红的形式分给投资者。另外，房地产私募基金可以和 REITs "配对"，房地产私募基金切入商业地产的开发以及前期培育，等商业地产培育成熟获得稳定的租金收入后，将成熟的存量资产打包设立 REITs 并在公开市场出售部分份额回笼资金，本质上是一种类住宅开发模式，提高了 IRR，这将大大缩短股权类的房地产私募基金的投资回报周期，整个过程实现了由重资产向轻资产的转变。

REITs 推出之后，随着市场容量的扩大，大量的资金将涌入 REITs 及 REITs 的 IPO 市场。房地产私募基金将可以依仗其对各投资品类的整合能力，同时持有多个项目，通过各个项目时间上的搭配，以及项目需求资金量的配置，让各种规模、期限和收益率的项目合理搭配起来，实现风险收益最大化。

总而言之，REITs 的推出将会给房地产私募基金带来巨大的机会。只有那些基金管理流程更完善、拥有更好的品牌背书，能通过产品结构设计获得低成本资金，同时在基础资产上拥有专业的投资能力和配置能力的房地产私募基金将具备更好的发展前景。房地产私募基金的发展又会对 REITs 的公募起到协同促进作用，即经过私募市场的培育、孵化，优化资产的区域和业态组合，形成稳定持续的经常性现金流，培育成熟后退出上市成 REITs。

2. 资金投资主体选择

（1）权益资金

权益资金是指持有 REITs 股票的股东或持有受益凭证的 REITs 投资者注入的资本。在美国市场，大量 REITs 产品挂牌上市。通过发行股票，经由机构投资者及个人投资者认购，获取权益资金，并利用该资金补充负债资金。REITs 股票或受益凭证的流通平台与一般上市公司类似，发生于美国各大主要股票交易市场，如：纽约证券交易所（NYSE）、美国证券交易商协会自动报价系统（NASDAQ：纳斯达克）。

（2）债务资金

REITs 债务资金是指从金融市场筹集到的资金，通过发行债券、银行借入、信托或者商业票据等渠道取得。同一般其他公司相类似，公司型 REITs 能够在公开市场发行公司债、商业抵押贷款证券等获取资金。而在私募市场，往往是特定几位的资金供给者发放贷款，资金供给者直接和贷款人签订贷款协议获得资金。商业地产的开发、经营需要大量的资金，个人投资者无法满足其资金要求，所以债务资金通常为保险公司、商业银行、养老基金、信托机构等大型的机构法人所发放的贷款[1]。

近几年，银行为防范风险加大了对房地产开发贷款项目的难度，致使信托资金投入房地产公司的数额逐渐增大，6000 亿养老基金入市，就目前房地产市场状况，信托资金、养老保险及个人居民储蓄可以更多地参与 REITs 市场。

9.1.5　REITs 投资物业定位和投资形式选择

1. 投资物业定位

REITs 打包上市的资产需要具备完整产权出租型的和能够带来稳定收益、信用良好、便于预测租金收益的物业类型。在国际 REITs 市场上，REITs 在美国发展前期，将其建造成本低、回报率高的工业地产物业，租户众多、租金分散风险的零售业物业和写字楼物业，稳定收益的公寓物业打包进行资产组合。现阶段美国 REITs 发展较成熟，只要具有持续稳定收益的物业都是 REITs 投资的对象。日本、新加坡等亚洲国家的工业、零售业、写字楼、公寓收益相对稳定的物业属于 REITs 投资的基础物业。

根据前面对商业地产不同类型的物业收益分析，结合业态投资组合优化的实证分析，借鉴国外 REITs 投资物业类型，通过将工业、零售业、写字楼、公寓资产相结合打包发行受益凭证，收益相对较高的公寓、零售业，能够弥补收益相对较低的写字楼、工业物业，进而保证投资者的收益。同时，写字楼、工业的稳定收益可以冲抵掉零售业、工业由于周期性波动较大所带来的高风险。REITs 的投资策略通过法律法规的变化、货币调整以及税收和产业政策的改变并结合不同规模、区位、类型进行择时择地，适当调整相应的投资策略。

2. REITs 投资形式选择

未来 REITs 应重点开发权益型 REITs，并且逐步丰富产品类型，再进行抵押类 REITs 的推行尝试。权益型 REITs 应该作为主要的产品类型优先试用，抵押型 REITs 和其他类型相比更容易被市场接受：一是通过市场上各类型产品的竞争，从数量和市值两个重要指标看，权益型 REITs 都高于抵押型 REITs，无论美国还是新加坡以及亚洲各国权益型 REITs 无论在数量还是在市值方面都占市场主导地位；二是由于经济周期的波动，权益型 REITs 可以有选择地使用进取的运行政策也可以采取审慎的投资计划，通过改变资金和资产的比例降低利率对总资产的冲击；三是即使在经济衰退期间导致商业运营艰难，权益型 REITs 同样能够安全稳定地运行，刚刚结束的全球次贷危机中，权益型 REITs 基本都稳定运行，市值跌幅与市场平均跌幅持平，很少有违约和破产，但抵押型 REITs 出现了许多违约行为。

9.1.6 REITs管理模式和收益分配比例选择

1. 管理模式的选择

REITs根据管理模式的不同，分为外部管理模式和内部管理模式。美国REITs以内部管理模式为主流，而亚洲以外部管理模式为主。内部管理模式是指REITs自身具有选择投资物业类型及资产管理的责任，可以直接选择承包商且为他们直接提供物业租赁相关的服务。但内部管理模式需要REITs具有专业的顾问进行资产的管理，否则存在较大风险。外部管理模式需要REITs从专业咨询顾问公司聘请专业顾问，该专业顾问为REITs订制房产购置计划及融资决策。相对于内部管理模式的REITs，利用外部管理模式的REITs的效率高，因其有专业的管理人员进行日常业务管理，但在利益分配方面因代理问题的冲突及自我交易的可能。由于各方都追求利益最大化，股东和顾问之间存在利益冲突，在REITs需要不断的投资物业和处置物业，专业顾问选择物业且实施投资策略，代理问题会在房屋租赁、出售及投资时期产生。由于专业顾问可能同时管理两个或两个以上的REITs，为使得自身获得最优利益，存在自我交易的可能[2]。

REITs属于权益类产品，投资管理、运营管理能力及经验直接关系到REITs的投资收益效果以及风险防范能力，关系到REITs面对外部环境的风险抵御能力。美国REITs有数量庞大的专业人士，主要以内部管理的公司型为主，亚洲各国的REITs起步较晚，主要以外部管理为主。就中国目前缺乏房地产投资管理的专业人员以及专业的物业管理顾问公司，且房地产企业和金融机构水平都需要进一步提升，没有适合REITs自身发展的合适顾问。所以，中国REITs应先聘请外部管理公司，使用外部管理公司提高自身的生存能力，通过绩效激励和股权激励建立激励机制，将REITs管理者的利益和投资者相连，弱化因委托代理关系产生的徇私舞弊行为，使其在决策和管理中更加科学和谨慎，增强REITs在宏观环境中的适应性，随着人才的积累慢慢向内部管理模式转变。

2. 收益分配比例

通过第2.3.1节的分析，可知美国、新加坡和中国香港在收益分配中，90％以上的收入分配给投资者。在REITs发展前期，我国为吸引较多的投资者的投资和关注，借鉴国外经验，制定高比例的分配方式，如每年至少分配一次且分配比例占REITs收入的90％以上。

9.1.7 REITs风险控制体系

1. REITs的微观金融风险控制

通过对金融系统内部各变量互动关系的分析，可以看出REITs作为金融系统中的一个部分，可能受到系统中各变量的影响而产生微观金融风险，影响REITs的投资者或发起人的利益，也可能因为微观风险的积累或作用于宏观环境引发金融系统的不稳定，从而产生系统金融风险，给整个金融或经济系统带来损失。因此，对于REITs的风险控制应分为两个层面，即REITs的微观金融风险控制和系统金融风险控制。

（1）提升市场调研精确度

市场调查研究是对REITs微观金融风险进行事前控制和主动控制的重要手段之一，重点考察宏观环境和项目定位特征，以实现REITs和环境及市场的高度契合。真实合理、详细科学的市场调研会对 REITs 投资决策有很大帮助，并有效降低 REITs 微观金融风险。市场调研主要分宏观环境和项目特征两个方面。

1）宏观环境

由于宏观环境对 REITs 收益的影响显著，REITs 管理人和投资者都需要密切关注宏观经济形势和国家政策，包括法律法规变化、货币政策调整以及税收和产业政策改变等。通过对环境的分析，有助于 REITs 管理人和投资者制定和调整投资策略，实现投资目标。

2）项目特征

REITs 的标的是房地产项目，项目经营表现受环境和市场条件影响。REITs 产品的特殊性体现在它是综合了地产、商业以及资本市场运作的产物，不同类型 REITs 其风险产生和作用具有异质性。区位和物业类型决定项目对宏观环境的敏感程度，因此投资决策过程中必须考虑不同区位和物业类型的项目特征，以及项目和环境是否匹配（表 9-1）。

不同物业类型特点及投资约束条件　　　　　　　　　　　　　　表 9-1

物业类型	特点	投资约束条件
写字楼	写字楼市场经常发生过度建设	收购时机的选择
公寓	业绩与地区供求关系高度相关	地区经济水平
零售业	开发成本高， 与租户分享收益	资金量和相应的资金成本 租户选择
医疗健康	业绩依赖于租户质量， 供求关系较稳定	租户选择 数量不会太多
酒店	高度的周期性和经济敏感性， 与品牌和经营因素高度相关	市场状况 与运营商的协同成本和风险

（2）建立投资组合分散风险

根据现代投资组合理论，分散投资有助于降低投资组合总体风险。基于前文对不同 REITs 物业类型和区位项目特征的分析，可以看出不同项目在经济环境和市场条件方面的敏感性差异，因此建立组合能够使得这部分风险平均化。REITs 的分散化策略有以下三种：

1）物业类型组合

每一种类型的物业风险特征有较大差别，在同一区域内，不同类型的物业受环境的影响程度不同，也就有不同的市场表现。例如，我国的房地产市场宏观调控政策对住宅市场产生了极大影响，但对商业地产、工业地产的影响较小，甚至作为住宅产品的替代，这两类物业的市场表现较好。

2）地理区位组合

由于房地产具有不可移动性，因此受区位的影响很大。如果将投资集中在一个地区，一旦该地区的宏观环境出现波动，就很有可能给投资者带来重大损失。因此，REITs 在进行物业投资组合的时候应在空间上予以合理配置。通过地理区位的分散组合，使总体风险降到最低，从而最大化投资收益。地理区位的多样化有两层含义：一是空间范围多样；二是经济区域多样。具体而言，空间范围多样是指不同的地段组合或跨区域组合，这种组合下的 REITs 能够解决当下某项目地段质量不高或行政区划下政策变动的风险，保持组合整体的风险收益水平。经济区域多样则以经济活动差异性为准则，进行分散化组合，主要解决经济活动集聚带来的风险集聚问题。

3）混合组合

混合组合是物业类型和地理区位都经过分散化的叠加组合，是指 REITs 的投资标的既实现类型多样化，又呈现区域空间多样化。如果只考虑外部环境对 REITs 的影响，将混合组合仅作为抵御宏观风险的策略，这样的混合组合理论上有助于降低风险。但若考虑 REITs 的内部管理风险和运营成本，混合组合可能是失效的，因为这种战略可能会产生高额的运营成本，对 REITs 的管理能力也是极大的考验。

（3）提高内部治理和控制水平

现代 REITs 在形式上表现为信托基金，或者基金公司，其实质是一种依照依法经营和管理的从事房地产项目运营的机构组织，投资管理和运营管理的能力和经验直接关系到 REITs 的投资收益效果以及风险防范，关系到 REITs 面对外部环境的风险抵御能力。改善治理结构是通过完善组织架构实现风险控制和管理的优化，而加强内部控制是通过完善风险管理机制使风险尽量可控。

改善治理结构要明确股东内部持股比例，最优持股比例能够保证 REITs 的经营决策机制畅通完善，使得 REITs 风险降低。另一方面，要建立激励机制，弱化因委托代理关系产生的徇私舞弊行为，通过绩效激励和股权激励，将 REITs 管理者的利益和投资者相连，使其在决策和管理中更加科学谨慎，增强 REITs 在宏观环境中的适应性。

在健全内控机制方面，应当建立起系统全面的内部风险控制框架，其范畴应涵盖内部职能与一切业务活动所须执行的程序及规定，内容包括制定各项组织规则或公司章程以及各项业务操作手册。具体来说，REITs 的运营管理主体应制定风险控制和管理的工作流程业务规则，明确风险控制中管理人员和直接责任人员的责任。建立公司审计制度，由审计部门对公司的风险管理工作进行监督和审计，定期对资金使用进行风险评估，督促投资部门把每项资产运作控制在规定比例之内，确保各项措施的落实。

（4）完善内外结合的监督模式

通过对 REITs 实行内外部监管结合的方式，能够明确 REITs 各主要当事人的权利、义务及行为规范，督促参与人遵纪守法，保证市场的正常秩序，降低因 REITs 运行不规范带来的脆弱性。外部监管指通过政府及行业机构的规范监督和管理。澳大利亚拥有多部门联动的针对 REITs 的金融监管部门，储备银行负责牵头，财政部、审慎监管局和证券投资委员会共同成立监管委员会，对 REITs 风险进行外部监管，通过协调和合作取得了有效的成绩。美国具有二级的监管法律体系，即联邦监管体系和州监管体系，通过法律约束 REITs 运作行为。此外，全国房地产投资信托协会（NAREIT）、全国证券交易委员会（SEC）等机构通过检查、稽核基金公司的经营活动，监督《信托条款法》《投资公司法》《投资顾问法》等各类法律的执行，以保护投资者的合法权益。中国香港 REITs 则分别由证监会和联交所分别监管，行使不同的监管权利，具有不同的监管目的，证监会主要针对集体投资计划的可行性和稳定性进行监管，确保和认定 REITs 计划的实施规则。联交所则针对 REITs 的上市事宜，监督上市流程，按照上市规则对 REITs 进行持续监督。中国香港还规定 REITs 必须由一名独立的资产评估师负责资产评估事宜，对基金旗下的物业资产进行价值评定，这是中国香港 REITs 风险监控的有效方式，也是其特色所在。

内部监管指通过股东大会行使股东监督权力。美国纽约证券交易所（NYSE）规定，公司型 REITs 每个会计年度必须召开年度股东大会。澳洲证券交易所（ASX）规定 RE-ITs 必须提供单位基金持有人获取公司信息、为公司管理提建议以及参与公司决策的途径。这些要求使得召开集体大会成为最好的实现股东利益、规避风险的方式。中国香港交易所推荐所有上市 REITs 通过年度股东大会与股东交流，使之成为公司治理的核心原则。

2. REITs 的系统金融风险控制

（1）构建完善的外部监管体系

金融产品和金融系统都具有复杂性，特别是金融创新使得金融产品的内涵和运作过程都日趋复杂，金融系统也越来越庞大，金融机构之间高度关联，加大了风险相互传染的可能性。REITs 是房地产和证券化结合的产物，具有双重特征，在与金融系统结合的过程中会出现复杂的网络，为风险的叠加和传递提供通路。2008 年美国金融危机发端于次贷危机，美国复杂金融体系中的一些传动装置在危机形成和恶化中起到了重要作用：抵押贷款标准过低和证券化渠道引发并传播了危机，使微观金融风险累积造成系统无序；美国金融危机调查委员会（FCIC）认为对金融体系监管不足加剧了美国金融市场的不稳定；许多重要的、功能广泛的金融机构，疏于对公司治理和风险管理的关注和健全，是这场危机产生的关键原因；政府应对危机缺乏准备和预判，出台政策不具有稳定性和连续性，使得金融市场的确定性和群体恐慌情绪加剧。因此，加强对金融系统的外部监管，是有效切断 REITs 系统金融风险传染路径的方式。

（2）建立金融系统调控的长效机制

金融系统风险的防范和控制不能依靠短期刺激，不适当的刺激不仅无法控制风险，反而有可能引发更严重的问题，因此应该通过建立针对金融系统风险调控的长效机制。所谓长效机制，是通过货币政策、利率汇率政策等宏观政策，改善金融市场与经济环境的关系。保证宏观经济的基本平衡及适当的宏观政策组合是防范金融系统风险的重要手段，特别是能够降低金融危机爆发的可能性，对危机起到降低影响的作用。平衡货币政策和财政政策、有效调节汇率政策是各国管理和预防危机的重要经验之一。所以，有必要使宏观经济变量优化，增加外贸效益、资本的合理流动以及审慎地开放金融市场。

REITs 作为金融市场中的一部分，同时也是金融创新的产物，存在着对金融系统冲击的潜在可能，特别是通过与宏观环境及其他市场相互作用，从而使系统内风险产生放大或传染效应。通过建立调控长效机制，一方面能够稳定 REITs 与宏观环境的关系，防止宏观环境对 REITs 造成过多刺激；同时也防止 REITs 微观金融风险无序积累引发系统性风险。

宏观经济基础变量优化是有效防范金融系统风险的方式。经济结构的失衡以及金融结构的脆弱是金融系统风险累积的主要原因，也是最终引发金融危机的根源。REITs 及其他金融衍生工具是金融系统中重要的节点，决定了金融结构是否健康稳定，且其收益依赖于宏观经济基础变量的稳定。由此，金融系统的稳定性是由经济基本面的稳定性决定的，与宏观经济政策的调整高度相关。因此，通过合理调整宏观经济政策实现各市场的协调发展，推动经济的平稳较快发展，有利于促进金融系统的稳定。

财政和货币政策是调整社会供需结构和数量的手段，二者通常叠加使用，具有高度的关联性。货币政策重在维持物价、货币和金融的稳定，财政政策通过调节税后和政府支出改变金融市场流动性，进而影响金融稳定。由于二者之间存在互补性和交叉性，必须通过协调机制保证政策的有效性和稳定性。首先是财政货币政策对于宏观经济目标要保持一致，予以配合；其次是通过协调一致的工具进行合理调节，避免相互冲突；最后要追求二者功能上的互相补充，财政政策重在注重公平和社会稳定，货币政策侧重于效率。因此，财政和货币政策的协调作用是维持金融系统稳定的保障。特别是，财政货币政策对 REITs 具有较大影响，确保政策的全面协调可持续，对控制 REITs 金融系统风险具有重要作用。

汇率制度的选择以及汇率与财政货币政策的协调程度也是维持金融系统稳定的关键。对于 REITs 而言，当债权人对汇率和宏观经济政策的可持续性存在质疑，就会干扰其对收益风险的预期，导致 REITs 价格的波动，使微观金融风险转化为系统风险。同时，系统风险会导致资本外流，给汇率造成压力并传递风险。因此，一个国家就必须在汇率政策和货币政策的协调上下工夫，使之有利于宏观经济的稳定、协调、健康发展。

（3）完善系统的自调整机制

金融系统内部具有自稳定和自组织的特性，在长期均衡下具有自我调节功能。当较小的外部干扰或冲击作用于原本稳定的金融系统时，其内部的自身机制能够保持或恢复系统的初始稳定状态和结构。稳定状态并不持续，而是会对原来的要素和结构进行必要改造，走向新的稳定，当 REITs 作为一种金融创新产品加入金融系统中，对金融系统原有的稳定性造成了冲击，系统会通过自身调节机制试图达到新的平衡。有时这个过程是自组织的，即金融结构的形成无需外界干预，通过自身调整即可实现。通常情况下，金融的稳定性依靠内外共同作用，虽然外部作用能够起到更直接的影响，但金融系统的自我调节机制更能释放系统的潜力，应该得到完善。对于金融系统内部自我调节机制的建设和完善，应该从构建多元化的金融组织体系、提高金融系统运行效率、完善资本市场发展等方面着手。

1）构建多元化金融组织体系

促进金融系统的自我调节，首先应保证其组织体系具有多元化特征，使金融系统内部节点丰富、路径顺畅。就 REITs 而言，应鼓励其规模和类型的多元化，形成 REITs 主体的特征差异，同时促进相应金融机构的多层次发展，发挥金融中介的作用，提供差异化服务。通过完善 REITs 发展所需要的组织体系，进一步对更大范围内的金融组织体系进行完善，从而保证整个金融系统的组织可靠，有助于保证自我调节水平。

2）提高金融系统运行效率

自我调节通常是缓慢的低速的，要尽量保持自我调节机制的运行流畅，就要尽力提高金融系统运行效率，如借助外部力量、加强开放程度、规范治理结构等。自我调节机制作用的有效发挥常常需要借助于管理部门的强大的力量、权威和号召力，降低集体行为的组织成本，为私人部门的加入提供激励，以加快系统运行速度。通过吸引民间资本、引入战略投资等方式，加大金融市场开放程度，如吸引机构投资者投资 REITs，利用其在信息获取方面的优势，给 REITs 流动提供正确导向。构建和完善各融资主体和金融机构的治理结构，推进转变经营管理机制，以内部权责制度和财务约束作为风险防范的基本方式，提升金融系统运行效率。

3）完善资本市场发展

资本市场的完善程度决定了金融系统资源水平，金融系统资源是否丰富健康，关系到金融系统自我调节功能的实现。REITs 的发展依托于资本市场，与资本市场中股票、债券等市场存在相关性，通过建立多层次、结构合理、机制创新的资本市场体系，有助于 REITs 和资本市场的相互调节。

9.1.8　退出机制选择

将 REITs 产品引入商业地产，能够为房企在运营方面获取稳定收益提出了一种资金安全退出机制，其实质为"重资产模式"向"轻资产模式"转变。

传统的房地产开发模式，主要是拿地、开发和销售（或运营）模式，开发商是典型的重资产运营模式。而 REITs 将带来房企经营模式上的巨大改变。开发商可以等商业项目运营成熟后，通过出售、分散和打包设立 REITs 在公开市场出售，引入投资人、基金管理人和基金托管人，从而实现资金快速的回笼。当然，房企也可持有部分 REITs 份额，从而同时享受分红和物业升值收益，整个过程实现了由重资产向轻资产的转变。

REITs 对于商业地产企业运营模式最大的影响在于其提供了一种退出机制。

（1）该产品预计将以 REITs 上市的方式退出

商业地产企业首先进行以自有资金和信贷融资等获得的资金进行商业地产的开发以及私募基金的前期培育，等商业地产培育成熟获得稳定的租金收入后将成熟的存量资产打包设立 REITs。退出时，私募基金将所持物业 100％的权益出售给由基金管理人发起的在交易所上市的 REITs，在公开市场出售部分份额回笼资金，剩余部分将以 REITs 份额的方式由本基金持有。

（2）转为上市开放式基金

基金合同生效后 n 年基金运作期届满，在满足基金合同约定的存续条件下，自动转换为上市开放式基金（LOF），从而进一步实现资金的退出。

（3）出售给第三方

除以上方式退出外，基金还可以按照市场价格出售给第三方实现退出。出售给第三方是 REITs 退出方式的重要补充。

9.1.9　我国发展 REITs 的模式探索

亚洲各国和地区推出的房地产信托基金 REITs，大都借鉴了美国的发展经验，在结构、投资范围和收入分配上大同小异并采取专项立法，从而在设立、结构、投资资产、收入及其分配和监管方面更为严格，也决定了其运行模式和组织模式上有自己独到的地方，也更值得我国借鉴。

1. REITs 的立法模式选择

从美国 REITs 立法目的演进过程来看（图 9-3），美国《房地产投资信托法案》（Real Estate Investment Trust Act of 1960）对 REITs 的定义不断扩展和演进，目的是面向小投资者聚集基金投资房地产的一种税收优惠制度不断完善，使小投资者获取一些税收优惠，通过专业化的管理和房地产投资的投资组合获取利益，同时又能规避对房地产投资的风险，又为房地产行业增加新的融资渠道。

在日本，私募型证券化的主要法律是：颁布于 1998 年的《资产流动化法》为日本不动产证券化奠定了法律基础，是重要的里程碑事件。日本政府在 2000 年 5 月针对审批程序、破产隔离体系设计和税收体制等问题修订了现行的《关于投资信托以及投资法人的法律》。日本 TMK 模式类似于 SPV，主要是针对资产的流动性，即特定资产的证券化，而

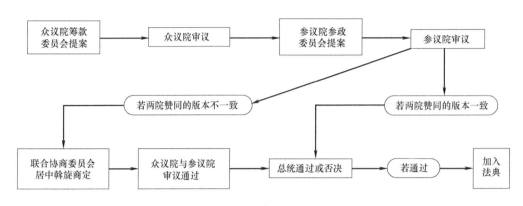

图 9-3　美国联邦税收立法流程

J-REITs 主要是以管理人资产运用能力与通过资产组合提升绩效与价值。

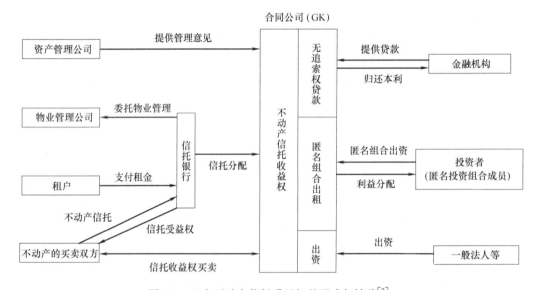

图 9-4　日本不动产信托受益权的形成与转移[3]

　　房地产投资信托制度涉及银行、证券、税收、信托、公司甚至保险等多个领域，从立法模式分析中可以看出，在我国缺少采用美国的税收优惠驱动型 REITs 基础，由于资本市场的法制环境不成熟，目前不适合我国的 REITs 发展。相反，中国香港证监会制定的《房地产投资信托守则》和《新加坡金融管理局负责制定的财产信托指引》及其他亚洲国家和地区的专门立法模式，它们通过单独立法来规定 REITs 设立及运行的法律条件，通过制定详细的程序和规则，实现在资本市场法制建设尚不充分的背景下成功推行 REITs 新型金融产品，对于我国发展 REITs 产品、建立适用专项立法模式具有较强的借鉴意义。

2. 发展 REITs 组织与运营模式

　　房地产投资基金 REITs 作为一种创新，其发展和变迁离不开有效的组织，在我国 REITs 产品的组织模式选择时，不仅要考虑构成 REITs 产品特性等因素，而且 REITs 作为投资产品，相对稳定的现金流收益必不可少。一种组织形式是否有效取决于在运营过程中由于信息不对称所带来的监督和激励问题、委托人和代理人之间的制约。所以，基金经理人与投资者的权利义务，需具有有效和完备的投资契约，并包括组织形式、投资战略和存续期限等方面，这个契约必然是构建在法律结构之上。

（1）针对已建成的商业地产

对于已建成的商业地产应从金融创新这个角度去库存。探索使用资产支持专项计划＋信托计划（或私募基金）＋SPV 公司的结构＋契约制 REITs 为基础的信托计划模式，可以解决库存、现金流和资产负债等问题。但由于基础资产的法律合规性问题，资产支持证券并非直接以商业地产的租金和物业增值收益作为基础资产，而是通过设置多层特殊目的载体，形成资产支持专项计划＋信托计划（或私募基金）＋SPV 公司的结构安排，使得资产支持证券（券商或基金子公司的资产支持专项计划）间接持有标的资产的租金和物业增值收益。相关交易采用如下步骤进行（图 9-5）：

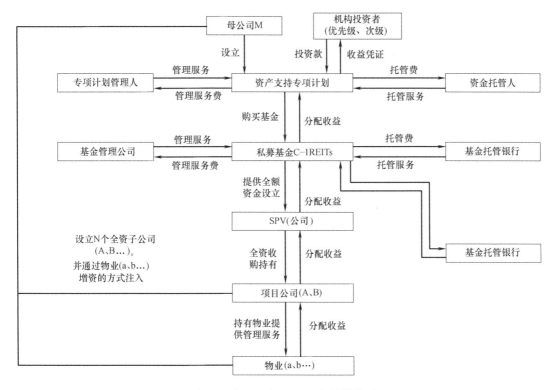

图 9-5　商业地产 REITS 交易结构图

首先，由母公司 M 发起设立"XXX 资产支持专项计划"，向优先级、次级投资者募集资金；其次，由母公司的二级全资子公司 M1 基金管理公司发起设立非公募股权投资基金 C-1REITs，并作为管理人管理该非公募基金 C-1REITs；再次，"XXX 资产支持专项计划"以其募集的资金认购该"非公募股权投资基金"的基金份额；最后，由非公募基金设立全资子公司，再由该全资子公司收购项目公司（A、B...）的 100％股权。而在这之前，母公司在 XX 地分别设立 N 个全资子公司：项目公司（A、B...），并通过实物增资的方式，将位于 XX 地的 N 座大厦分别装入这 N 个全资子公司。

通过上述一系列步骤，使得非公募基金借由持股子公司股权，从而间接持有 N 座大厦；而专项资产管理计划的投资者，则通过享受非公募基金的分红而间接享有 N 座大厦带来的租金收益。

将 C-1REITs 交易架构与传统的 REITs 架构进行比较，可以看出两点明显的区别：一是在物业层面，C-1REITs 作为 REITs 载体的资产支持专项计划并没有直接持有物业，而是通过持有项目公司的股权而间接持有物业；二是在 REITs 层面，C-1REITs 采用了专项资产管理计划与非公募基金的叠加结构。通过这种方式，资产出让方避开了土地增值税、营业税、城市维护建设税和教育税附加等。

从上面的分析可以看出，新设子公司在实物增资的交易架构下，融资者可以减少许多税收负担，对推动交易的进行有着非常重要的意义。

引入私募基金培育 2～3 年，商业地产需要有"养"的过程，才能带来稳定的、可持续的租金回报，培育成熟后，退出上市成为真正的 REITs。

相比较房地产信托计划，REITs 从本质上看是一种集合投资计划产品，投资领域是房地产业，两者结构较为类似。由于基本相同的结构，信托计划的组织模式可以优先作为 REITs 的结构模式进行应用。中国香港的领展 REITs 和新加坡的凯德 REITs 已经成功应用了信托组织结构，它有着较成熟的组织模式，具有较好的借鉴价值。如图 9-6 所示，尽管有比较复杂的体系，但各个组织机构比较明晰，具有较高的效率，这些都是值得我们中国借鉴的。因此，我国 REITs 可以参考新加坡和中国香港案例设计成以下模式：

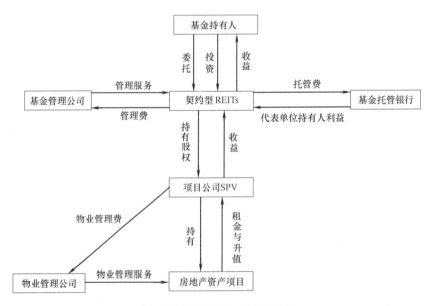

图 9-6　我国 REITs 模式设计图

综合零售、区域购物中心、商业广场、写字楼、酒店和高端公寓，商业地产需要有"养"的过程，才能带来稳定的、可持续的租金回报。引入私募基金培育 4～5 年，经过私募市场的培育、孵化，优化资产的区域和业态组合，形成稳定持续的经常性现金流，培育成熟后退出上市成 REITs。

对于零售业（综合零售、区域购物中心、商业广场）、写字楼、酒店出租等不同产业的引进就相当于业态层次的逐渐丰富。若政府对其实行税收优惠，辅之必要财政补贴，私募 REITs 的收益率将有所改观，培育成熟后退出上市成 REITs 的推广必能有所突破。

高端公寓采用租售结合，具体出租给来滨海新区发展的高级白领、金领、滨海新区引进的高端人才，政府给予他们不同标准的租房补贴 4～5 年，4～5 年过后，房地产企业再通过折价方式出售给他们。

（2）针对在建的商业地产

政府在建的商业地产投资带来巨量融资需求，而土地财政却难以为继，信贷刺激的老路也被证明遗患无穷。通过 BOT 模式引进大量民间闲置投资资金，BOT 模式有利于缓解政府债务压力，降低系统性风险。相关交易采用如下步骤进行（图 9-7）：

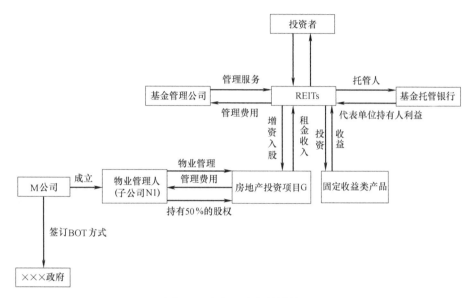

图 9-7 商业地产交易结构图

XXX 政府与 N 公司签订 BOT 方式用于建造 A（A1、A2...）项目，XXX 政府出让一块 $X\mathrm{m}^2$ 的土地给 N 公司，N 公司花费 M 亿资金用于建设该项目，N 公司为了更好地建造该项目成立了项目子公司 N1，N1 获得运营 10 年期间 100% 的营业收入。

采用公募基金直接投资项目公司股权，而项目子公司在这之前已经拥有相关物业，这种架构设计，由于不涉及房地产资产的转让，自然躲开了土地增值税的困扰。

C-2REITs 在证券交易所公募发行，基金总发行规模为 B 亿元，其中 B1 亿元用于通过增资方式投资目标公司 N150% 的股权并获取 C 项目 10 年期的 50% 股权的 100% 营业收入（除物业管理费外，按股权分配利润）。其余部分用于投资固定收益类、权益类工具。

信用增级：XXX 政府认购 M1 亿份额，2 年内不得转让；基金公司认购 M2 万份额，3 年内不得转让；子公司，M3 万保证金。C-2REITs 基金在 10 年期内为封闭式基金。

业绩补偿机制：由 N 公司深圳万科开立保证金账户，一次性存入不低于 M3 万元的保证金并确保每年维持不低于 M3 万的保证金。当目标公司实际业绩收入低于 N 公司提供并经基金管理人确认的目标公司当期业绩比较基准的，N 公司以保证金账户资金补取差额。

激励机制（目标公司业绩基准）：当业绩高于基准时，如高于基准 5% 以内，该部分的 20% 支付向保证金账户；如高于基准 5%～10%，该部分的 30% 支付向保证金账户；如高于基准 10% 以上，该部分的 50% 支付向保证金账户。

通过以下三种方式持续提高投资回报率及 REITs 规模。

内部增长：主要是指在签订物业租赁合同时通过附有租金按一定的方式逐年增长的协议来实现原有物业租金收入内部自生性增长，进而使得整个资产组合能够持续产生稳健且递增的分红。

创新资产增值：是指对现有物业进行改造翻新，通过重新配置物业组合，扩大可租赁面积来实现提高原有物业的租金收入以及 NPI。

高收益增值收益：指的是上市 REITs 通过从新金融集团旗下的私募基金以及其他第三方处收购优质物业注入资产组合，实现了资产组合的增值。

9.2 我国发展 REITs 的政策建议

9.2.1 建立规范 REITs 的专项法律制度

美国的 REITs 是税收驱动型的，其从最初的组织结构到后来的结构创新都是围绕如何合法地避税，其规则往往成为人们经济行为的导向。因国情不同，特别是法律制度与传统的差异，美国发展 RETTs 的模式是不可复制的。从新加坡、澳大利亚和中国香港 REITs 的确立与发展历程看出，通过专项立法确立 REITs 制度是发展 REITs 的正确选择。立法应该对 RE1Ts 设立条件、组织结构、投资对象以及利益分配等重要问题全面、明确规定，这不仅利于实践操作，也与我国金融监管政策相符。当然，从长远角度以及发展的眼光来看，将来由国家专门制定一部规定 REITs 制度的基本法律最为理想。

9.2.2 建立有利于 REITs 发展的税收优惠制度

REITs 对金融机构的信贷风险控制、房地产业的融资结构优化以及投资者理财渠道的多元化具有重要意义。在现有法律构架下，补充和完善相应法律法规，实现组织与运营模式不断优化，是 REITs 实现大发展的关键。

REITs 作为我国新兴金融创新工具，以立法为目标，通过实践中不断整合与完善有利于 REITs 发展的系列制度与政策；由于 REITs 涉及物权法、证券法和信托法等多个法律体系，必然存在冲突和不完善的地方，亟需有关部门不断完善，以适应 REITs 市场健康有序发展。

REITs 作为一种资产证券化产品，其以保障安全和给予投资者稳定收益为核心，各国和地区普遍坚持税收中性和避免重复征税。

9.2.3 不动产统一登记制度完善

物业资产所有权的转让是 REITs 运作的核心环节。2015 年 3 月 1 日颁布了《不动产登记暂行条例》，条例中并没有出现不动产信托登记这一重要的不动产权利类型，对于我们期待的 REITs 产品不动产信托登记，可寄希望于通过"法律规定需要登记的其他不动产权利"来解决。

9.2.4　建立风险预警体系

　　REITs 的微观金融风险直接导致投资者和管理者的利益损失，虽然风险不可能完全消除，但通过提前识别和评估风险，做好预防和控制风险的准备，能够将风险损失降至最小。因此需要建立一个比较完善的风险预警系统，对 REITs 风险进行及时监控。

　　1. 基本流程

　　第一，确定预警指标体系的层次，选定指标，确定指标阈值。这一步骤是根据 REITs 的风险特征，参考内部战略和管理实际状况，为预警体系搭设合理的框架。第二，收集信息，分析数据，度量指标值。这一步骤是建立在完善的信息收集和处理基础上，对风险进行量化，计算出指标体系的风险值，并与临界值比较，判断目前 REITs 的风险状态。

　　2. 指标及临界值的确定

　　要对 REITs 的微观金融风险进行预警，就必须首先确定可量化的预警指标，并根据自身情况和环境特点设定风险警戒值（图 9-8）。结合前文对金融系统内各因素和 RE-ITs 的互动机理分析，宏观因素会引发 REITs 微观金融风险，并根据第 5 章的结论，利率和货币供应量变动是 REITs 收益率变动的格兰杰

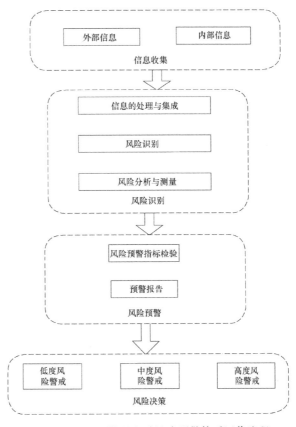

图 9-8　REITs 微观金融风险预警体系运作流程

原因，实际中会显现出先于 REITs 变动的特点。因此可选择利率和货币供应量两个指标，作为 REITs 微观金融风险发生的预警指标，而风险警戒值是根据各 REITs 的不同特点相应设定的，在实际风险管理中需要不断检查、比较和调整。

9.2.5　建立严格的 REITs 监管制度

　　先由全国人大常委会授权中华人民共和国主席签署主席令，再由国务院总理召开国务院常务会议统一部署各部委推广 REITs 产品。在国务院的统一部署下，由税收部门推动 REITs 税收豁免，由住房城乡建设部统筹规划可供操作的物业类型，由一行三会完善上市交易制度并扩大投资者范围。可就中国人民银行、银监会、证监会、住建部、财政部、国家税务总局等各有关部委涉及 REITs 的监管职责和监管范围统一作出规定，厘清各有关部门的权限范围，避免权责交叉和职能冲突。具体操作上，考虑到立法的复杂性和时间

性对 REITs 载体的法律地位、设立条件、监管和税收优惠等方面内容作出统一规定，在制定《房地产投资信托基金法》之前，可由各有关部门联合制定规章，对 REITs 涉及的各有关法律问题进行规范管理与指导，以突破 REITs 面临的各种困境，为房地产业发展注入新的活力。

9.2.6　REITs 公司治理问题总结

（1）REITs 公司股权结构的治理对企业综合业绩的影响较为显著。

REITs 公司的第一大股东持股比例与股权集中程度能够负向影响企业的经营绩效。大股东绝对控股时，可能会出现为谋取自身的利益，产生"隧道效应"，导致中小股东的利益受到侵害。从股权集中程度的角度来说，当 REITs 企业的股权过于集中时，会降低管理者自身的能动性，从而埋下委托代理问题的隐患，因此，适度地分散股权可能更有利于企业价值的实现。当所有权适度分散时，会降低股东对企业的控制权，相对地，经营者的控制权将有所提升，产生所谓的"两权分离"，虽然这样会提高代理成本，但是这些代理成本相较于"两权分离"所产生的益处，例如专业化的运营、分散化的风险等，实在是"小巫见大巫"。

REITs 公司的第二大股东对第一大股东的股权制衡可以有效地提升企业的综合绩效，股权制衡能够适当地调节大股东与中小股东之间的"第二类代理问题"。几个相对持股比例较高的股东对第一大股东进行监督和约束，而不至于"一股独大"的股东一意孤行，以此来限制大股东的掠夺行为，从而得出较为合理的决策，有利于使公司向好的方向发展。

实证结果显示 REITs 公司机构持股比例的大小对企业业绩的影响不显著，究其原因，可能是因为美国 REITs 企业的机构持股发展比较完善，类型包括养老基金、共同基金、保险公司等。包括持股比例一般在 $60\%\sim80\%$ 比较常见，不管是企业绩效的高低，其机构投资者持有的股份都大概在一定的范围内波动。

（2）REITs 公司董事会成员及独立董事比例的增加能够正向影响企业的业绩。

董事会成员的增加使得信息透明化，各成员也能够各施所长。而随着董事会规模的扩大，其独立性也要相对增强，独立董事占董事会的比例越高，越能够促进企业的运营绩效。现代公司企业制度中的所有权与控制权相分离，及股权的相对分散，致使经营者逐渐拥有较多的企业控制权，随之而来的委托代理问题会愈发显著，为了加强对经营者的内部监管，增强企业董事会的独立性，独立董事制度应运而生。区别于其他内部董事，独立董事不能在本公司有其他职务，并且不能影响其他成员的决策，这样有效地避免了董事会成员与经营层之间的串通合谋。

（3）REITs 公司对经理层的薪酬和股权激励可以使经理层更加积极地实现企业的经营目标。

当经理人认为所获得的报酬与自己的努力相匹配时，会更加努力地实现业绩目标，以此来满足自己的需求，在这样的良性循环中循环，公司的经营业绩表现更佳。当企业的经营者持有股份时，会将公司与自己本身当作利益共同体，如此一来，与投资者之间的委托代理问题将得到缓解，与此同时，为了实现自己基本薪酬外的红利和提升企业的良好形象，经理人将会付出更多的努力，从而促进企业业绩目标的达成。

9.3　完善 REITs 公司治理结构的对策建议

9.3.1　优化股权结构，合理运用股权制衡

优化第一大股东持股比例。在 REITs 企业中，要避免"一股独大"，通过适度降低第一大股东的控股比例，减少大股东不合理行为造成侵占中小投资者利益的情况发生。另外，大股东应当适当放权给经营者，在监督约束的同时，使其合理有效地发挥自己的主观能动性，从而提高 REITs 企业的综合绩效。

（1）适当分散化股权。

避免股权的过度集中，这样相对减弱了大股东与小股东双方的第二类代理问题。当然分散化的股权一方面需要建立比较完善的法律制度来保障投资者的权益，避免发生争夺企业控制权、恶意收购的情况发生。另一方面，当没有股东具有绝对控股企业的能力时，对经营者管理水平的要求就会提高，此时，就需要选择优秀的管理人才发挥运营才能，同样的，股东以及董事会对管理者的监督和激励将会变得比较重要。

（2）构建合理的股权制衡机制。

在适度降低绝对控股大股东持股比例的同时，扶持对其有制衡作用的股东积极地参与企业的治理。也就是说，要保证第一大股东的持股比例不能过高，同时又存在其他股东对其形成制衡作用，从而使各股东之间形成互相监督的状态，使企业能够平稳可持续地发展。各股东相互督促，降低在所有权与控制权分离的情况下，经营层反而侵占股东权益事件发生的概率。

（3）引入机构投资者。

拥有成熟投资理念的机构投资者，比较看重长期的投资价值，通过引进养老基金、共同基金等战略机构投资者，有效地改善 REITs 企业的治理结构，使机构投资者能够充分利用自己的资金来实现企业价值的提升。健全规范机构投资者投资法律程序，完善 REITs 企业信息披露机制。激励机构投资者参与企业治理，促进 REITs 企业综合绩效的提升。

9.3.2　增强董事会独立性，完善独立董事监督机制

适度扩大董事会规模，可以加强对经理人的监督，充分发挥对作为委托人股东和作为被委托方的经理层之间的桥梁作用。加强董事会的独立性，明确董事会成员和管理层人员职责的界限。健全董事会的权责机制，遵守与委托人的契约，自我约束和自我完善，不辜负利益相关方的信任。贯彻落实对经理人员的选拔、激励、考评、约束、监督机制，以保证满足股东的意愿，实现 REITs 公司的良好业绩水平。

聘任能力强、专业好、有责任的独立董事，其职业范围不应仅仅局限于单一职业，应该从多个方面考虑，比如财务类型、法律类型、研究学者、政府人员等，性别比例、平均年龄要适中，总而言之，全方位多角度地进行考虑，使独立董事成员可以取长补短，发挥更大的作用。选取独立董事的程序要透明化，注重公正性。实行可行的独立董事激励机制，如薪酬激励、名誉激励等，使其充分发挥监督作用，有效地避免企业内部董事与经理层合谋的可能性，以及管理层的权力扩大引发侵占投资者权益的事情发生，积极帮助投资者改善 REITs 公司的内部治理结构。另外，对独立董事的约束也是必不可少的，应当优化其薪酬考核机

制，报酬与企业绩效挂钩，充分参与企业结构的治理，而不至于成为摆设。

9.3.3 建立有效的经理人激励制度

"人才"是企业得以发展的资本，薪酬是人才需求的直观表现。人力资源部门在进行对员工绩效的考评时，建议将年度目标进行分解，有利于对时间节点的把控，在每个关键节点目标完成时，进行奖励或惩罚，经营者能够更加直观地感受劳有所得，在接下来的工作中尽力实现业绩目标，达到良性循环。年中和年末针对本年度业绩的完成情况，进行薪酬的调整。在进行薪酬激励的同时，要对高管的不良行为进行约束，赏罚有度、恩威并施，才能使经营者为了企业的蓬勃发展贡献力量。

让经理层拥有企业的所有权，使他们不仅仅只考虑短期的利益所得，而是更加努力实现长期的经营目标，促使 REITs 企业长期稳健、可持续地发展。企业可以以年度业绩完成情况为标准，对经营者以低于行情适当比例的价格出售股票，经营者可以享受股票增值带来的红利，并且经营者获得的是货真价实的所有权，同样相应的，该经理人也与所有股东一样，共同承担企业的风险，享受企业的收益。另外，可以实行"事业合伙人"机制，通过使高管对 REITs 企业投资项目的持股，来激励其在经营过程中充分考虑机会成本，而且更加注重企业的良好形象，使企业的价值得到提升。

9.4 我国发展商业地产 REITs 的对策建议

REITs 是资产证券化金融领域的创新工具，代表房地产融资发展方向。针对这一现状，结合国内商业地产情况，提出以下几点对策建议：

9.4.1 实行 REITs 税收优惠制度

REITs 的最大优势在于税收减免，国内 REITs 面临双重征税的困境，我国商业地产的租金收入需要缴纳一定比例的房产税、5.5％的营业税、土地高昂的增值税，之后还需上交 25％的所得税，最终只能得到租金的 60％～70％，投资者分红时还要缴纳个人所得税。而美国商业地产 REITs 运营收益在企业层面不交税或者少缴税，投资者仅需在个人收益部分缴纳个人所得税，避免双重税收。在 REITs 推出时，必须匹配 REITs 相适应的税收优惠制度，鼓励投资者进入。

9.4.2 完善 REITs 相关立法及监管机制

目前关于 REITs 的相关立法尚未出现，对资金的资产结构、资产运用、收入来源、利润分配、REITs 定价标准及税收政策等需要加以明确界定和严格限制。还可以借鉴其他国家的经验，引入独立董事制度来加强监督和约束。

9.4.3 建立风险预警体系

REITs 的风险包括投资风险和运营风险。利率、总体经济发展水平、房地产市场发展均衡和景气程度以及物业租金变化等宏观环境各变量的变化必然导致 REITs 在利润分红等方面的波动，可能引发 REITs 微观金融风险，微观金融风险经过积累和放大后，会影响金融系统中的各变量，甚至扰乱金融系统稳定性，从而引发金融系统风险。因此需要建立一个比较完善的风险预警体系，对 REITs 风险及时进行监控，且使这些宏观经济因素成为 REITs 系统风险的先行指标。虽然风险不可能完全消除，但通过提前识别和评估，做好预防和控制风险的准备，能够将风险损失降至最小。

参考文献

[1]　朱子乔. 利率对房地产市场影响研究 [D]. 杭州：浙江大学，2011.

[2]　王红强. 金融衍生工具系统风险的宏观效应研究 [D]. 北京：中共中央党校，2009.

[3]　从 TMK 到 J-REIT：为何说日本不动产证券化是中国可对标最佳范本 RCREIT（REITs 研究中心）.

附录 美国、中国香港及新加坡 REITs 发展和比较

1.REITs简介-概念、特点、优势及作用

REITs（Real Estate Investment Trusts，房地产投资信托基金，简称REITs）是指通过公司、信托或其他组织形式发行收益凭证信托募集资金并投资于具有稳定收入的房地产，由专业的机构进行房地产投资经营管理，并将大部分收益分配给投资者的一种金融工具，属于资产证券化的一种方式。

实质：以不动产（主要是已产生收益的商业地产）为基础资产的一种"资产证券化"。

基本结构（种类）：

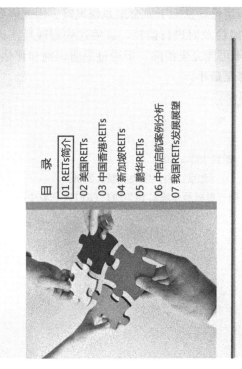

目 录

01 REITs简介

02 美国REITs

03 中国香港REITs

04 新加坡REITs

05 鹏华REITs

06 中信航案例分析

07 我国REITs发展展望

1.REITs简介-概念、特点、优势及作用

-REITs特点

上市REITs与非上市REITs共同特点：
1. 基金大部分投资于房地产物业，如香港为90%以上，美国、新加坡为75%以上；
2. 投资收益主要来源于租金收入(80%~90%)和房地产物业升值；
3. 收益的大部分用于发放分红，如美国以应税收入（资本利得除外)作为股利红方式用于分配给其份额持有人；
4. 投资者持有的是REITs的股权，而非债权。

上市：
1. REITs份额固定，类似于"老股IPO"；
2. 长期回报率稳定且较高，与股市、债市的相关性较低。

1.REITs简介-概念、特点、优势及作用

REITs的优势

1.税收优惠

REITs 起源于美国，而美国的REITs 是靠收益驱动型的，**其从最初的组织结构构建到后来的结构创新都是围绕如何合法地避税**。美国法律赋予REITs 特殊的地位，其可像普通公司一样使用各种融资工具，如IPO 上市、发行公司债券等。发行优先股、采用税收透明机制，即税收法赋予REITs 的房地产经营在企业层面不需交税或者少交税，同时也对REITs 的房地产转让书给予免税优惠，投资者仅需在个人收益层面缴纳个人所得税，这样便避免了重复征税。

2.流动性好

REITs 多数采取公募形式募集资金，发行后可在公开市场自由交易。房地产投资的主要风险之一在于流动性较差，而REITs 通过房地产证券化提高了流动性。

1.REITs简介-概念、特点、优势及作用

REITs的优势

3.收益率较高且稳定

REITs 的投资风险和收益介于债券和股票之间，与普通权益资产类似，REITs 的收益包括两部分：股利收益和资本利得。股利收益主要为持有型物业的租金收入，波动性较小且基本保持稳定增长，资本利得则与房地产市场相关性较强，走势与房地产股票一致。REITs 中股利收益占比在在百分之五至百分之四左右，因而收益率较为稳定。

4.投资门槛较低&风险分散

不动产投资门槛普遍较高，单笔投资金额较大，很难做到风险分散，是一种小众的投资品。REITs 通过向公众广泛募集资金进行投资，降低了投资的门槛；设立专业的资产管理公司并通过不同的地理位置、物业类型、资产规模，所处市场区域和租户等实现跨投资的多元化，有效分散了风险。

1.REITs简介-相关概念区分

REITs的作用

投资者	1.可使房地产投资化整为零，便于小额投资，为投资者投资房地产提供了有效途径； 2.REITs股权具有良好的变现性，风险收益介于股票与债券之间，可优化投资组合，收益较高且稳定，受到隐定收益投资者青睐
房地产商	1.快速回收投资现，提高周转率，实现资本循环； 2.扩大资产规模，调整资产结构； 3.可增强经营理物业； 4.本质上优化房地产产品运营方式及房地产并购的新模式
宏观经济	1.增加直接融资，降低金融体系风险的重要举措； 2.稳定房地产市场，抑制房地产行业过度投机行为； 3.改善宏观调控带来的房地产行业资金瓶颈； 4.有效活跃金融市场，促进经济的平衡发展

2.REITs简介-相关概念区分

REITs与传统的房地产直接投资比较

	REITs	房地产直接投资
流动性	流动性强、大众投资品	流动性差、需要资金大且物业出售难度大、小众投资品
收益稳定性	租赁收入为主、收益平稳、受市场影响较小	出售为主，受市场影响大、价值和收益波动大
管理方式	委托专业管理人士、管理层与股东之间利益冲突较小、融资渠道广	投资者要个人房地产具体业务、要聘请专业人员、利益冲突大、融资渠道窄
物业类型	业态多样化、地区扩展空间大	投资规模小、业态类型局限性大、地区集中
投资风险	能有效抵御市场和通货膨胀变化的风险	受宏观经济因素变化的影响大

注：个人整理

2.REITs简介·相关概念区分

首次公开募股（IPO）是指一家企业或公司（股份有限公司）第一次将它的股份向公众出售（首次公开发行，指股份公司首次向社会公众公开招股的发行方式）。

表2 REITs IPO 与IPO主要区别

	房地产投资信托REITs IPO	首次公开募股（IPO）
业务范围	REITs有明晰清晰的投资政策，主要投资于有稳定现金流的房地产项目，例如新加坡设立的REITs规定不少于75%	上市地产公司则可以同时从事房地产投资以及房地产开发活动以外的业务
派息比例	根据现行新加坡证券交易所的规定，REITs的股息分派比率最少须为90%	上市地产公司，则可作更大幅的储资，无明晰限制的
储资比例	香港REITs的储债率不可占资产总值的45%，新加坡对放REITs储债占资产总值的60%	—
上市组织形式	REITs可以是信托或公司	上市地产公司必须以公司的形式组成

2.REITs简介·相关概念区分

房地产资产信托(Real Estate Asset Trust,REAT)是指委托人移转其不动产或不动产相关权利予受托机构，并由受托机构向不特定人募集发行(公募)或向特定人私募交付不动产资产信托受益证券，以表彰受益人对该信托之不动产、不动产相关权利或其所生利益、孳息及其他收益之权利而成立的信托。

表4 REIT 与REAT 主要区别

	房地产投资信托REIT	房地产资产信托REAT
本质	现金信托	实物信托
信托财产	现金	土地所有权或不动产相关权利
产权属性	股权	债权
信托关系	存在于投资人和受托人之间	存在于不动产所有人与受托人之间
投资期限	一般无期限	有到期日(3-5年)
业务特征	直接、主动从市场上公开募集不动产中长期投资、开发资金，并进行加利用	由募集资金发行受益证券，以从事不动产的经营与开发
还本付息形式	无固定利率，并非返还本金；收益率为租金收益的定必派比例	有固定利率、期末返还本金

2.REITs简介·相关概念区分

房地产信托是信托投资公司发挥专业理财优势，通过实施信托计划募集资金，用于房地产开发项目，为委托人获取一定收益。

表1 REITs 与房地产信托主要区别

	房地产投资信托REITs	房地产信托
是否上市及流通性	REITs是标准化产品，可流通，且能在交易所上市交易，也可不上市	房地产信托是非标准化的金融产品，目前还不能上市交易，流通性较弱
最低投资金额与募集的规定	REITs对于募集投资金额的额度标准及具体规定	房地产信托的数量标准一般不低于100万元，例如集合的募集单数不能多于200份
收益分配	REITs按照规定需要将收入的大部分分配给投资者，投资者享有的收益率一般与经营成果有关	房地产信托根据信托的约定向定向投资者分配收益，投资者享有的收益与是否固定
运行方式	REITs负责成立资产管理公司或精英团队进行运营管理，更专视短期运营管理	房地产信托主要要提供资金保全，很少自己参与项目运营
运营周期	REITs更注重工期，一般8至10年，周期一般为3至3年	房地产信托主要要存在于房地产开发过程中，周期为1至3年
税收优惠	国际上90%以上的股利分配方式用于分配给投资者，这部分免除企业所得税（我国暂无）	目前房地产信托无税收优惠政策
资本付息形式	股利支付+资本利得	固定利率+期末偿还本金

2.REITs简介·相关概念区分

"商业信托"一词，一般泛指经营信托业务的信托，是一种利用信托制度来进行商业运营和资产管理的工具。广义而言，信托是一种法律关系，即在信托契约所指定的情况下，由其中一方（受托人）为另一方（受益人）持有信托财产的权益，并代为处理有关的事务。

表3 REITs 与BT主要区别

	房地产投资信托REITs	商业信托（BT）
基金持有人经理的管理职权	REITs的基金管理人、经理拥有重广泛的权力，可按现定的投资主题或资产投资，管理其间实际发行的证券组合或资产	BT只可投资信托持有人退股的证券及其他权益（为一家），基金管理人担任特定且受限的角色，不主动管理
房地产投资内容	REITs投资的方向一般地严格限制的为具有稳定、持续收入来源的不动产	BT可投资尚未形成租金收入的商业、酒店、服务式公寓开发类项目且比例没有限制
分派比例	香港及新加坡REITs出规定必须向每年持有人分配不少于税后收入净额的90%	BT可以依据信托合同规定的定必派比例
审批能力	REITs对于负债有约例给每人同规定的限制，新加坡放的次债限制规定总值的45%，目前司提最至60%	BT根据信托契约，并无对每月信托举债能力的过多限制，但易发起人信托起制资产负债比率限例从较宽约
上市主体控制权	根据香港REITs守则，香港REITs在任何时候应每月持有人大多数（超过50%）所有权及控制权	BT上市主体的所有权及控制权一般以有限制

3.REITs简介-全球REITs市场现状

近年来欧洲、亚洲、南美洲的一些国家纷纷对REITs制定专门立法,推进REITs的发展。截止到2015年9月已有32个国家(地区)制定了专门法规(见表1)。预计今后会有更多的国家(地区)加入这一行列。

表1 REITs在全球的发展(截止到2015年9月)

地区	国家和地区
北、南美洲	美国(1960),加拿大(1993),墨西哥(2010);
亚洲、大洋洲、非洲	日本(2000,J-REITs),新加坡(1999,S-REITs),香港(2003,REITs),马来西亚(2005,M-REITs),台湾(1969,T-REITs),韩国(2001,K-REITs),澳大利亚(1971,ALPTs),泰国(2005),巴林(2015),迪拜(2006),印度(2014),以色列(2006),肯尼亚(1969),巴基斯坦(2008),菲律宾(2010),南非(2013)
欧洲	土耳其(1995),比利时(1995 SICAFI),荷兰(1969),法国(2003,SIIC),德国(2007,KAGG),英国(2007,UK-REITs),芬兰(2009),爱尔兰(2013),意大利(2007),保加利亚(2005),匈牙利(2011),西班牙(2009)

注:括号内为相关法律生效年份;资料来源:NAREITs,2015年9月。

4.REITs简介-以美国REITs发展为例

规模快速增长:
目前美国最大的REITs指数基金也是跟踪MSCI美国REITs指数的规模达387亿美元,从不到150亿份到现在近270亿份,从08年至今它的份额一直在增长。

年化收益稳定且高: 截至2013年4月30日,MSCI美国REITs指数近18年累计收益率达638%,年化收益率为11.74%。

分红收益稳定: 美国法律规定REITs90%以上的应税利润须用作为股利分红。

税利优惠: REITs采用税收透明机制,即税赋在子REITs的房地产运营收益在企业层面不需交税或者少交税,同时也对REITs的房地产转让收入不予给予税收优惠,投资者仅需在个人收益层面缴纳的个人所得税,这样便避免免了双重征税。

MSCI 美国REITs指数近去十年年均复合回报

时间	1年	3年	5年	10年
年均复合回报	17.47%	16.96%	5.59%	11.29%

数据来源:MSCI US REITs index Returns

过去十年美国主要指数平均年化收益率对比

美国主要金融产品分别收益率

REITs	6.96%
美国政府债券	5.86%
标准普尔信用公用股	4.45%
标准普尔500指数	1.79%

3.REITs简介-全球REITs市场现状

> 全球共有38个国家(地区)发行了REITs,全球REITs市值达到1.8万亿美元,主要市场有美国、澳大利亚、英国、日本、法国、加拿大、新加坡、香港等。

> 持有的房地产资产超过2万亿规模,这一比例也在逐步提高。目前占全球商业地产比重在10%~20%,随着行业的不断成长。

> 美国是REITs模式创造者,占全球REITs市值48%,其制度结构、行业规范、市场运作是其他国家推出REITs市场时重点参考对象。

> 由于法律、税收、会计准则、投资监管等制度不同,各个市场推出的REITs产品结构存在一定差异。

> 区域行业协会的建立和合作,对推动REITs行业全球化发展起到关键作用:亚洲上市房地产协会(APREA),欧洲上市房地产协会(EPRA),日本房地产证券化协会(ARES),英国地产协会(BPF),欧洲上市房地产协会(EPRA),美国全国REIT协会(NAREIT),澳大利亚地产理事会(PCA),加拿大房地产协会(REALpac)。

3.REITs简介-全球REITs市场比较

表2 全球主要REITs市场比较

主要市场	美国	荷兰	比利时	法国	澳大利亚	加拿大	新加坡	香港	日本
成立时间	1960	1969	1995	2003	1971	1993	1999	2003	2000
占全球比重	48%	2%	1%	10%	12%	6%	4%	2%	5%
募集组织工具	否	是	是	否	是	是	是	是	是
上市或非上市	都有	仅有上市	仅有上市	仅有上市	都有	都有	都有	仅有上市	仅有上市
封闭或开放式	封闭式	封闭式	封闭式	封闭式	封闭式	都有	封闭式	封闭式	封闭式
内部或外部管理	都有	都有	内部	内部	外部	都有	内部	外部	外部
法律结构	公司、信托	公司、信托	公司	公司	信托	信托	公司、信托	信托、信托	公司、信托
最低资本金	无	45万欧元	120万欧元	1500万欧元	无	无	无	无	1亿日元
最少持有人数	100	无	无	无	无	150	无	无	50
房地产开发	可以	仅限项目投资	需持有至少20%资产	有限制	至少50%	可以	仅限项目投资	不可以	不可以
股息要求	至少90%应税前收入	100%	至少80%应税前收入	至少80%租金收入	无	至少90%应税前收入	至少90%应税前收入	至少90%应税前收入	至少90%税前收入

数据来源:日本房地产证券化协会(ARES)手册

1. 美国REITs的发展重要历程回顾

1960年：美国国会通过REITs法案。通过REITs，中小投资者能像投资股票等证券类其他高流动性证券一样参与大规模收入型房地产组合投资。

1965年：Continental Mortgage Investors 成为第一只在美国集团的股票交易所挂牌的REITs。

1969-1974年：直接向商业和住宅地产开发提供债务融资的债券类REITs，是REITs市场最初的主流产品。由于法律要求股东所有权和经营权分离，股权类REITs受到限制。

1972年：美国REITs协会（NAREIT）创建REITs指数。

1976年：税收改革法案允许成立公司制REITs。

1985年：第一只投资REITs的开放式公募基金成立。

1986年-90年代：税收改革法案的通过解除了相关限制，股权类REITs IPO活跃。

1993年：养老金改革，可以投资REITs。

1997年：美国税局（IRS）修改外国投资者税收条约，外国投资者开始投资美国REITs。

2001年：第一只投资REITs的ETF（交易型开放式指数基金）成立。今天共有15只标普500指数（大盘指数）、25只标普400指数（中盘指数）成份股和27只标普600科技（小盘指数）成份股。成立。

2004年：REITs改进法案通过，外国投资者投资REITs的税收来将和投资其他上市公司保持一致。截止2015年3月31日彭博社公布REITs257只。

2015年：REITs成立55年，总市值从15年前的1000亿美元成长到10000亿美元。

数据来源：美国房地产投资协会，www.nareit.com

1. 美国REITs的法规历程回顾

➤1960年：艾森豪威尔总统签署了《房地产投资信托法案》，让所有美国投资者都有机会投资大型综合性房地产项目，获得与直接投资房地产类似的投资收益。该法案允许满足一定条件的REITs可免征企业所得税和资本利得税。

➤1976年：《税收改革法案》允许REITs在现有商业信托的基础上以公司的形式成立、公司制REITs开始流行。

➤1986年：福特总统签署了《税收改革法案》修正案，放松了对房地产投资信托的限制，允许REITs直接拥有和经营房地产，而不必交由第三方管理。之后，美国又进一步修改了REITs的法律框架和产品结构，使REITs在上世纪90年代后获得迅速发展。

➤1993年：克林顿总统签署了《综合预算调整法案》，制定了"5-50"规则（5名或更少的人所占股数不能超过全部股份的50%），让养老金等机构投资REITs。

➤1999年：克林顿总统签署了《REITs现代化法案》获得通过并于2001年生效，允许REITs成立按正常公司纳税的子公司（TRS-Taxable REITs Subsidiaries），进行房地产以外业务的服务。股利分红从应税利润的95%下调为90%。

➤2003年：布什总统签署了《美国创造就业法案》取消所有对国外投资者在投资美国公开交易REITs时的差别对待。

数据来源：美国房地产投资协会，www.nareit.com

目 录

01 REITs简介
02 美国REITs
03 中国香港REITs
04 新加坡REITs
05 鹏华REITs
06 中信启航案例分析
07 我国REITs发展展望

1. 美国REITs的发展重要历程回顾

早期(1960-1967年)	1960年，美国国会批准了《房地产信托投资法》，REITs须行委托由第三方被动式管理，仅是一个物业组合，合计规模超过2亿美元
成长期(1968-1972年)	抵押型REITs利用户最股东权益和大量借款向地产业贷款，REITs业总资产从1968年10亿美元增至70年代中期的2000亿美元
成长动荡期(1973-1979年)	受通胀引发高利率影响，写字楼市场向下、写字楼市场过多，REITs的价格最大值表现不良上升至1974年73%，REITs价格表现、却略下降
震荡期(1980-1990年)	1981年《经济振兴法案》允许用折旧来避税而抵消大量直接投资房地产业绩入困境。1986年《税收改革法案》解除对REITs的管制
发展期(1991-1993年)	随作的大幅下降，REITs能以低的购买房务后的房产资产，以及美国联邦利率不断下降，这确保REITs5年平均收益率高达23.3%
IPO大发展期(1993-1994年)	股权类REITs从1990年56亿美元于1994年388亿美元，涉及购物中心、工业地产、居住区、目储设施和酒店等
震荡与上升期(1995-2000年)	1994-1995年回调期，1996-1997年牛市，嘉最高收益35.3%，1998-1999年REITs收益-17.5%，此后房地产增长良好，牛市再现
并购与多策略(2001-2015年)	超10亿美元的REITs从94年4家升至01年44家，合计市值最大REITs市值由03年145亿美元，资本再循环，股票回购、合资经营等盛行，截止2015年11月份，REITs市值超过1万亿美元

2.美国REITs的发行数量和规模（二）

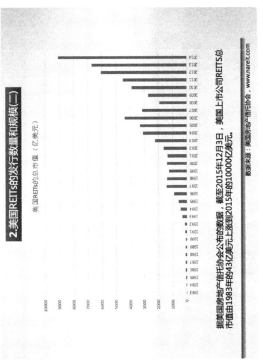

美国REITs的总市值（亿美元）

据美国房地产信托协会公布的数据，截至2015年12月3日，美国上市公司REITs总市值由1983年的43亿美元上涨到2015年的10000亿美元。

数据来源：美国房地产信托协会 www.nareit.com

3.美国REITs物业构成分类（二）

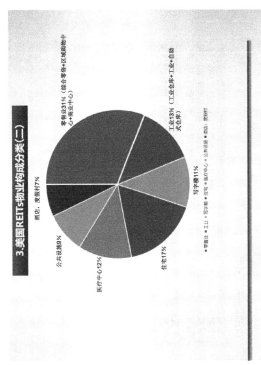

零售业31%（综合零售+区域购物中心+商业中心）

工业13%（工业仓库+工业+自助 仓储）

写字楼11%

住宅17%

医疗中心12%

公共设施9%

酒店、度假村7%

2.美国REITs的发行数量和规模（一）

1983-2014年期间美国REITs上市公司数量

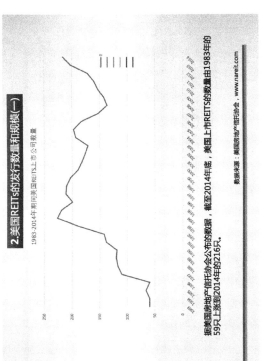

据美国房地产信托协会公布的数据，截至2014年底，美国上市REITs的数量由1983年的59只上涨到2014年的216只。

数据来源：美国房地产信托协会 www.nareit.com

3.美国REITs市场投向分类（一）

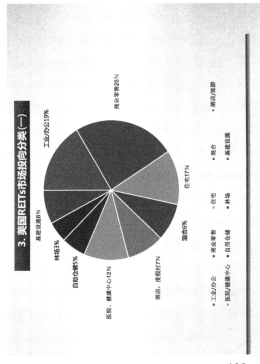

工业/办公19%

商业零售25%

住宅17%

混合6%

酒店、度假村7%

医院、健康中心12%

自助仓储5%

林场3%

基建设施6%

工业/办公　　商业零售　　住宅　　混合　　基建设施
医院/健康中心　　自助仓储　　林场　　酒店/旅游

4. 美国REITs分类

(2) 按组织形式分类：公司型、契约型

公司型REITs是指投资者通过认购专门成立的房地产投资公司的股份而成为公司股东，取得股息或者利润形式的投资收益。公司型REITs法律关系中，投资者与房地产投资公司的关系为《公司法》，运营依据为《公司章程》，投资者有权投资者举董事会，投资者与房地产投资公司的关系系属于股东与公司间的关系，而相信托法律体系。契约型REITs相据信托契约而成立（或基金管理公司）依据《信托法》订立信托契约，投资者以委托人的身份取得信托受益权。

表2 REITs 按组织形式分类

	投资人身份	投资形式	利益分配形式	法律依据	运营依据	法人资格	代表国家
公司型	公司股东	认购公司股份	股利	《公司法》	公司章程	具有法人资格	OECD
契约型	信托契约的委托人	获得信托受益权	信托收益	《信托法》	信托契约	不具备法人资格	加拿大、澳大利亚、中国香港

4. 美国REITs分类

(3) 按募集形式分类：公募型、私募型

① 公募型房地产投资信托

公募型房地产投资信托以公开发行的方式向不特定的社会公众募集资金。具有以下的特点：a.公募型房地产投资者针对的投资客户不特定的社会公众，b.其对投资者额度要求较低，从而向中小投资者进入房地产市场提供了一条十分有效的途径。b.投资主体众多，资金来源广泛，投资多样化，容易分散风险。c.公募型房地产投资信托的成员具有较强的可变现性。d.为了保护众多投资者的权益，公募型房地产投资信托的各个运行环节都具有严格的条件和制度，因此其运作制度健康，缺乏灵活性。

② 私募型房地产投资信托

私募型房地产投资信托以非公开发行的方式向特定的投资者募集的房地产投资信托资金。因其投资者数量有限，最后投资额要求高，因此投资者多为特定的机构法人或个人，由于其采用非公开方式进行，目标投资者数量较少的私募信托资金的运作模式较宽松、灵活。

4. 美国REITs分类

(1) 按投资方式分类：权益型、抵押型、混合型

表1 按投资方式分类

	权益型	抵押型	混合型
投资方式	直接控制房地产或获得其产权，取得其经营收益	将所募资金用于发放抵押贷款或投资于担保房抵押贷款证券化(MBS)	同时进行权益投资和债权投资
收益来源	不动产的租金收入和增值收益	发放抵押贷款收益和利息	不动产经营收益和利息收益
对利率的敏感性	低	高	中
风险和收益	高	低	中

4. 美国REITs分类

REITs上市模式：公司制或信托制/基金制

公司制REITs 内部管理人模式	(信托制/基金制/契约制) REITs 外部管理人模式
这种模式在美国较为普遍，即美国REITs本身为公司型实体，只适用方法公司制制的主业，红利返放等方面对美国REITs条例的有关规定，从而获得了REITs的税收优惠等政策。上市流通的凭证就是公司制实体上缴基金公司制的实体的股票。	这种模式是亚洲地区较为流行的模式，即有专持有上市的信托凭证（Trust Unit）或基金份额。REITs本身为信托/基金实体，需要由外部的基金管理人和物业资产管理人。

两模式的差异主要体现在公司治理方面：
1. 在REITs市场持续发展的初期，做成有明显的，即上市交易的封闭式基金，或者和地方外部的信托受证，这样做以减少对REITs设立的法律程序，容易为管理层和投资者接受。
2. 由于公司型REITs比基金会/信托型更具有保护投资者的良好组织基础，公司REITs的股东可参与与选举董事会、有效，按照投资者最佳利益行事的董事（公司制信托/基金型信托的投资者可选那样少的你在REITs成立之初始，就全权直接对发展和运营负责；而信托/基金制REITs的发展和运营），因此这也是在发达的美国市场上市REITs的组织结构的的原因。

4. 美国REITs分类

(4)按运行方式分类：封闭型、开放型

①封闭型房地产投资信托

封闭型房地产投资信托具有封闭性，在设立时就已确定发行总额，其规模相对固定。该类型的房地产投资信托发行完成后基金总额及份额在相当期限内不得增减，在投资信托基金存续期间，投资人不可要求赎回基金，但仍可通过证券交易市场转让。

②开放型房地产投资信托

开放型房地产投资信托具有开放性，其对拟发行的投资信托基金总额和份额不限定，在信托基金存续期间处于不变动状态，其信托基金总额不固定，可以增加发行受益凭证，投资者也可随时赎回。

4. 美国REITs分类

(5)根据是否上市交易

	公开交易型REITs	非公开交易型REITs	私募REITs
总体描述	向SEC注册定期披露报告，份额在交易所交易	向SEC注册定期披露报告，不在交易所交易	不向美国证监会备案，股票也不在全国性证券交易所交易
流动性	份额在股票交易所所上市交易，投资者可以像股票一样买卖	份额不在交易所上市交易，投资者对份额的赎回受公司的限制及差异较大；基准情况投资者可能要等到最终上市或者公司清算才能获得回报	股票不在公开交易或赎回，是保存在流动性及最低股票保持期限的长短因公司而异，因此有一定限制
交易费用	等同于股票交易佣金	需要交易管理费以及并购相关费用；可能要要征收9%～10%的交易费用以及其他销售端费用，还可能有后端费用	因公司而异
管理	一般来说由REITs内部管理	一般来说公司没有雇员，而是与第三方机构签订合同由其进行管理	一般来说公司没有雇员，而是与第三方机构签订合同由其进行管理
最低投资门槛	一般：REITs份额的价格	一般在1000到12500美金	一般为1000～25000美元，私募REITs主要针对机构投资者，因此以购买起点较高

5. 美国REITs制度

- 美国REITs基本制度介绍
- 美国REITs的组织形式是：公司，信托或其他组织
- 一税收驱动型：
- 必须符合法律在资产产组成，收入来源，利润分配等方面的要求，才能成为REITs，享受税收优惠
  - REITs股份可以在证券交易市场上市交易，但也可以采取私募形式
  - UPREIT结构的形式是美国最为普遍的形式，REITs作为有限合伙企业的普通合伙人对不动产进行管理
  - 主要采取内部管理结构，也就是由REITs公司董事会对REITs进行管理

4. 美国REITs分类

(5)根据是否上市交易

续表-1

	公开交易型REITs	非公开交易型REITs	私募REITs
独立董事	要求多数董事为独立董事，NYSE和NASDAQ要求有独立的审计、提名和报酬委员会	根据北美证券管理组织规则，要求多数董事为独立董事；另外还要求董事会多数董事为独立董事	没有规定
投资者参与	投资者选举董事	投资者选举董事	投资者选举董事
管理	需要满足交易所相关要求	需要满足北美证券管理组织规则	没有规定
信息披露	按照SEC要求进行常规的信息披露，包括季度财务报告和年度审计报告	按照SEC要求进行常规的信息披露，包括季度财务报告和年度审计报告	没有规定
份额价值透明度	份额价格为实时的市场价格	没有份额价值，后可能进行估值	没有公开成立的，在募集成立18个月，业绩数据来源

续表-1

6.美国REITs的设立条件

	现行标准
应税REITs子公司的规定	1. 取消REITs对TRS的持股比例限制，REITs持有TRS股份的比例最高可达100%；TRS可以向REITs的用户提供服务，且服务收入不会影响REITs的免税地位； 2. REITs持有C类公司（不具有REITs地位）证券不超过（表决权比例或金额比例）的20%，政府债券除外； 3. TRS的规模限制。REITs持有TRS的证券不得超过该REITs总资产的20%，该规定旨在确保REITs的核心业务为房地产而非持有和经营； 4. 限制TRS向所属REITs支付租金和利息的数额，以确保REITs通过该渠道规避公司所得税。如果TRS向所属REITs支付的利息和租金高于合理水平，那么必须对此部分利息和租金征收100%的营业税； 5. TRS不能经营管理宾馆（房）（lodging）和卫生医疗（health care）设施，然后外包给第三方公司管理

REITs持有的C类公司股票大部分没有表决权，有表决权的这些公司，一般由其他人控制，这类公司被称为"第三方公司"（Third Party Subsidiary，简称TPS）

应税子公司（Taxable REITs subsidiary，简称TRS）

7.美国REITs相关税收政策

REITs投资者税收

投资者	境内投资者	境外投资者
	1. 企业投资者分红及资本利得税率均为35%； 2. 个人投资者一般分红税率为35%，若分红企业（如REITs下属普通税的企业），则个人投资者税率为15%； 3. REITs返还资本部分的分红不被视为返还股息，投资者出售REITs的股份时计税额； 4. 个人投资者出售持有REITs满1年后出售资本利得税率为15%	1. 境外企业投资者就租金收入征收约30%预提税（除持有房产国免公征收协议），就出售利得征收约35%预提税，就返还资本的约10%预提税； 2. 境内个人投资者税率与企业投资者税相同

REITs层面征收

	交易环节	税率	支付方	REITs优惠
REITs	转让税	交易价格 / 0.5%~1%	卖方、买方	无
	所得税	出售利得 / 累进税率15%~35%	卖方、买方	出售物业资本利得用于分红的部分免税

6.美国REITs的设立条件

设立条件	现行标准
最低的出资要求	无
组织形态	信托或公司，或如同法人一样可以征税的实体：有限经营性合伙企业
最低存续年限	无限制
地区区域限制	无限制
持股比例	股东不少于100个，前5个股东所持股份不大于50%
收入结构	(1)REITs总收入的75%至少必须从租金、抵押贷款利息、不动产物业出售实现的资本利得中获取； (2)REITs的收益的95%必须是从以上加上股息、利息及出售房地产的资本利得中获取；房地产持有期间同时未达四年就出售出售的所得人、股票或优先债券之持有期间同未达6个月就出售的所得
负债比例	无限制
资产要求	(1)至少75%的资产由房地产产权（包括房地产抵押权益，在其他REITs中的股份、土地及附着物的权益等）、现金或现金等价物构成，政府债券构成； (2)REITs持有的应税子公司的应税资产不超过总资产的20%； (3)REITs持有单个发行人的证券不能超过该应税资产的5%；REITs持有单个发行人的股权不得超过该发行人已发行证券表决权的10%（政府债券除外），该规定同样适用于C类公司

资料来源：Internal Revenue Code, IRC, Secs. 856-858.

续表-2

6.美国REITs的设立条件

	现行标准
REITs的组织结构要求	1. REITs必须是公司、信托基金或如同为公司课税主体的协会等其他协会以机构，并且必须由董事会或受托人委员会管理 2. REITs所有权益是由可以转让的股票、产权凭证或受益凭证来体现的 3. 是美国国内注册的独立核算法人实体 4. 在任何形式的金融机构（如银行、互助储蓄银行、合作银行以及其他储蓄机构或成险公司）不具备REITs主体资格 5. 必须由100名以上独立个人股东（包括个人股东和法人股东）组成，股权结构应当分散化 6. 在每一纳税年度的最后半年中，5名或更少小股东所持占的的额不能超过全部股份的50%，单个REITs的所持股超过全部（简称5/50规则） 7. REITs应在缴税年度的全年以内满足1~4项要求，在至少335天内满足第5项要求，可以不满足第5项或第6项在整个第5项要求，但任REITs成立的第一年，可以不满足第5项和第6项
参与经营方面限制	1. 投资人不得参与经营业务。2. 由董事会或基金管理人负责经营决策，可委权顾问负责（资本利得除外）必须代理收公司作为股利方式处理于分配给其他持有人对其余未分配税收部分的
收益分配	每年90%（2001.01.01之前95%）以上

7.美国REITs相关税收政策

REITs投资者税收

投资者	境内投资者	境外投资者
	1.企业投资者分红及收入均缴纳18%的企业所得税；企业投资者出售时减免资本利得税；2.个人投资者分红及收入原则上免税；个人投资者出售时减免资本利得税	1.境外企业投资者分红缴纳18%的预提税(2010为10%)；企业投资者出售时减免资本利得税；2.境外个人投资者分红收入及资本利得税免税
RETIs优惠	免税	资本利得免税

REITs层面税收

	交易环节				
税种	计税基础	税率	支付方	买方	卖方
印花税	交易价格	3%		买方	
所得税	出售利得	18%			卖方

RETIs优惠
无

项目公司层面税收

	持有环节		
税种	计税基础	税率	RETIs优惠
房产税	租金(扣除相应费用)	10%	无
所得税	利润部分	18%	分红部分免税；出售资本利得免税(除非公司以买卖物业为主业，此时税率18%)

8.美国REITs的上市流程

现行标准

美国REITs的上市流程	1.REITs公司必须先确定地产行业的专业机构作为合作方，选择建筑经理公司，或是专业的技术顾问公司签订房地产信托基金的基本协议和房地产经理管理契约 2.REITs公司必须选定投资标的物，并且进行开发计划的研究 3.REITs公司必须收受REITs投资资金 4.制作撰写下列几项重要文件，包括但不限于：合同，公开募集说明书，投资计划书，REITs托管协议，开立REITs专户，通过该专户收受SEC与政府主管本等文件，要签订这种本等文件审核 5.SEC和政府主管机关负责审核及评鉴REITs具体计划 6.REITs具体开发计划审核通过之后，才能发行受益凭证，但受益凭证的发行必须委托专员有牌照的证券承销商承销

7.美国REITs相关税收政策

项目公司层面税收

	持有环节		
税种	计税基础	税率	RETIs优惠
房地产税	物业价值	1%~3%	无
所得税	利润部分	累进税率15%~35%	租金收入用于分红部分免税；项目公司产生其他收入须缴纳相应的所得税

7.美国REITs相关税收政策

REITs投资者税收

投资者	境内投资者	境外投资者
	1.企业投资者分红及出售利得均免税；2.个人投资者分红及出售利得均免税	1.境外企业投资者免税；2.境外个人投资者免税

REITs层面税收

	交易环节				
税种	计税基础	税率	支付方	买方	卖方
印花税	交易价格	收购新物业3.75%；收购股份0.2%		买方	
所得税	出售利得	16.5%			卖方

RETIs优惠
无
免税

项目公司层面税收

	持有环节		
税种	计税基础	税率	RETIs优惠
所得税	利润部分	16.5%	SPV层面利润分别征税；来自SPV的分红免税；SPV工具境外取得的收入免税

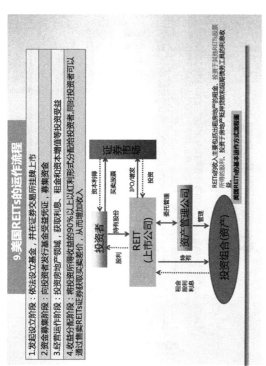

9.美国REITs的运作流程

1. 发起设立阶段：依法设立基金，并在证券交易所挂牌上市
2. 资金募集阶段：向投资者发行基金受益凭证，募集资金
3. 经营运作阶段：投资房地产领域，获取利息、租金和资本增值等投资收益
4. 收益分配阶段：将投资所得收益的90%以上以红利形式分配给投资者，同时投资者可以通过情愿买卖REITs证券获取买卖差价，从而增加收入

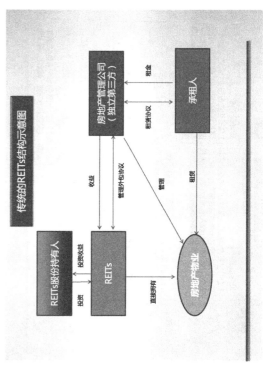

传统的REITs结构示意图

美国REITs的基本运作方式简图

REITs吸收、主要包括出租房地产的租金、投资于其他房地产的现金、投资于其他REITs的股票所得股息红利、投资于房地产抵押证券和抵押贷款工具的利息收入

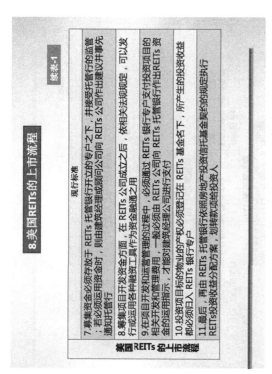

8.美国REITs的上市流程

续表-1

现行标准

7. 募集资金必须存放于REITs托管银行开立的专户之下，并接受托管银行的监管；若必须运用资金时，则由建筑师或顾问公司向REITs公司作出建议并事先通知银行
8. 募集项目开发资金方面，在REITs公司成立之后，依相关立法规定，可以发行或运用各种融资工具作为资金融通之用
9. 在项目开发和运营管理的过程中，必须通过REITs银行专户支付给投资项目的相关开发和管理费用，一般必须由REITs公司向REITs托管银行作出支付金的运用指示，才能对建筑经理公司进行支付
10. 投资所开发项目的物业的产权必须登记在REITs基金名下，所产生的投资收益都必须纳入REITs银行专户
11. 最后，再由REITs托管银行依照房地产投资信托基金契约的规定执行REITs投资收益分配方案，划拨款项给应给投资人

美国REITs的上市流程

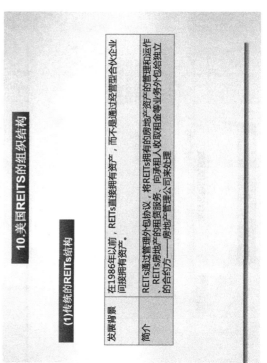

10.美国REITs的组织结构

(1)传统的REITs结构

发展背景	在1986年以前，REITs直接拥有资产，而不是通过经营型合伙企业间接拥有资产
简介	REITs通过管理外包协议，将REITs拥有的房地产资产的管理和运作、REITs房地产的出租赁服务、向承租人收取租金等业务外包给独立的合约方——房地产管理公司来处理

REITs的合股(stapled stock)和双股(paired—share)结构示意图

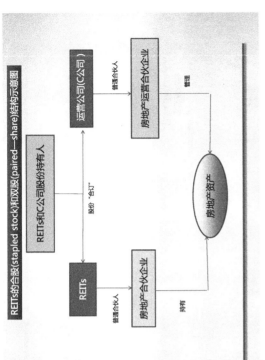

REITs的纸夹(paper clipped)结构示意图

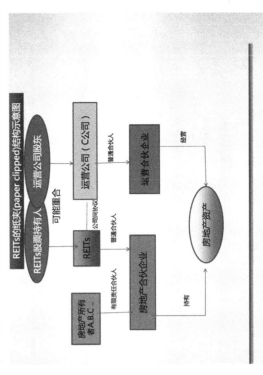

(2)REITs的合股(stapled stock)和双股(paired—share)

发展背景	合股结构REITs在20世纪70年代和80年代初(1984年之前)盛立，到1984年，美国联邦立法禁止新设立此类结构的REITs，但允许当时已存在的此类型REITs得以继续以该形式运营。
简介	在合股和双股结构的REITs中，REITs公司股份与房地产运营公司股份被"合订"(stapled)或"配对"(paired)在一起，REITs股份持有人同时持有运营公司C类公司股份，因此两公司的股东是相同的。REITs通过募集设立，房地产运营公司采取"C类公司"组织形式。
优势	(1)税收优势。合股REITs享有其REITs的地位，仍可以享有《国内税法典》规定的避免双重征税的优惠。 (2)管理优势。由于REITs公司股份持有人同时持有运营公司的股份，两公司的股东是相同的，所以房地产所有者享受一般REITs股东获得的收益之外，还能获得经营REITs受限房地产的收益。①REITs的股东在享受一般REITs股东获得的收益的同时，②REITs把持有的房地产出租给运营公司经营，从而减少甚至不纳税收。这样有利于计算REITs的运营收益，可以剔除租金支出，经过这种结构下，运营公司获得房地产出租金和其他收入，经过REITs转手后仍然回到了运营公司的股东（REITs和运营公司的共同股东）手中。 (4)REITs的经营优势。合股结构REITs可以拥有和管理任何类型的房地产，并且能够从中获取租金收入和房地产运营收入。合股REITs通过REITs，运营公司股东的同一性规避法律规则，同时获取经营受限房地产的运营收益。
不足	当REITs与运营公司的经营目标不同时，不利于管理

(3) REITs的纸夹(paper clipped)结构

发展背景	纸夹结构REITs是在合股结构REITs受到税收法规限制之后新出现的一种REITs结构模式，具有合股结构REITs所具有的优势：运营公司从REITs租借房地产进行运营，收购和运营REITs能投资的房地产，扩大投资范围
简介	REITs首先购买运营业务所需设施，然后租建一个相应的附属运营公司，以原先所购设备出资，负责运营业务，附属运营公司即成立，即剥离剥离REITs租后上独立于REITs运营的公司，其股票一般按比例分配给REITs股票持有人。运营公司的独立运营一般规定了"优先权条款"，只是像统一"收购条款"，REITs收购房地产后要优先出租给运营公司运营，运营公司收购房地产的剩余业务优先转让给REITs，由而负责运营
优势	(1)具有合股结构REITs所具有的优势：运营公司从REITs租借房地产进行运营；(2)两者既可以分开各自实现目标，又可以通过联合共同实现收入稳定增长的目标
不足	随着REITs股票持有人和运营公司股份持有人之间的差异越来越大，这种优势逐渐削弱

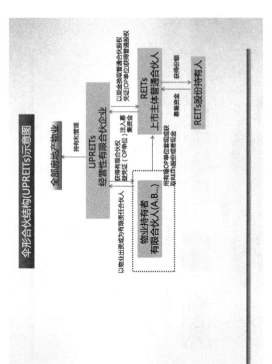

伞形合伙结构(UPREITs)示意图

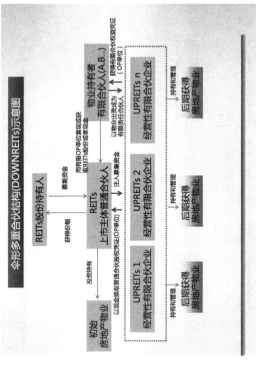

伞形多重合伙结构(DOWNREITs)示意图

（4）伞形合伙房地产投资信托（UPREITs）

伞形合伙REITs结构不直接拥有房地产，而是通过拥有伞型结构中的经营性合伙人来间接拥有、同时拥有房地产。大致运作如下：

运作过程	伞形合伙企业全部或部分拥有经营性合伙人共同设立一个经营性合伙企业，然后物业持有主转让出自有房地产（简称OP单位），成为有限合伙人（LP）。 (1)房地产企业全部或部分投资经营性合伙企业的同时，公开募集成立一个REITs，REITs将融得资金向经营型合伙企业出资投资股权，成为普通合伙人（GP）。 (2)在设立经营性合伙企业的同时，公开募集成立一个REITs，REITs将融得资金向经营型合伙企业出资投资股权，成为普通合伙人（GP）。 (3)有限合伙人持有的OP单位一段时间（通常为1年）后，可以把OP单位转换成REITs股份或现金，从而获得流动性。 (4)REITs（普通合伙人）融得所得资金交投经营性合伙企业之后，经营性合伙企业可以用该现金或OP单位进一步购买房地产而实现房地产REITs规模的扩大。
优势	1. 规避资产转让所得税，实现递延延税税收优惠。 2. 易于REITs迅速达到上市被兼收购规模。 3. 利用OP单位购买物业来补充REITs内部资本的不足。
不足	房地产物业所有者成为有限合伙人，为了保持有限合伙人的税收优惠，在制定业务决策和物业置换的策略以后，必须较多考虑有限合伙人的税收利益。

（5）伞形多重合伙房地产投资信托（DOWNREITs）

在DOWNREITs中，REITs直接拥有和经营大部分房地产（初始房地产物业），经营性合伙企业拥有和管理增换房地产（一般是新收购或增购形成的房地产）。

与UPREITs一样，房地产所有者以物业向经营性合伙企业出资、换取OP单位，成为有限合伙人。上市主体REITs组成一个经营性合伙企业，在DOWNREITs结构中，REITs可以成为多个DOWNREITs经营性合伙企业的普通合伙人，即可以同时设立多重经营性合伙企业。

优点：除具有与UPREITs一样的优势以外，由于其可以拥有多个合伙企业，因此具有更大的灵活性。

缺点：随着经营合伙企业的增多，DOWNREITs进行相关决策时，需要统筹考虑更多合伙人的利益。

1.2. 美国 REITS 风险的法律控制机制

(1) 美国 REITS 风险的监管体系

REITs 在运行过程中涉及到房地产、信托和银行等多个金融领域，且涉及到多方参与主体，所以对 REITs 的风险控制就需要多个部门的联合监管。

根据 REITS 监管主体的不同将 REITS 监管体系分为外部监管和内部监管两种，就美国整体而言，其在外部监管上存在三个主体，即：

(1) 全国证券交易委员会(SEC)
(2) 证券交易所
(3) 全国房地产投资信托协会(NAREIT)

在内部监管上，美国格独立董事制度引入到了公司型 REITS 基金中，其不仅为信托公司设立独立董事，而且为每支信托产品配备了相应的独立董事，从公司内部购有效防止受托人滥用受托人权力来损害投资者的合法权益。

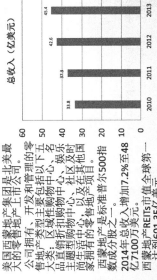

总收入（亿美元）

Simon—概述

- 美国西蒙地产集团是北美最大的零售地产公司。
- 公司拥有、开发和管理的零售地产类型主要包括以下五大类：区域性购物中心、大型名品直销购物中心、社区及时尚生活中心，以及其他的国家与海外的零售地产项目。
- 西蒙地产是标准普尔 500 指数成分股之一。
- 2014 年总收入增加 7.2% 至 48 亿 7100 万美元。
- 西蒙地产 REITs 市值全球第一，达到 601.35 亿美元。

---

11. REITs 估值方法与增长机理

REITs 与一般企业的会计处理不同，主要体现在折旧和摊销的处理上。在美国租金主要采取经营基金法(FFO 法)。

FFO 方法介绍

美国国家房地产投资信托协会（NAREIT）在 1991 年提出 FFO（Fund from Operation）评估方法主要是因为传统的净收入并不能反映 REITs 现金流动的真实情况，因为房地产折旧具有特殊性：某些地段较好且管理好的商业地产的价值可能持续向上升，按会计准则将其折旧则分摊会失真。

FFO 是在传统的净收入加上折旧和摊销，摊销非重复重要性的项目如由资产销售而产生的收益或减损失。具体计算公式为：

FFO = 净收入 + 从房地产出售中的资本利得 + 房地产折旧和摊销费用

净收入 = 所有收入(包括资本利得)-运营费用-折旧、折销、利息

支出 = 一般管理费用

内部增长	+外部增长	=FFO 增长
1.租金率与出租率增长 2.比例租金、租金丰收等 3.承租人升级 4.物业翻新 5.出售再再投资	1.收购 2.开发扩张 3.非租金收入来源	=FFO 增长

---

(2)引入谨慎投资规则，平衡委托人和受托人的权利义务关系

明确了受托人谨慎投资的内容和方式，即只要受托人在处分信托财产时遵循了该规则的要求，即使最终造成信托财产的损失也不承担责任，这就给委托人和司法机关在认定是否存在违反信托忠信责任的行为提供了判断标准。

(3)将 REITs 受益凭证纳入证券范畴

美国将 REITs 受益凭证认定为证券，因此其可以像其他股票和债券一样在证券交易市场所进行自由买卖，而美国广大投资者购买 REITs 多于手购买房地产的原因也主要基于其受益凭证的价值。因为"REITs 是以证券化方式来表彰不动产之介值，证券在发行后可以在次级市场上加以交易，投资者可以随时在集中市场或店头市场上买卖该证券，有助于资金的流通，一定程度上消除了传统不动产不易脱手的顾虑"。

Simon—全球物业组合

Simon是全球最大的REITs。投资区域包括北美洲、亚洲、欧洲、大洋洲，共含美国、墨西哥、加拿大、韩国、日本、马来西亚、意大利、英国、荷兰、澳大利亚10个国家。在美国以外的地区主要投资领域包括品牌专卖店和名品折扣店。

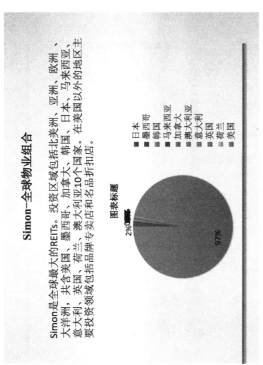

目　录

01 REITs简介
02 美国REITs
03 中国香港REITs
04 新加坡REITs
05 鹏华REITs
06 中信启航案例分析
07 我国REITs发展展望

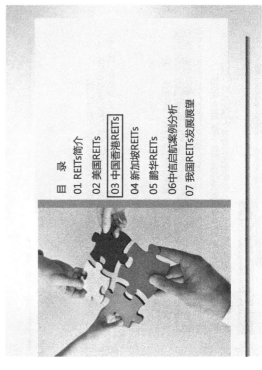

SPG收益

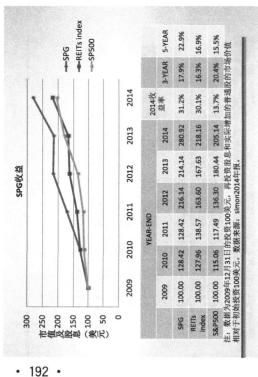

	YEAR-END					2014收益率	3-YEAR	5-YEAR
	2009	2010	2011	2012	2013	2014		
SPG	100.00	128.42	128.42	216.14	214.14	280.92	31.2%	17.9%	22.9%
REITs index	100.00	127.96	138.57	163.60	167.63	218.16	30.1%	16.3%	16.9%
S&P500	100.00	115.06	117.49	136.30	180.44	205.14	13.7%	20.4%	15.5%

注：数据为2009年12月31日的投资100美元，再投资股息和实际增加的普通股的市场的市场价值相对于年初始投资100美元。数据来源：simon2014年报。

Simon—美国物业组合

我们的美国物业主要包括109个区域性购物中心，68个名品直销折扣购物中心，13个娱乐主题型购物中心，3个社区及时尚生活中心和17个零售物业。这些物业包含约16.9百万平方米的可出租面积。

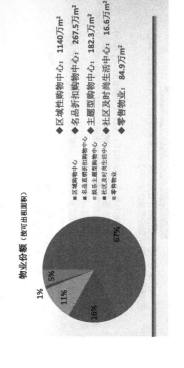

香港上市REITs情况一览表

REITs名称	IPO日期	组织结构	市值（亿元）	发起人	主要物业类型
领展（领汇）REIT	2005年11月25日	信托	1,051.90	香港房屋委员会	零售及停车场业务
泓富REIT	2005年12月16日	信托	40.66	长江实业	商业物业（包括写字楼、商用物业、工商综合物业及工业物业）
越秀REIT	2005年12月21日	信托	117.96	越秀投资有限公司	中国内地租赁商用物业
冠君REIT	2006年5月24日	信托	233.18	香港鹰君集团	写字楼物业
阳光REIT	2006年12月21日	信托	63.22	香港恒基兆业	写字楼及零售物业
富豪REIT	2007年3月30日	信托	63.19	富豪国际酒店集团	酒店、服务式生活商用物业（包括写字楼物业）
睿富REIT（停牌）	2007年6月22日	信托	20.19	德意志银行、住程集团	中国内地物业投资
置富REIT	2010年4月20日	信托	147.7	长江实业集团	零售商场
汇贤REIT	2011年4月29日	信托	181.27	长江实业集团、和记黄埔、中银、东方海外国际、中国人寿	中国内地物业
开元REIT	2013年7月10日	信托	27.34	凯雷集团	中国内地酒店商业物业
春泉REIT	2013年12月5日	信托	34.39	RCAFund	中国内地写字楼

资料来源：香港交易所（HKEx）网站及各个REITs的发售通函（截止日期2015/10/31）。

香港REITs的发起方式

目前香港REITs有多元化的发起主体，主要分为以下四类：

◆ 政府机构或国有企业，如香港房屋委员会领汇REIT的发起人，中国人寿是汇贤REIT的发起人；

◆ 香港地产企业，如泓富REIT是由长江实业和记黄埔公司发起，冠君REIT是由香港鹰君集团发起，富豪REIT是由富豪国际酒店集团发起，阳光REIT是由香港恒基兆业发起；

◆ 在香港上市的内地公司，如越秀投资有限公司是越秀REIT的发起人；

◆ 投资机构，如德意志银行睿富REIT的发起人，中银是汇贤REIT的发起人，美国私募股权投资公司凯雷集团是开元REIT的发起人。

香港REITs的发展历程

2003年3月	香港证监会发布《房地产投资基金守则》草案，公开征求公众意见。
2003年7月	香港证监会正式公布了《房地产信托投资基金守则》。
2005年3月	香港证监会发布《关于证监会认可的REITs的海外投资的应用指引》单本的咨询文件，REITs可以投资包括中国内地在内的全球各地物业。
2005年6月	香港证监会正式修改了《房地产信托投资基金守则》，其中香港REITs投资海外房地产的限制被撤销，房地产基金板块准许投资于全球各地的物业（不动产）。
2005年11月	香港股市出现第一支上市REITs—领汇（现改名为领展）基金。
2005年12月	广东的越秀城建地产投资信托基金上市，成为内地首只在香港上市的REITs。
2015年11月	先后共有11只REITs在香港上市（见下表）。

通过上表我们看到，自领展（领汇）基金上市以来，截至2015年10月31日，共有11个HK-REITs在香港联交所挂牌上市，其中有一个REITs（睿富REITs）停牌。根据香港联交所统计数据，香港房地产投资信托基金市值已到达310.25亿美元，其中领展REITs的市值份额已占据香港REITs的53%（见下图）。根据彭博社最新数据显示，香港REITs所占全球份额为2%，其中领展房地产基金在全世界房产基金市值中排名第6。

香港各个REITs所占份额 2%

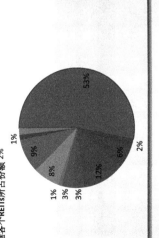

图例：
- 领展REITs
- 泓富REITs
- 越秀REITs
- 冠君REITs
- 阳光REITs
- 富豪REITs
- 睿富REITs
- 汇贤REITs
- 开元REITs
- 春泉REITs

香港REITs的设立条件

设立条件	现行标准
组织结构	信托
最低持有年限	不低于2年
地区区域限制	无限制
税收收政策	(1) 有税收优惠，认可的集体投资计划免除利得税； (2) 遵循投资其他国家或地区的税制制安排； (3) 主要缴纳税收：物业税、印花税，投资者免税
持股比例	无特别规定
收入来源	主要为房地产投资收入。利息收入、股利收入及出售股票或证券收益。
收益分配	必须分配不少于90%的收益给单位投资者。
负债比例	限于总资产的45%
投资比例	房地产投资比例至少75%：非房地产投资比例不能超过25%。
投资限制	(1)不能投资于空置土地或从事或参与物业发展活动； (2)不能对外贷款，为任何债务提供期限担保或保证不经受托人事先许可； (3)不可购入任何可能使其承担无限责任的资产； (4)其他投资于单一证券或单一证券发行人的金额不得超过总投资额的5%

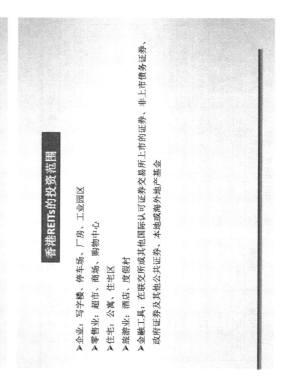

香港REITs的投资范围

➤企业：写字楼、停车场、厂房、工业园区

➤零售业：超市、商场、商铺、购物中心

➤住宅：公寓、住宅区

➤旅游业：酒店、度假村

➤金融工具：在联交所或其他国际认可证券交易所上市的证券、非上市债务证券、政府证券及其他公共证券、本地或海外地产基金

香港REITs相关法律及规定

《房地产信托投资基金守则》
《证券及期货条例》
《香港联合交易所有限公司证券上市规则》

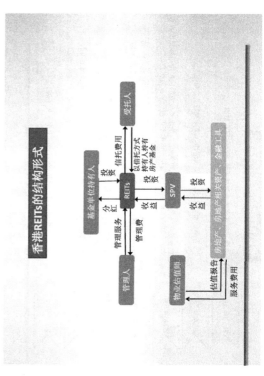

香港REITs的结构形式

香港REITs的投资组合管理

◆ 资产总值的至少75%均必须被投资于产生定期租金收入的房地产项目；

◆ 投资于空置及没有产生收入或正在进行大规模发展、重建或修缮的建筑物的未完成单位，不能超过总资产净值的10%；

◆ 不属于"房地产项目"的范围进行了限定，不允许向相关项目：

（一）投资于空置土地或从事或参与物业发展活动，不包括修缮、加装及装修；

（二）不能对外贷款，为任何债务提供担保对保期担保对不经经理人事先书面同意用信托资产均不得超过该计划资产；

（三）不可购入任何可能使其承担无限责任的资产。

◆ 投资于以下金融工具：a. 在联交所或其他国际认可证券交易所上市的证券；b. 非上市债务证券；c. 政府证券及其他公共证券；d. 本地或海外地产基金。

◆ 计划所持有的由任何单一公司集团发行的相关股票的相关投资的合并价值，不会超过该计划资产的5%；

◆ 相关投资连同该计划的其他非房地产资产的合并价值，无论在任何时候均不得超过该计划资产总值的25%（"最高上限"）。

香港REITs的退出机制

由于市场经济固有的优胜劣汰的竞争机制以及REITs产品本身生命周期的限制，淘汰不符合投资人利益、终止已到期的REITs是REITs实际运作中重要的一环。根据《REITs守则》第十一章规定，香港REITs退市的形式可以分为两类：

◆ **第一类为REITs的终止**
根据《REITs守则》规定，可以被相关法院清盘或者经持有人全体大会以特别决议的形式批准。

◆ **第二类为REITs的合并与退市**
REITs的合并退市是指上市REITs可以与经香港证监会认可的其他信托计划合并、在合并、收购、兼并或重组之后，该REITs不再符合《REITs守则》的要求而无法继续获得香港证监会的许可牌照，或者无法满足联交所的《上市规则》而无法公开上市，则该REITs必须从香港联合交易所撤回上市地位。

香港REITs的上市流程

香港没有专门针对REITs的上市规定，具体操作参照股市上市条件，但强调了证监会的批准以及证监会认可要求。因此，REITs上市需要符合：首先，经香港证监会批准；其次，符合主板上市准则中对集体投资计划的上市规定。

REITs上市操作流程

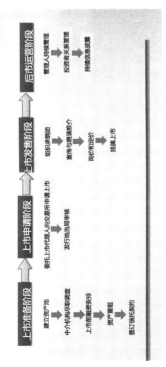

上市准备阶段 → 上市申请阶段 → 上市发售阶段 → 后市运营阶段

香港REITs对风险的管理

◆ 必须以契约型REITs组成，不能以公司型REITs组成

◆ HK-REITs必须专注投资于产生定期租金收入的房地产项目的房地产；目的积极地买卖房地产，如果以短线增值为目的行为是受到限制的

◆ HK-REITs其收入的较大部分必须源自房地产项目的租金收入，而不是源自房地产增值

◆ HI-REITs收入的绝大部分必须以定期现金股息方式分派给持有人，强制的股息分派可以让避免受托人的利己行为

◆ HK-REITs必须订明其最高借贷款额，以使得投资者对于风险有足够的认识，并对受托人形成约束

◆ 关连人士交易获取利益并须获持有人的批准，这也是对投资者利益的保护

◆ 设立SPV风险隔离，实现了破产隔离和真实销售，保证了基础资产现金流的稳定

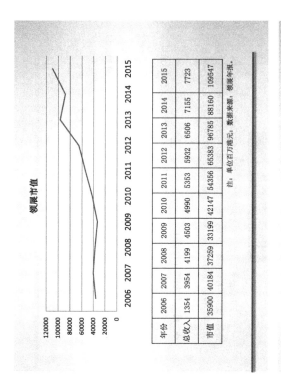

领展市值

年份	2006	2007	2008	2009	2010	2011	2012	2013	2014	2015
总收入	1354	3954	4199	4503	4990	5353	5932	6506	7155	7723
市值	35900	40184	37259	33199	42147	54356	65383	96785	88160	109547

注：单位百万港元。数据来源：领展年报。

香港领展REITs物业投资组合

领展物业组合：

香港：175个零售物业，122.22万平方米内部楼面面积，7.6万停车场泊车位。

内地：88.4万平方米发展中之总楼面面积；88.4万平方米发展中之总楼面面积；

内地：20万平方米（零售物业、办公室）。

领展物业组合
按市值

香港物业组合92.8%
中国内地物业组合6.8%

71%
4%
18%
3% 5%

■ 香港零售商铺
■ 香港办公室
■ 香港停车场
■ 中国内地零售商铺
■ 中国内地办公室

资料来源：领展房产财务2015/2016中期报告。

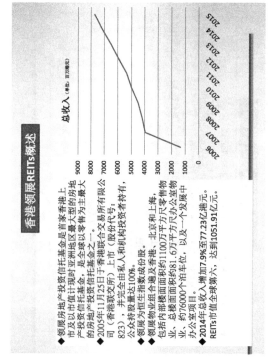

香港领展REITs概述

◆ 领展房地产投资信托基金是首家香港上市及以市值计现时现亚洲地区最大型的房地产投资信托基金，是全球以零售为主的最大的房地产投资信托基金之一。

◆ 2005年11月25日于香港联合交易所有限公司（香港联交所）上市（股份代号：823），并完全由私人和机构投资者持有，公众持股量达100%。

◆ 领展物业组合遍及香港、北京和上海，包括内部楼面面积约1100万平方尺零售物业、总楼面面积约81.6万平方尺办公室物业，约76000个泊车位，以及一个发展中的办公室项目。

◆ 2014年总收入增加7.9%至77.23亿港元，REITs市值全球第六，达到1051.91亿元。

总收入（单位：百万元）

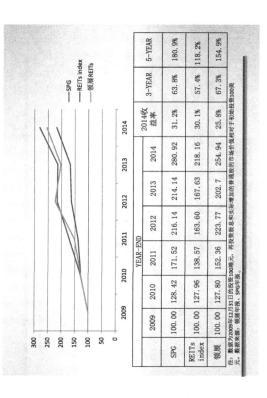

YEAR-END	2009	2010	2011	2012	2013	2014	2014收益率	3-YEAR	5-YEAR
SPG	100.00	128.42	171.52	216.14	214.14	280.92	31.2%	63.8%	180.9%
REITs index	100.00	127.96	138.57	163.60	167.63	218.16	30.1%	57.4%	118.2%
领展	100.00	127.80	152.36	223.77	202.7	254.94	25.5%	67.3%	154.9%

注：数据为2009年12月31日的股指100港元。再投股息和实证增加的香港指数收盘的得价初始投数100美元。数据来源：领展年报，SPG伴算。

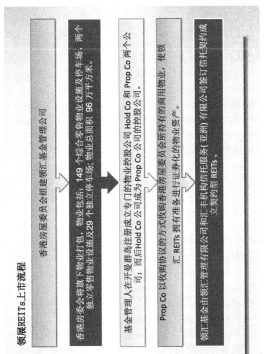

领展REITs上市流程

香港房屋委员会组建领展基金管理公司

香港房委会将旗下物业打包，物业包括：149个综合零售设施及停车场，两个独立零售物业设施及29个独立停车场，物业总面积96万平方米。

基金管理人在开曼群岛注册成立专门的物业控股公司 Hold Co 和 Prop Co 两个公司；而后 Hold Co 公司成为 Prop Co 公司的控股股公司。

Prop Co 以收购协议的方式收购香港房委会所持有的商用物业，使领汇 REITs 拥有准备进行证券化的物业资产。

领汇基金由领汇管理有限公司和汇丰机构信托服务(亚洲)有限公司签订信托契约成立契约型 REITs。

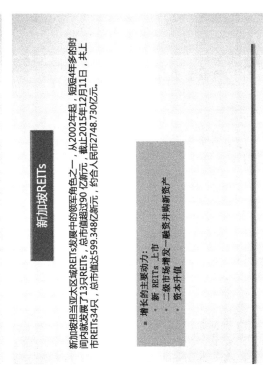

新加坡REITs

新加坡担当亚太区域REITs发展中的领军角色之一，从2002年起，经短4年多的时间内就发展了13只REITs，总市值超过90亿新元，截止2015年12月11日，共上市REITs34只，总市值达599.348亿新元，约合人民币2748.730亿元。

■ 增长的主要动力：
• 新 REITs 上市
• 二级市场增发—融资并购新资产
• 资本升值

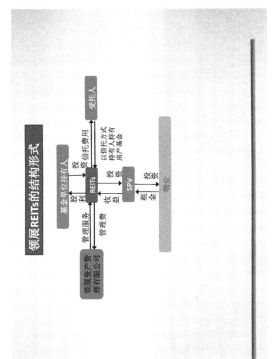

领展REITs的结构形式

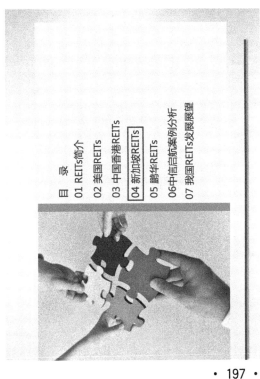

目　录
01 REITs简介
02 美国REITs
03 中国香港REITs
04 新加坡REITs
05 鹏华REITs
06中信启航案例分析
07 我国REITs发展展望

1.S-REITs 的规模 （续表-1）

房地产投资信托基金（REITs）	上市日期	现市值(亿新元)(S$)	股息收益率(%)
腾飞酒店信托(Ascendas HT)	2012.07.27	7.200	7.7
丰树商业信托(MapletreeCom)	2011.04.27	27.525	6.2
胜宝工业信托(Sabana REIT)	2010.11.26	5.188	10.3
凯诗物流信托(Cache Log Trust)	2010.04.12	7.018	9.6
最盛房地产信托(Saizen REIT)	2007.11.09	3.114	5.6
百汇生命产业信托(Plife REIT)	2007.08.23	13.734	5.1
宝泽安保资本工业(AIM AMPI Reit)	2007.04.19	8.536	8.2
先锋医疗产业信托(First REIT)	2006.12.11	8.827	6.8
凯德商用中国信托(CapitaR China TR)	2006.12.08	12.438	6.7
剑桥工业信托(Cambridge Ind Tr)	2006.07.25	7.226	8.9
城市酒店信托(CDL HTrust)	2006.07.19	12.685	8.6
星狮地产信托(FrasersCpt Tr)	2006.07.05	16.870	6.3
吉宝房地产信托(Kep REIT)	2006.04.28	30.245	7.6
雅诗阁公寓信托(Ascott Reit)	2006.03.31	17.901	7.1

注：数据来源截止至2015年12月11日

新加坡商业信托的规模 （续表-3）

商业投资信托基金	上市日期	现市值亿新元(S$)	股息收益率(%)
北京华联商业信托(BHG Retail Reit)①	2015.12.11	1.200	6.3
吉宝基础设施信托(Kep Infra Tr)①	2014.11.19	19.670	6.4
辉盛国际信托(Frasers HTrust)	2014.07.14	10.112	4.9
华联商用房地产投资信托	2014.01.27	8.375	7.4
亿达工业房地产信托(Viva Ind Tr)	2013.11.04	5.660	9.7
亚洲付费电视信托(Asian Pay TV Tr)	2013.05.29	9.267	12.8
浩正零售信托(Croesas RTrust)	2013.05.15	5.036	7.7
印度致远保健信托(Religare)	2012.10.19	7.922	7.4
远东酒店信托(Far East HTrust)	2012.08.27	11.421	8.0
和记港口信托(HPH Trust US $)	2011.03.18	65.360	9.9
腾飞印度信托(AScendas IndT)	2007.08.01	7.949	2.8
首航融资信托(FSL Trust)	2007.03.19	1.063	3.7
瑞宛麦斯航运(Rickmers)	2006.11.06	1.105	19.8
腾飞酒店信托(Ascendas HT)	2005.09.20	16.141	6.9
城市酒店信托(CDL HTrust)	2006.07.19	12.685	8.6
协和喜尔大信托(Acconia Golf Tr)	2006.3.30	10.097	6.8
Indiabulls Trust	2004.10.13	1.734	0.6
总计（只）　16		总市值194.77亿S$	

注：① 新加坡信吉与新商两信托合并后改名为并名吉宝基础设施信托。 来源：中国商务部，数据来源截止至2015年12月11日

1.S-REITs 的规模

房地产投资信托基金（REITs）	上市日期	现市值(亿新元)(S$)	股息收益率(%)
吉宝数据中心房地产投资信托(Keppel DC Reit)	2014.12.12	8.962	6.1
力宝商产信托(LippoMalls Tr)	2014.12.17	8.518	9.0
IREIT Global(德国办公室房地产投资信托)	2014.08.13	4.032	4.2
辉盛国际信托(Frasers HTrust)	2014.07.14	10.112	4.9
亿达工业房地产(Viva Ind Tr)	2013.11.04	5.660	9.7
速美工商房地产信托基金(Soilbuild Biz REIT)	2013.08.13	6.850	6.3
华联酒店信托(OUE HT)	2013.07.25	10.123	8.9
新加坡报业物业股房地产信托(SPHR REIT)	2013.07.24	23.649	5.9
浩正零售信托(Croesas RTrust)	2013.05.10	5.036	7.7
丰树大中华商业信托(Mapletree Gcc)	2013.03.07	24.782	7.3
远东酒店信托(Far East HTrust)	2012.08.27	11.421	8.0

注：数据来源截止至2015年12月11日

注：个人整理

1.S-REITs 的规模 （续表-2）

房地产投资信托基金（REITs）	上市日期	现市值亿新元(S$)	股息收益率(%)
星狮商业产信托(FrasersCom Tr)	2006.3.30	10.097	6.8
升禧环球房地产信托(Starhill Gbl)	2005.09.20	16.141	6.9
丰树物流信托(MapletreeLog)	2005.07.28	24.536	7.6
丰树工业信托(MapletreeInd)	2005.07.19	27.579	5.0
新达信托(Suntec REIT)	2004.12.09	38.488	6.1
凯德商务产业信托(CapitaCom Trust)	2004.05.11	38.652	6.5
置富产业信托(Fortune Reit)	2003.08.12	26.632	5.3
腾飞房产信托(Ascendas Reit)	2002.11.19	54.442	6.5
凯德商用新加坡信托(CapitaMall Trust)	2002.07.17	65.129	5.8
总计（只）　34		现市值(亿新元)　599.348亿新元	2748.730亿人民币

注：数据来源截止至2015年12月11日

注：个人整理

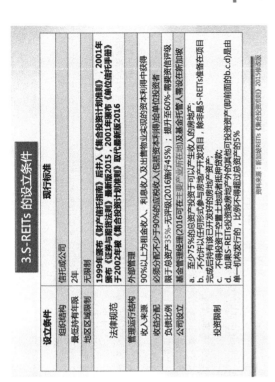

3.S-REITs 的设立条件

设立条件	现行标准
组织结构	信托或公司
最低持有年限	2年
地区区域限制	无限制
法律规范	1999年颁布《房产信托指南》后并入《集合投资计划准则》，2001年颁布《证券与期货法则》最新版2015，2001年颁布于2002年版《集合投资计划准则》取代最新版2016《单位信托手册》
管理运行结构	外部管理
收入来源	90%以上为租金收入、利息收入及出售物业实现的资本利得中获得
收益分配	必须分配不少于90%的应课税收入（包括资本利得）给单位投资者
负债比例	限于总资产35%-无评级(2016施行45%)；提升至60%-需要资信评级
公司设立	基金管理经理(2016可在主要产业所在地)及基金管理人常设在新加坡
投资限制	a. 至少75%的总资产投资于可以产生收入的房地产; b. 不允许以任何形式参与房地产开发项目，除非是S-REITs准备在该项目完成后持有该已开发好的房地产; c. 不得投资于空置土地或者抵押申请款; d. 如果S-REITs投资除房地产以外的其他可投资资产(即前面的b.c.d)是由单一机构发行的，比例不得超过总资产的5%

资料来源：新加坡REITs《集合投资准则》2015修改版

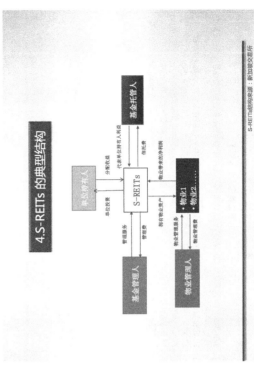

4.S-REITs 的典型结构

资料来源：S-REITs结构资料来源：新加坡交易所

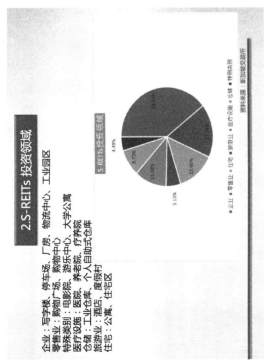

2.S-REITs 投资领域

企业：写字楼、停车场、厂房、物流中心、工业园区
零售业：购物广场、购物中心
特殊类别：电影院、游乐中心、大学公寓
医疗设施：医院、养老院、疗养院
仓储：工业仓库、个人自助式仓库
旅游业：酒店、度假村
住宅：公寓、住宅区

S-REITs投资领域

■企业 ■零售业 ■住宅 ■旅游业 ■医疗设施 ■仓储 ■特别类别

资料来源：新加坡证券交易所

3.S-REITs 的设立条件

股权变动通知	根据新加坡证券期货法则(SFA)，上市信托单位持有人必须在以下情况况于两个工作日内向基金管理人提交主要单位持有人通知： (a) 当单位持有人的单位持有率从少过5%增加到5%或以上(例如从4.9%增加到5.1%) (b) 当持有至少5%的单位持有人的单位持有率改变跨一个整数(例如从5.9%增加到6.1%) (c) 当单位持有人的单位持有率从5%减到少过5%(例如从5.1%减到4.9%)
基金管理人必须在收到以上通知后一工作日内发相关公告	

资料来源：新加坡REITs《集合投资准则》2015修改版

5.S-REITs 的主体部分概览

基金管理人（公司）

1. 必须持有新加坡金融管理局颁发的资本市场服务牌照
2. 需是在新加坡注册成立的公司，并在新加坡境内设立实体办公室
3. 公司拥有至少新币100万基础资本
4. 需要执行官(CEO)和执行董事需全职专注为管理人服务
5. CEO需要居住在新加坡，但如果REITs主要投资于海外产业，新加坡金融管理局表示可考虑接受CEO居住在新加坡境外所在国（从2016年1月1日起）
6. 管理人应购买专业渎职保险，金管局也可以考虑接受以管理人的母公司提供的承诺书代替购买专业渎职保险的要求，条件是母公司以全职全身专注在新加坡
7. 管理人的会计、合规及投资关系的活动需在新加坡执行
8. REITs管理人的管理通常包括全职全身专注雇员(包括CEO及财务总监)从2016年1月至少3位必须居住在新加坡

续表-1

5.S-REITs 的主体部分概览

基金管理人（公司）

9. 董事及CEO应拥有至少10年相关经验，包括5年以上的管理层经验，其他主要管理人员也应具备相关、适当和足够的经验
10. 管理人代表（包括首席执行官及其董事、CEO及其他专业董事）受新加坡金融管理局所发布的"适当人选准则"规定的最低学历和其他标准
11. 房地产投资信托经理人，CEO及其他专业董事须符合新加坡金融管理局发布的"适当人选准则"规定的最低学历和其他标准
12. 管理人代表必须年满21周岁及符合"适当人选准则"
13. 至于财务总监或新委所和公司董事会通常需定期跟财务总监对于上市资产一起的人须对接经验最好是对于上市资产有着最少六个月的人从业经验
14. 管理人也需要有1名知事务（可由管理人直接聘请或外包）

基金董事会

1. 董事会通常应有董事至少5或6位董事（最少3名独立董事）
2. 其中两名独立董事必须是新加坡公民或永久居民
3. 如果单位持有人有权委任主席，独立董事须占董事会至少三分之一
4. 如果单位持有人无权委任主席，独立董事须占董事会至少一半
5. 董事必须通过笔试（除非同期同为管理人代表）
6. 董事应拥有至少10年相关经验，包括5年以上的管理层经验

续表-2

5.S-REITs 的主体部分概览

基金托管人（公司）

1. 安全保管基金的全部资产，执行基金管理人的投资指令，并负责办理基金名下的资金往来
2. 监督基金管理人的投资运作，发现基金管理人的投资指令违法违规即不予执行，并向新加坡监管局报告
3. 保管与基金有关的重大合同及有关凭证、保存基金的会计帐簿
4. 需与基金管理人保持相对独立性
5. 银行附属公司/专业受托公司

单位持有人

1. 拥有REITs的资产，并对其有着最终决定权
2. 并对对REITs产生的收益拥有收益权

物业管理人

1. 提供物业（产业）管理服务，包括租赁管理及市场营销服务
2. 可以是房地产投资信托管理人的关联公司

特设公司(SPV)

主要是出于隔离风险，避税等方面的考虑

续表-3

5.S-REITs 的主体部分概览

特设公司(SPV)

主要是出于隔离风险，避税等方面的考虑

审计委员会

1. 至少3名董事
2. 大多数(包括审计委员会主席)是独立董事
3. 成员须都是非执行董事
4. 如果审计委员会包括由发起人委任的董事，审计委员会需要有最少3名独立董事
5. 至少2位成员(包括审计委员会主席)应具备近期及相关的会计或相关的财务管理专长或经验
6. 如(1)12个月内是审计事务所的合伙人/董事，或(2)目前在审计事务所有任何财务利益，房地产投资信托现在审计事务所目前或过去的合伙人/董事不该兼任审计委员会职位

其他委员会

1. 从2016年1月1日起，管理人应成立提名委员会和薪酬委员会，提名委员会和薪酬委员会可合为同一个委员会
2. 如管理人不打算成立以上委员会，则需在房地产投资信托的年度报告中清楚解释不成立该委员会的理由，包括是否已制定寻求新董事和机构定薪酬政策和薪酬的程序

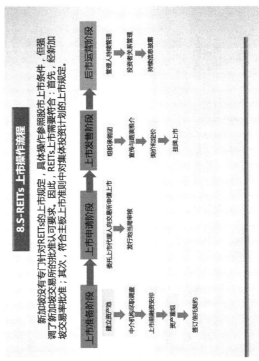

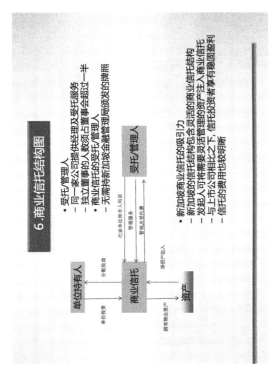

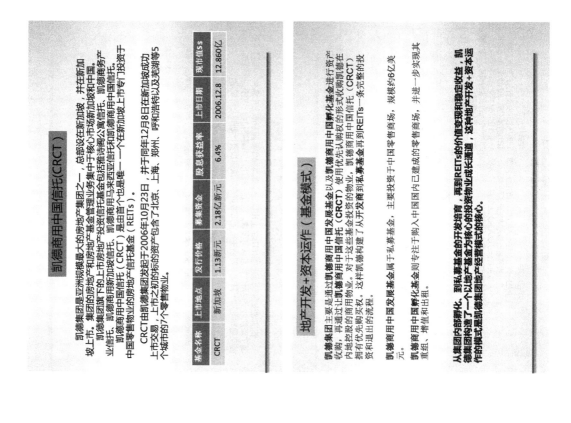

凯德商用中国信托(CRCT)

凯德集团是亚洲规模最大的房地产集团之一，总部设在新加坡，并在新加坡上市。集团的房地产和房地产业务集中于核心市场新加坡和中国。凯德集团旗下的上市房地产投资信托基金包括凯德商用新加坡信托、凯德商用新加坡信托。凯德商用马来西亚投资信托和凯德商用中国信托。凯德商用中国信托（CRCT）是由首个也是唯一一个在新加坡上市专门投资于中国零售物业的房地产信托基金（REITs）。

CRCT由凯德集团发起于2006年10月23日，并于同年12月8日在新加坡成功上市交易，上市之初的标的资产包含了北京、上海、郑州、呼和浩特和芜湖等5个城市的7个零售物业。

基金名称	上市地点	发行价格	募集资金	股息收益率	上市日期	现市值$
CRCT	新加坡	1.13新元	2.18亿新元	6.4%	2006.12.8	12.860亿

地产开发＋资本运作（基金模式）

凯德集团主要是通过凯德商用中国发展基金以及凯德商用中国孵化基金进行资产收购，再通过让凯德商用中国信托（CRCT）使用优先认购权的形式收购凯德在内地控股的商用物业。对于这些基金投资的物业，凯德商用中国信托（CRCT）拥有优先购买权。这样凯德构建了从开发商到募集基金再到REITs一条完整的投资和退出的流程。

凯德商用中国发展基金属于私募基金，主要投资于中国零售商场，规模约6亿美元。

凯德商用中国孵化基金则专注于购入中国国内已建成的零售商场，并进一步实现其重组、增值和出租。

从集团内部而言，到私募基金的开发培育，再到REITs的价值实现和稳定收益，凯德集团构造了一个以地产基金为核心的投资物业成长通道，这种地产开发＋资本运作的模式是凯德集团地产经营模式的核心。

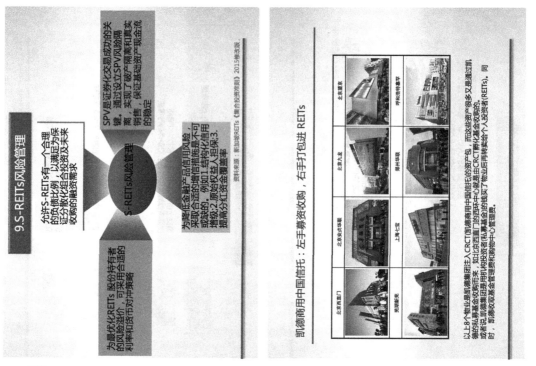

9.S-REITs风险管理

S-REITs风险管理

为最优化REITs股份持有者的风险溢价，可采用合适的利率和货币对冲策略

允许S-REITs有一个合理的债务比例，以满足为保证分散化组合投资及未来收购的融资需求

SPV是证券化交易成功的关键，通过设立SPV风险隔离，实现了破产隔离和真实销售，保证基础资产现金流的稳定

为避免低金融产品信用风险采取合适的增信措施，例如1.结构化信用增级；2.原始权益人担保；3.提高分红覆盖率

资料来源：新加坡REITs《集合投资法则》2015修次版

凯德商用中国信托：左手募资收购，右手打包进 REITs

北京西直门	北京安贞华联	上海七宝	郑州购物中心	北京北太	北京九龙	呼和浩特万隆	北京望京
芜湖新百							

以上8个物业是凯德集团注入CRCT凯德商用中国信托的地产包，而这些资产大多是又是通过凯德的私募基金收购而来，如以往再门店以外H+0来是由CRCT孵化基金收购的，或者凯德集团是用凯德孵化基金对标的投资者（私募基金）进行了物业回购后再持有实施个人及资产的中心管理费。同时，凯德收取基金管理费和物业管理费。

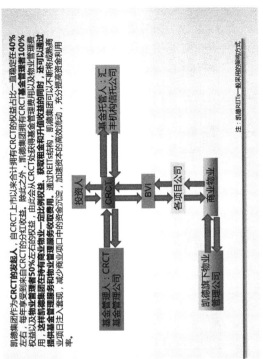

凯德集团作为CRCT的发起人，自CRCT上市以来合计排有CRCT的权益占比一直稳定在40%左右，每年享受到来自CRCT的分红收益。除此之外，凯德集团排有CRCT基金管理者100%权益以及物业管理者50%左右的权益，由此会从CRCT处获得基金管理费用以及物业管理费用，这样凯德集团还持有商业物业一定比例权益，获取配基金和并购数据的同时，还可以通过提供基金管理服务和物业管理服务获取收费费用。通过对REITs结构，凯德集团可以不断将成熟商业项目日注入套现，减少商业项目中的资金沉淀，加速资本的高效流动，充分提高资金利用率。

注：凯德REITs一般采用的架构方式

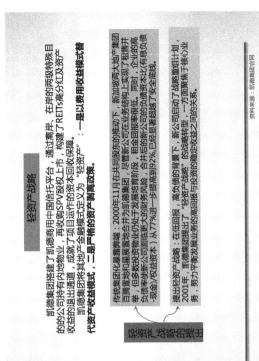

轻资产战略

凯德集团搭建了凯德商用中国信托资本平台，通过离岸、在岸的公司持有内地物业，再收购SPV股权上市，构建了REITs高分红资产的公司持有内地物业，再收购SPV股权上市，构建了REITs高分红及资产收益的退出通道，实现了项目运作所需的资本回收保障。凯德集团将其地产金融模式定义为"经资产"：一是以费用收益模式，二是平稳的资产剥离政策。

代表经营收益模式，二是平稳的资产剥离政策。

传统集团化暴露弊端：2000年11月在共同股东的推动下，新加坡资两大地产集团百誉置地和星展置地合并到凯德集团，尽管新公司在业务结构上实现了租售并举，但是由于房地产行业特有的周期性，合并后新公司前的负债资本比(有息负债现金/权益资本)从77%进一步提高到92%，已经显著超过了安全底线。

提出经资产战略：在此回报、高负债的背景下，新公司启动了战略重组计划，2001年，凯德集团提出了"经资产"战略的转型，一方面聚焦业务转移的业务，另方面平衡发展业务的高回报与投资的稳定收益之间的关系。

资料来源：凯德集团官网

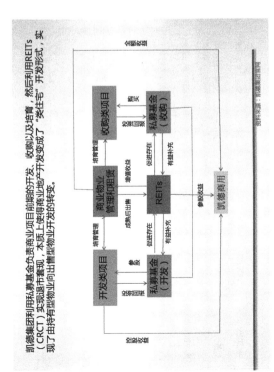

凯德集团利用私募基金负责商业项目前期的开发、收购以及持有，然后利用REITs(CRCT)实现退市套现，本质上使得商业地产开发委变成了"类住宅"开发形式，实现了由持有型物业向出售型物业开发的转变。

资料来源：凯德集团官网

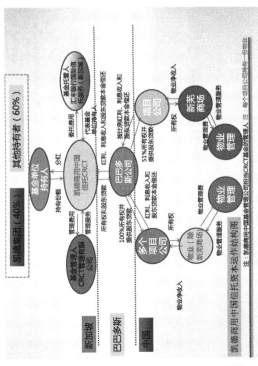

资料来源：凯德商用中国基金管理公司和凯德商用CRCT持有；每个项目公司持有物业。

注：凯德商用中国信托资本运作结构图

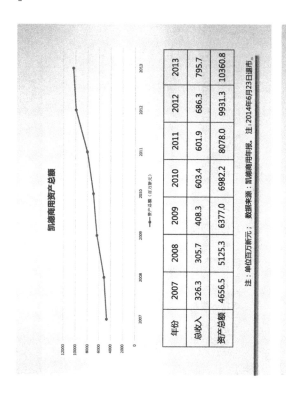

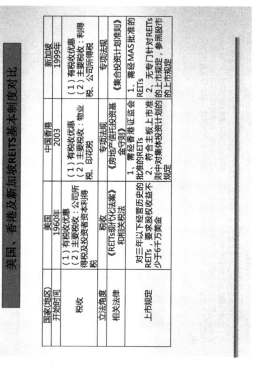

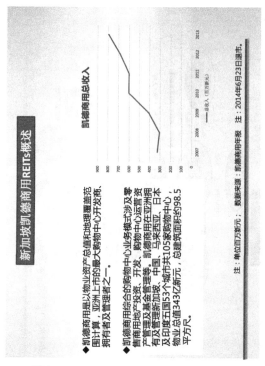

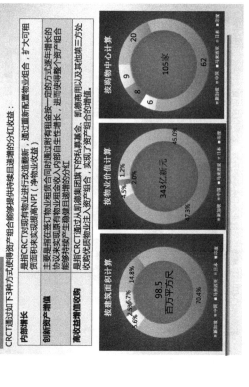

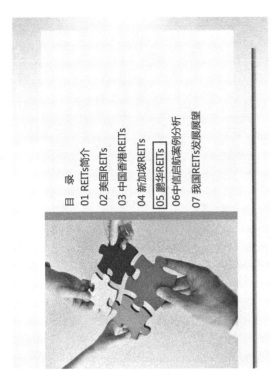

目　录

01 REITs简介

02 美国REITs

03 中国香港REITs

04 新加坡REITs

05 鹏华REITs

06 中信启航案例分析

07 我国REITs发展展望

鹏华前海万科REITs相关法律法规规定

《中华人民共和国证券投资基金法》

《证券投资基金运作管理办法》

《证券投资基金信息披露管理办法》

《证券投资基金托管业务管理办法》

注：中国未给予REITs制定专项立法

续上表

		美国	香港	新加坡
REITs成立条件	组织结构	信托或公司	信托	信托或公司
	最低持有年限	无	无	2年
	地区区域限制	无限制	无限制	无限制
	投资业务	75%以上为房地产、现金、现金类资产及政府发行的房地产有价债券	75%投资在有收入产生的房地产	75%投资在有收入产生的房地产
	持股比例	股东不少于100个，前5个股东所持股份不大于50%	无特别规定	无特别规定，股东有5%以上股份需信息披露
	收入来源	至少75%以上须从租金、抵押贷款利息、不动产物业出售实现的资本利得中获得	主要为房地产投资收入、利息收入及出售股票或资产证券收益	至少90%以上为租金收入、利息收入及出售物业及资本利得中获得
	收益分配	至少90%的应纳税净收入	至少90%的应纳税收入	至少90%的应纳税收入
	负债比例	无要求	45%	45%-无评级 60%-有评级
	投资比例	房地产投资比例至少75%	房地产投资比例至少75%	房地产投资比例至少75%

鹏华前海万科REITs的基本条件

设立条件	标准
组织结构	契约型、混合型证券
最低持有年限	不低于2年
地区区域限制	无限制
税收政策	(1)未给予REITs以税收优惠政策 (2)主要税收：营业税、房产税、企业所得税、契税、印花税 (3)投资者所得税
上市日期	2015年9月30日
基金代码	184801
持股比例	无特别规定
收入来源	主要为目标公司的营业收入；利息收入、股利收入及出售股票证券收益
收益分配	每年基金收益分配比例不低于基金当年度可供分配利润的90%

注：本节所有资料均来源于鹏华前海REITs招募说明书。

鹏华前海REITs的结构形式

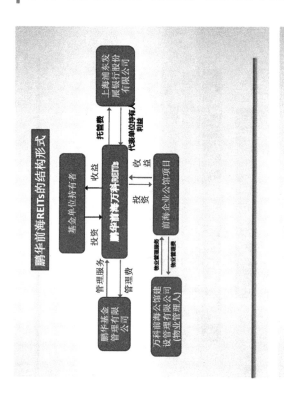

鹏华REITs的投资限制

基金封闭运作期：
- 投资确定的，单一的目标公司股权的比例不低于基金资产的50%
- 对债券等的投资比例不低于基金资产的80%，股票等权益类品种的投资比例不超过基金资产的20%；
- 现金或到期日在一年以内的政府债券的投资比例不低于基金资产净值的5%；
- 持有一家上市公司的证券，其市值不超过基金资产净值的10%；
- 基金管理人管理的全部基金持有一家公司发行的证券，不超过该证券的10%；
- 基金持有的全部权证，其市值不得超过基金资产净值的3%；
- 基金管理人管理的全部基金持有的同一权证，不得超过该权证的10%；
- 基金在任何交易日买入权证的总金额，不得超过上一交易日基金资产净值的0.5%

上市开放式基金

鹏华前海万科REITs的运作方式

- 本基金合同生效后10年内（含10年）为基金封闭运作期，本基金在此期间封闭运作并在深圳证券交易所上市交易。
- 基金封闭运作期届满，本基金转为上市开放式基金（LOF）。

前海企业公馆项目简介

前海企业公馆项目是个BOT项目。2013年8月，前海管理局公布企业公馆BOT项目的招标结果，万科中选为投资人。按照BOT的建设（Build）、经营（Operate）、移交（Transfer）模式，万科将出资约8亿元建设前海企业公馆，并在8年后无偿移交给前海管理局，而万科则通过8年的运营来回收项目投资。

前海企业公馆项目总占地面积约9万平方米，项目总建筑面积约为6万平方米，项目容积率约为0.6。整个项目分为特区馆区和企业公馆区，包含一座约1万平方米的特区馆，36栋约200～1600平方米不等的企业公馆，一座约3300平方米的商务中心，约3000平方米商业配套以及约6000平方米地下停车场。

鹏华REITs的投资比例

基金封闭运作期	➤投资于确定的、单一的目标公司股权的比例不超过基金资产的50%； ➤投资于固定收益类资产、权益类资产等的比例不低于基金资产的50%
上市开放式基金	➤对债券的投资比例不低于基金资产的80%； ➤股票等权益类品种的投资比例不超过基金资产的20%； ➤现金或者到期日在一年以内的政府债券的投资比例不低于基金资产净值的5%

鹏华REITs风险

基金风险

(1) 租赁风险：这个物业属于产业园区，单个租户租赁面积较大，如果出现退租也会对一定期间的空置率有较大影响。

(2) 收益风险：由于失去退出时最后的资产增值收益，所有的收益比较客观，租赁合约一般3～5年，在第四到第九年的时候万科为了账面好看，做了一个非常激进的租金增长率，在第四年租金涨幅度上涨那就有点过于乐观，实现度上有风险。第五年到第八年也这么大幅度上涨，很难达到国外REITs那么高的收益率。再加上税收过多，免负过重。

(3) BOT港前终止风险：证券化的对象为万科前海公馆未来的租赁收入，而不是前海企业公馆项目本身。由于中没有物业权，随时面临BOT提前终止的风险。

鹏华REITs的投资范围

基金封闭运作期（10年之内）	➤确定的、单一的目标公司股权（深圳市万科前海公馆建设管理有限公司）； ➤固定收益类资产（具体包括：国债、次级债、金融债、企业（公司）债、短融债券、可转换债券、超短期融资券、中期票据、资产支持证券、债券回购、银行存款等、现金、以及法律法规或中国证监会允许基金投资的其他金融工具； ➤股票、权证等权益类资产。
上市开放式基金（10年之后）	➤具有良好流动性的金融工具，包括国内依法发行上市的国债、金融债、企业债、公司债、央行票据、地方政府债、中期票据、短期融资券、可转换债券（含分离交易可转债）、资产支持款等、中小企业私募债、债券回购、银行存款等固定收益类品种以及法律法规或中国证监会允许基金投资的其他金融工具； ➤股票、权证等权益类资产。

续上表：鹏华REITs投资限制

上市开放式	➤基金投资于同一原始权益人的各类资产支持证券的比例，不得超过基金资产净值的10%； ➤基金持有的同一（同一信用级别）资产支持证券的比例，不得超过该资产支持证券规模的10%； ➤基金管理人管理的全部基金投资于同一原始权益人的各类资产支持证券，不得超过其各类资产支持证券合计规模的10%； ➤基金应投资于信用评级为BBB以上（含BBB）的资产支持证券； ➤基金持有单只中小企业私募债券，其市值不得超过基金资产净值的10%； ➤基金财产参与股票发行申购，本基金所申报的金额不超过本基金的总资产，本基金所申报的股票数量不超过拟发行股票公司本次发行的股票的总量； ➤基金进入全国银行间同业市场进行债券回购的资金余额不得超过基金资产净值的40%； ➤基金总资产不得超过基金净资产的140%

鹏华REITs退出方式

➤ 本基金应分别在 2015 年 12 月 31 日前、2018 年 12 月 31 日前和 2021 年 12 月 31 日前按深圳万科房屋所确定的关联方转让 14%、18%、17.5% 和 0.5% 的目标公司股权，首至本基金全部股权退出。

➤ 本基金转变为上市开放式基金（LOF）。

1.中信启航专项资产管理计划（证券公司专项资产管理计划）（准REIT）

产品名称	中信启航专项资产管理计划（证券公司专项资产管理计划）（准REIT）
计划规模	52.1亿元
分层设计	优先级36.5亿元，次级15.6亿元，占比分别为70.1%、29.9%
产品期限	优先级预期3年，不超过5年，次级预期4年，不超过5年（产品有效期前结束）
分级	优先级份额存续期间获得基础收益，退出时获得资本增值①的10%（浮动收益部分）；次级份额存续期间获得满足优先级基础收益后的剩余收益，退出时获得资本增值的90%（浮动收益部分）
投资者预期收益率	优先级预期7-9%；次级预期12-42%
受益凭证份额	全部受益凭证按照每份100元分为均等份额，每份受益凭证证照的面值为100元
评级情况	优先级收益凭证信用级别AAA级，次级无评级
计划拟投资范围	只能用于向非公募基金出资，并由非公募基金为专项计划目的而使用该等资金
收益凭证登记托管机构	中国证券登记结算有限责任公司深圳分公司
收益凭证的交易	可以申请通过深圳证券交易所的综合协议平台进行转让

注：此增值部分为扣除相关费用后当年优先级基础收益后的数额。

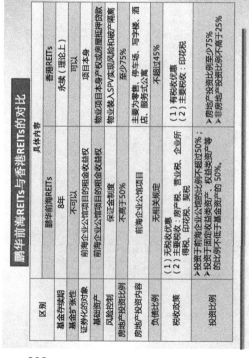

鹏华前海REITs与香港REITs的对比

区别	具体内容	鹏华前海REITs	香港REITs（理论上）
基金存续期		8年	永续
基金封闭性		不可以	可以
证券化的对象		前海企业公馆项目的租金收益权	项目本身
基础资产		前海企业公馆项目的租金收益权	物业项目
风险控制		保证金制度	物业装入SPV实现风险隔离和破产隔离
房地产投资比例		不高于50%	至少于75%
房地产投资内容		前海企业公馆项目	主要为零售、停车场、写字楼、酒店、服务式公寓
负债比例		无相关规定	不超过45%
税收政策		（1）无税收优惠 （2）主要税收：房产税、营业税、企业所得税、印花税、契税	（1）有税收优惠 （2）主要税收：印花税
投资比例		➤投资于前海企业公馆的比例不超过50%；➤投资于固定收益类资产等的比例不低于基金资产的50%。	➤房地产投资比例应至少75%；➤非房地产投资比例不高于25%

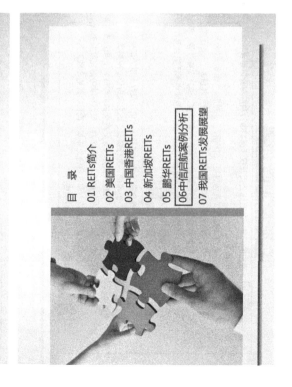

目 录

01 REITs简介

02 美国REITs

03 中国香港REITs

04 新加坡REITs

05 鹏华REITs

06 中信启航案例分析

07 我国REITs发展展望

3.中信启航交易参与方

各主体部分	公司名称
资产原所有人	中信证券股份有限公司（"中信证券"）
计划管理人/推广机构	中信证券股份有限公司（"中信证券"）
基金管理人	中信金石基金管理有限公司（"中信金石基金"）
托管人	中信银行股份有限公司天津分行（"中信银行"）
监管银行	中信银行股份有限公司天津分行（"中信银行"）
法律顾问	北京市海问律师事务所（"海问律师"）
信用评级机构	中诚信证券评估有限公司（"中诚信证评"）
会计师事务所	普华永道中天会计师事务所（"普华永道"）
税务咨询机构	普华永道中天会计师事务所（"普华永道"）
评估机构	深圳市戴德梁行土地房地产评估有限公司（"戴德梁行"）、深圳市戴德梁行土地房地产评估有限公司深圳分公司（"戴德梁行"）
登记托管机构/支付代理机构	中国证券登记结算有限公司深圳分公司（"中证登深圳公司"）

4. 法律架构搭建

（一）分拆基础资产

1. 中信证券新设两个子公司，注册资本均为30万元人民币，分别为天津京证和天津深证，经营范围是对有房屋提供物业服务，主要目的是用以接收北京和深圳物业。

2. 剥离中信证券持有的两处物业（房产及土地使用权），以向子公司增资的形式划入该设公司和深圳公司（中信证券缴纳货币税的所得税，土地增值税，无需缴纳营业税。

（二）设立私募基金

中信金石基金管理公司发起设立私募基金，预计5年后该私募基金将面向所有投资者，转为公募基金，成为真正意义上REITs申请上市。私募基金发起设立私募基金，私募基金募集有200个投资者，且只能是合格的机构投资者，不面向个人投资者。

（三）设立SPV（Special Purpose Vehicle）

设立特殊目的公司是为了接收天津京证和天津深证的全部股权，进而间接持有物业，SPV又是作为持股天津物业以外并无其他实质业务，SPV为另一个重要作用是"隔离"，即资产设中信证券持有的物业不算作中信证券的清算资产，即资产已出表。

2.中信启航交易结构图

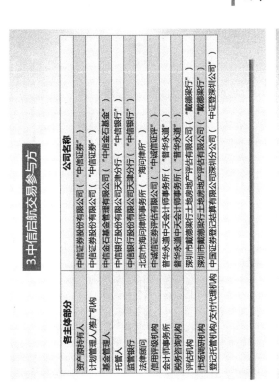

4. 法律架构搭建

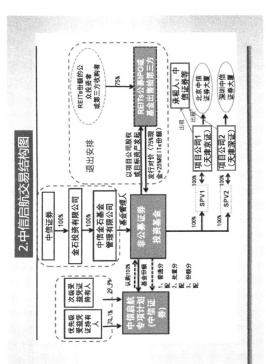

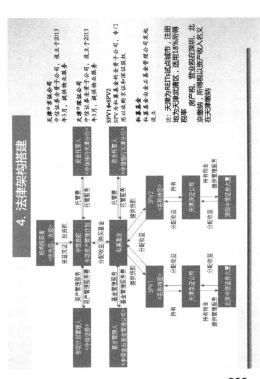

5.基础资产包

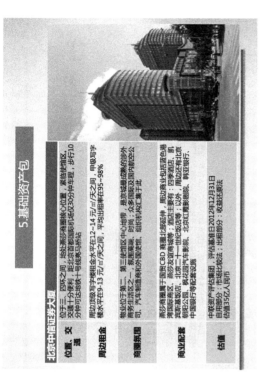

北京中信证券大厦

位置、交通	位于三、四环之间，地处燕莎商圈核心位置，紧临使馆区，交通十分便利，周边北京首都国际机场仅30分钟车程，步行10分钟可达地铁1号线东直门站。
周边租金	周边顶级写字楼租金水平在12～14元/天/㎡之间，甲级写字楼水平在9～13元/天/㎡之间，平均出租率维持在95～98%
商圈氛围	物业位于第二、第三使馆区中心地带，是众多城市高端商务活动的涉外商务生活社区之一，如燕莎商城、时尚广场。时间，众多国际及国内知名公司、组织机构汇集于此。
商业配套	燕莎商圈属于国贸CBD东南北延商圈，南边商业包括渔阳饭店、港澳中心、亮马河大厦。燕莎友谊城等。酒店主营有：四季酒店、凯宾斯基酒店、昆仑饭店、北京二十一世纪饭店、周边还有北京朝阳公园、蓝色港湾户外购物公园、北京红爱剧场剧院。轨交银行、中国银行等等银行等配套设施。
估值	中联资产评估集团，评估基准日2012年12月31日，出租部分：市场比较法；收益还原法。估值35亿人民币

6.融资安排

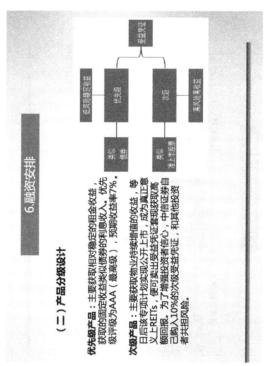

（二）产品分级设计

优先级产品：主要获取相对稳定的租金收益，优先获取的固定收益类收益以债券的利息收入。优先级评级为AAA（最高级），预期收益率7%。

次级产品：主要获取物业持续增值的收益，成为真正意义上REITs，通过专项计划实现公开上市，日后该专项计划在交易所挂牌，等可供次级受益者自由买卖，等意获得较高额回报。为了增强投资者信心，中信证券自己购入10%的次级受益凭证，和其他投资者共担风险。

5.基础资产包（卓越时代广场2期）

深圳中信证券大厦

位置、交通	福田区CBD核心地段，区域内云集高品质写字楼和满一业协同一整理，交通便利，周边地铁多条线，五路线不足一公里，且周边区多条公共交通线路发达
周边租金	目前中心区写字楼租金在180～250元/平米/月之间，2012年福田区甲级写字楼空置率7.8%
商圈氛围	物业位于深圳中心区CBD，深圳大道，深圳大道上最大的金融商圈中心，不仅已有招商银行、兴业银行、东亚银行、工商银行等金融驻扎，证券、保险、基金亦有所涉猎，户外还进一步进入。
商业配套	周边深圳国际会展中心，距离市中心城、COCO PARK等大型综合商业中心，步行距离需要10分钟左右，周边有大中型区域商业要采要，喜采喜。格丽取、朗科公园、城市绿洲，马驾等夹杂约日子等一批五星级酒店群。
估值	中联资产评估集团，评估基准日2012年12月31日，出租部分：市场比较法；收益还原法。估值15亿人民币

6.融资安排

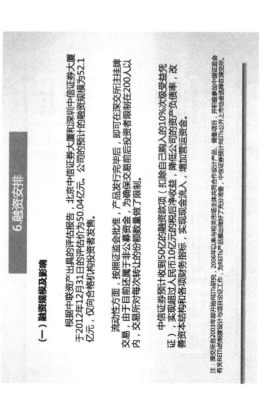

（一）融资规模及影响

根据中联资产产出具的评估报告，北京中信证券大厦和深圳中信证券大厦于2012年12月31日的评估价合计为50.04亿元。公司的预计的融资额约减为52.1亿元，仅向合格机构投资者募集。

流动地方面，按照证监会批准，产品发行完毕后，即可在深交所挂牌上牌交易，由于目前还属于非公募资金，为确保交易后投资者限制在200人以内，交易所对每次转让的额数量做了限制。

中信证券预计回收到约50亿元的融资偿款项（扣除自己购入的10%次级受益凭证），实现通过入民币10亿元的的后偿受益与债率，降低公司的资产负债率，改善本结构和各项财务指标，实现现金流入，增加运营资金。

注：深交所自2003年即开设有REITs研究，2006年以来与相关市场主体共同推动合作推出产品。领衔项目。并相继参加中国证监会有关REITs的制度设计与项目的实施工作，为REITs产品制度做好了充分准备。中信证券预计将于REITs公开上市信息会选择在深交所挂。

6.融资安排

（三）产品退出设计

该产品预计将以REITs上市的方式退出。退出时，私募基金会将所持物业100%的权益转让给由基金管理人发起的、在交易所上市的REITs。

对约75%将以现金方式取得的，剩余25%将以REITs份额的方式进行分配。考虑优先级和次级的融资本约比例是7：3，则优先级投资者人将在公募时点100%现金方式全部退出；相应的，次级投资人将获得部分现金分配及REITs份额。

注：右图表分配70%和5%现金会给优先级投资者，次级投资者的优先级投资产不增值，优先级投资者只是得回了当初出的人85%本线，若考虑投资产增值，则不需要分配70%现即值返还当初优先级投资者投入85%成本，大部的优先级投资者分给始次级投资者。

投资人在退出时享受因资本本增值带来的超额收益部分，也即未来房价的上涨带来的增值收益。优先级投资人除了获得固定回报退出时还可获得增值收益中除10%的现金部分，次级退出时将分享剩余90%的增值收益，以"现金+REITs份额"的形式实现收益。

7.融资风险

（一）审批时限

审批时间过久，中信证券2012年着手准备，2013年上半年提交资料，在2014年1月证会才审批放行，从申请到拿到批文耗时超过1年，而估值必然会发生变化，融资额度难以估值据合作为重要依据，中信证券估值据结果是2012年12月31日，而事实批文是2014年1月、5月才在深交所挂牌，审批的时限的不确定性提高了融资风险。

（二）税收政策

本专项计划采用全额纳税模式，并没有税收优惠，需要缴纳营业税及城镇建设（5.6%）房产税（12%）所得税（设立在天津，适用18%所得税率）投资者还需要交纳分红收入所得税，整体的税收已了征近一半，REITs在境外大部都模发行的一个重要因素是税和收中性，即避免了双重征税，将利润的90%用于分配给投资者，只对投资者缴纳所得税，因而对投资者有着较大的吸引力。国内现的税收优惠将可能优先向保障房REITs开放。

7.融资风险

股权性质的REITs： 在国内尚属于空白领域，因为没有政策上的优惠及明确的专项法律规范，存在灰色地带，导致不少公司绕道过去境外发行REITs。

作为推了第一个吃螃蟹的中信证券，尽管凭借自身一流的基础资产、一流的证券业务资质、一流的出身背景、一流的外部中介队伍，但也是在各种摸索中前进，不过还是解决了大量的实务难题，为同业及监管层提供了思路。

1月份推了了审批的配进挂牌交易，就在3月份，证监会停止了有券有专项资管计划的审批，已在审批的项目中并没有REITs，很可能今后有REITs将不能以专项计划作为载体，中信起前确实存在的几个比较重大的融资困境风险。

注：股权性质区别于债权性质。股权融资可以理解为增值不用还本付息（买债票），但可以获取固定收益而不管好坏。

7.融资风险

（三）无法成功实现REITs公开上市

尽管专项计划目前在交易所挂牌上市，但还属于非公募性质，投资者仅限于200个以内的机构投资者。

若专项计划的5年存续期结束后，房地产市场不景气，资产价值下跌，租金出现大幅波动导致收益率出现难以控制的下滑，则可能无法成功出售非公募基金实现REITs的公开上市，甚至无法以合理价格转让或转让股权，则严重影响次级投资人的利益。

此外，实现公募REITs的前提是今后5年左右有相对完善的法和政策出台，这存在不确定性，尽管可以由律师在灰色地带进行努力，但还是存在难以全身而退的风险。

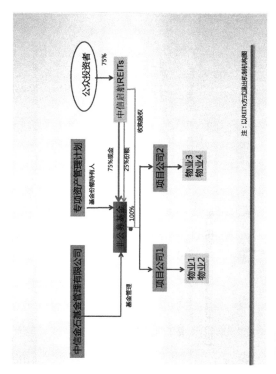

注：以REITs方式退出机制构架图

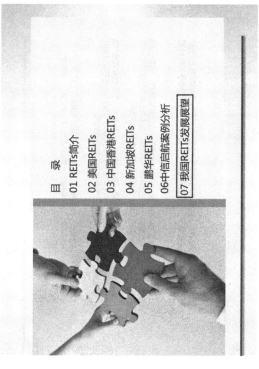

目 录
01 REITs简介
02 美国REITs
03 中国香港REITs
04 新加坡REITs
05 鹏华REITs
06 中信启航案例分析
07 我国REITs发展展望

8.退出机制

该产品预计将以上市方式退出或以收购方式退出。

若采用以REITs方式退出，退出时点，非公募基金将各所持物业100%的股权出售给中信金石基金管理有限公司发起设立的交易所上市REITs。根据当前沟通，对价的75%将以现金方式取得，剩余25%将以REITs份额的方式由本基金持有并锁定1年。在此安排下，优先级投资者将在IPO时点以全观金方式全部退出，相应次级投资者获得部分现金分配及REITs份额。

若采用出售方式退出，基金公司以以市场价格出售给第三方实现退出。投资物业所在北京、深圳两圈的租金及售价在未来五年预计有较好的升值空间，出售给第三方REITs退出方式的重要补充，该产品的优先级及较持有人和次级持有人都将在第三方收购现金后退出。

9.中信启航的意义

中信证券最大的贡献在于利用自己的创新能力消除产品设立过程中各种业务障碍，为同业提供样板，示范意义大于经济利益；为监管层消除问题，尽快完善相关政策，明确操作指引，提供和收优惠，加速不动产证券化的政策进程。

✓ 第一单国内股权性质的房地产投资信托基金
✓ 第一单以自有的投资性物业作为基础资产的房地产投资信托基金

目前监管层倾向以REITs基础资产是公租房、保障房，通过这种给政府产生负担的资产，并相应提供政策方面的便利，从而将包水推给投资者，盘活存量资产。中信启航在没有任何可借鉴的情况下已经具备完善REITs的排形，二者给给必然能为中国版REITs破冰，让国内的优质地产资产不需绕境外去融资，将收益留给国内投资者。

1.中国REITs的推行过程

我国REITs的推行进程可以追溯到2002年,整个进程虽有所进展,但发展缓慢,此时并没有出现过真正意义上的REITs产品,直至2015年9月以证监会批复同意,鹏华前海万科REITs在政策允许的情况下公募上市流通,这标志着我国首支真正意义上的REITs破冰浮出水面。

时间	事件
2002	我国开展信托业务后开始逐步涉及房地产信托业
2004	2004年开始,央行、证监会、银监会陆续开始REITs的前期筹备工作
2005	银监会颁布《加强信托投资公司部分业务风险提示的通知》对房地产信托发行作门槛进行了严格限定;香港证券市场上的国内物业越秀投资成功发行了越秀REITs,成为我国第一支境外上市的房地产投资基金
2006	房地产领域对外资收紧出现 "限外",万达、华银控股、华润等公司借物业投资模式在香港上市的计划都相继搁浅,国内REITs的发展一度停滞
2007.4	中国证监会 "房地产投资基金专题研究领导小组" 正式成立
2007.6	央行召开REITs专题座谈会,发改委、财政部、人社部、银监会、证监会、保监会等各主管部门达成一致认为,应按照 "试点与立法平行推进" 的原则启动中国REITs
2007.10	证监会初步选定了8省12家企业进行试点,第一站选择在天津
2008.3	银监会在新推出台的《信托公司管理办法》中明确 "鼓励房地产投资信托基金业务的开展"

1.中国REITs的推行过程

时间	事件
2008.4	央行发布《2007中国金融市场发展报告》,明确提出:要加快金融创新,择机推出房地产投资信托基金产品
2008.5	银监会颁布《信托公司业务管理暂行办法》
2008.12.3	国务院总理温家宝主持召开国务院常务会议,会议研究确定了金融促进经济发展的九条政策措施("国九条"),其中第5条指出:创新融资方式,通过并购贷款、房地产信托投资基金、股权投资基金和债券投资等多种形式,拓宽企业融资渠道
2008.12.13	国务院办公厅发布《关于当前金融促进经济发展的若干意见》(国办发[2008]126号)("国三十条"),其中第18条指出:开展房地产投资信托基金试点,拓宽房地产企业融资渠道
2009.1	央行牵头制定《房地产投资基金(REITs)试点管理办法》
2009.3.18	央行、银监会联合发布《关于进一步加强信贷结构调整促进国民经济平稳较快发展的指导意见》(银发[2009]92号),其中第6条重申中指出:支持资信条件较好的房地产项目发行企业债券和开展房地产投资信托基金试点,拓宽房地产企业融资渠道
2009.7	上海市的 "浦东新区2009-REITs发行募集说明书(第一稿)" 完成
2009.8	《房地产集合投资信托业务试点管理办法》(《管理办法》)草案完成

1.中国REITs的推行过程

时间	事件
2010	央行发布《银行间债券市场房地产信托受益券发行管理办法》,办法确定委托方为房地产企业,受托方为信托公司,通过信托公司在银行间市场发行房地产信托受益券,银行间市场属于场外交易,目标投资者均为金融机构,债权版REITs启动
2011	天津和上海关于利用房地产信托投资基金(REITs)来开展保障性住房融资的方案,办法确定委托方为房地产企业,获得国务院批准;中国证券和天津房地产集团(注:现为天津房地产集团有限公司)合作,以其持有的45万套公租房基金为房地产基础,发行上市债权版REITs,在银行间市场受各大金融机构投资者追捧,但债券版REITs规模很小,此后并无无债权版REITs状况
2013	证监会发布《证券公司资产证券化业务管理规定》,券商专项资产管理计划作为证券公司资产证券化产品的载体,股权版REITs启动
2014	国内首只REITs产品——中信启航专项资产管理计划,获得监管层批复,并首次试点在交易所挂牌,3年后公募上市;央行一步做好住房金融服务工作的通知,提出了积极稳妥开展房地产投资信托基金(REITs)试点工作
2015	2015年9月30日国内首只在上市交易所标准化的REITs产品,获得监管层批准,鹏华前海万科REITs公募上市

2.中国准REITs项目发展历程一览表

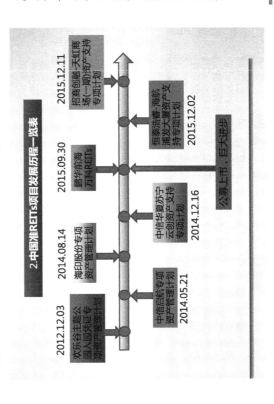

2012.12.03	2014.08.14	2015.09.30	2015.12.11
欢乐谷主题公园人园凭证汇富资产管理计划	海印股份专项资产管理计划	鹏华前海万科REITs	招商创融-天虹商场(一期)资产支持专项计划

2014.05.21	2014.12.16	2015.12.02
中信启航专项资产管理计划	中信华夏苏宁云创资产支持专项计划	恒泰浩睿-海航浦发大厦资产支持专项计划

公募上市,巨大进步

3.中国准REITs项目一览表 续表-1

中国目前仅有一只REITs（鹏华前海万科REITs），中信启航、中信苏宁云南，还有2015年12月2日上交所首单准REITs恒泰浩睿海航计划上市，开启商业地产"经资产战略"问世。万达、SOHO中国等国内房地产企业都开始全面转型"轻资产战略"，REITs成了经资产战略的不二选择，2015年被称为"中国REITs元年"据著名专业机构预测（如海通证券、中泰证券等)未来5年中国有2万亿级的REITs大蓝海。

类别	名称	发行时间	基础资产	规模(亿元)	收益率	期限(年)
国内发行 私募	高和资本私募REITs	2012	静安高和大厦	3	IRR不低于35%	3
	高和汇金宝	2015	北京金隅大厦	/	10%	1
	银泰租金宝	2015	杭州恒泰购物中心	1.2	7.5%-8.5%	3-9个月
	龙湖金萃果计划	2013	龙湖地产旗下的物业、商铺、写字楼	/	/	永续
	万达"稳赚一号"	2015.6	万达广场	5	12%	不超过7年

注：个人整理

REITs促使房企由重资产向轻资产转移

传统的地产属于重资产开发模式，开发和销售（或运营）模式。这模式使得开发企业资金来源主要靠银行贷款，开发过程中对予占用，客户的预收款（销售）或长期贷款全部回收，特别是商业地产开发往往比长期锁定资金形式实现收益，或周期比较长，开发商最是典型的重资产运营模式。

而用REITs将带来房企经营模式上的巨大改变，开发商可以将商业项目运营成熟后，通过出售、分散打包设立REITs在公开市场出售，引入投资人，资产管理人即基金托管人，从而实现资产的快速回流。当然，当前企也可将所有分离REITs份额，从而同时享受分红和物业升值等收益。这转促使房企由重资产进行转型，经轻资产模式。

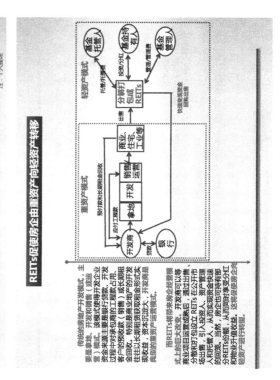

3.中国准REITs项目一览表

类别	名称	发行时间	基础资产	规模(亿元)	收益率	期限(年)	类型
国内发行 公募	鹏华前海万科	2015.9	前海商业地info	30	7.5%	10	封闭式混合型
	中信启航专项资产管理计划	2014.5	北京中信大厦、深圳中信大厦	52.1(36.5优先+15.6次)	优先级7-9%	3-5	私募权益型
	中信苏宁云创	2014.12	11家苏宁店	43.95(20.85优先+23.1次)	优先8-8.5%次级8-9.5%	A类18 B类3	私募权益型
	海印股份专项资产管理计划	2014.8	15家物业	14(14优先+1次级)	优先级7-9%次级8-9%	5年	私募抵押型
	欢乐谷主题公园入园凭证资产支持专项计划	2012.12	欢乐谷主题公园入园凭证	18.5(17.5优先+1次级)	—	5	私募权益型
	招商创融-天虹商场	2015.12.11	天虹商场门店商铺物业	14.5(9.425优先+5.075次级)	优先5.24%次级4.35%	5	私募权益型
	恒泰浩睿海航计划	2015.12.2	上海浦东大厦办公楼	25(15.31优先+9.69次级)	优先5.3%次级6.9%	A类18 B类3	私募权益型

从REITs涉及资产角度而言，可以看作债权、股权或者有的混合型REITs 或股权类REITs，实际上，标的资产分为两部份私募基金基金股权，其中股权占有较大的比例。

4.我国商业地产的发展与转型

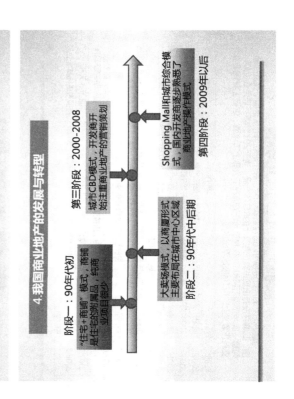

阶段一：90年代初　"住宅+商铺"模式，商铺是住宅的附属品，纯商业项目很少

阶段二：90年代中后期　大卖场模式，以商贸形式，主要分布在城市中心区域

第三阶段：2000-2008　城市CBD模式，开发商开始注重商业地产的营销策划

第四阶段：2009年以后　Shopping Mall和城市综合体模式，国内开发商逐步熟悉了商业地产专业化模式

凯德华润比较

背景	凯德（外企）	华润（央企）	差异（运作模式差异）
资本	良，融资成本低	强，实力雄厚	华润渠道多，且成本在国内地产企业中较低，但凯德基金融资的结构更优
土地	弱，城市或新区核心区域	中性，满足开发需要	华润大体量城市综合体项目更有较强的拿地能力
商业模式	地产开发+基金运作	集团孵化+租售并举+增值服务	凯德商业模式更具有市场竞争力
产品表现	强，中档时尚MALL	强，中高档时尚MALL	
开发能力	强，全国布局	强，行业竞争优势	开发能力相当
商业能力	强，储备来稳定回报率	中性，需要整合外部资源	凯德商业能力更强

借鉴性总结：
1. 注重项目地段，通过后期专业化运营管理能力，提高项目回报率；
2. 通过参股、合资开发等多种方式开发商业，降低项目风险；
3. 基金融资；
4. 通过REITs实现出售部分资产回笼资金。

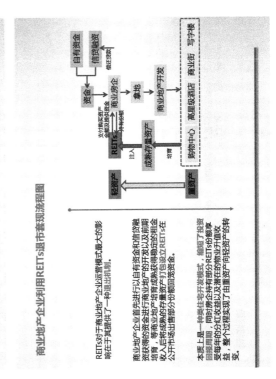

商业地产企业利用REITs退市基观流程图

REITs对于商业地产企业运营模式的影响在于其提供了一种退出机制。

商业地产企业先进行以自有资金和借贷融资获得的资金进行商业地产的开发以及前期培育，等商业地产培育成熟获得稳定的租金收入后将成熟的存量资产打包设立REITs在公开市场出售部分的分拆回笼资金。

本质上是一种类住宅开发模式，同时房企将持有部分资产REITs的物业享受每年的分红收益以及潜在的物业升值收益，整个过程实现了由重资产向经资产的转变。

凯德万达比较

背景	凯德（外企）	万达（民企）	差异（运作模式差异）
资本	良，融资成本低、分散风险	中，现金流平衡，风险集中	凯德最终通过REITs得到高回报率，万达通过销售部分物业快速平衡现金流，且先售后租率高
土地	弱，城市或新区核心区域	强，城市新区商业中心，地价优势	凯德看重商业地段，所以其地价并不低，而万达多为新区，有地价的优势
商业模式	地产开发+基金运作	现金流滚资产+开发+博业经营	凯德模式更具有优势，且项目平均物业租金较万达方达高
产品表现	强，中档时尚MALL	强，中档时尚MALL	方达更具有品牌规模效应
开发能力	强，全国布局	强，全国布局	开发能力相当
商业能力	强，储备来稳定回报率	中低，均租金2元/(m²·天)	凯德有丰富的开发、设计、招商、运营管理等经验，商业能力较万达强

"现金流滚资产"的模式先期以少量资金启动，中期多以预售物业或销售物业形成现象及收回一部分资金，后期以物业升值与租金回收作为持续利润来源，最终是追求实现自持物业持的后续利润最大化。

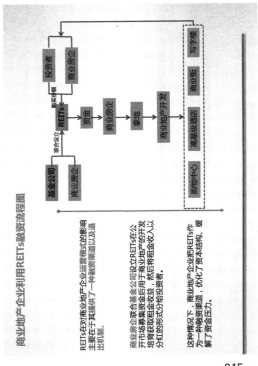

商业地产企业利用REITs融资流程图

REITs名对于商业地产企业运营模式的影响主要在于其提供了一种融资渠道以及退出机制。

商业房企联合基金公司设立REITs在公开市场募集资金后用于商业地产的开发培育获取租金收益，然后将租金收入以分红的形式分给投资者。

这种情况下，商业地产企业把REITs作为一种融资渠道，优化了资本结构，缓解了资金压力。

6.我国REITs发展遇到的障碍—税收

税收层面

根据我国税收法规的规定，证券投资基金管理人运用基金买卖股票、债券的差价收入，继续免征营业税和企业所得税。该规定适用于证券投资基金，并未明确适用于REITs，而且我国政府对于基金与证券方面的税收一直以来都是以来明的文件出现的，所以基金方面的税收政策具有不确定性。

就实质程度，"实质所得者征税"和"净所得征税"的制度上，REITs的运作中涉及多道交易环节，而越多征的交易环节就将面临着多的税收负担。在这个问题上，REITs虽然有其自身可能减少了基金的所得税，但是，REITs的多个拥有物业所产生的投资环节将会涉及企业的所得税，因物业交易过程中，房地产税的缴纳也将不可避免。

如果不能从税收多方面来避免多重征税，则需要经过多重资产转让又多个环节实现投资收益的REITs产品，将很难获得广泛应用。

国家(地区)	中国			美国		中国香港		新加坡	
	印花税	契税	土地增值税	公司所得税	转让税	利得税	印花税	所得税	印花税
REITs层面（交易个环节） 税种	印花税	契税	土地增值税	公司所得税	转让税	利得税	印花税	所得税	印花税
计税基础	交易价格	交易价格	利润	交易价格	交易价格	出售利得	交易价格	出售利润	交易价格
税率	0.01%	3%~5%	30%~60%	25%	0.5%~1%	16.5%	累进税率	18%	3%
优惠	待定	待定	待定	证券市场收入企业所得免征	无	免税	无	资本利得免税	免税
项目公司层面（持有环节） 税种	房产税	营业税		所得税	物业税	利得税		所得税	房产税
计税基础	房产余值/租金	租金		利润部分	物业价值	利润		利润	租金
税率	1.2%/12%	5%		累进税率15%~35%	1%~3%	16.5%		18%	10%
优惠	待定	待定		租金收入用于分红部分免征	无	REITs免征物业税；SPV 真实融资看待产生或源自境内投资所得（源于增值额外，源税地收入5.5%税率缴纳地得税，分红部分免税；注：SPV工具适形收入免税）		分红部分免税（出售物业给产生境外投资者收益；源于境外物业实质物业以另方税率18%）	无

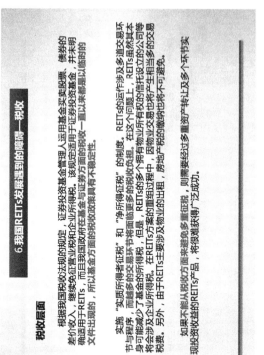

5.我国REITs发展遇到的障碍

- 障碍
  - 税收政策不稳定，税收优惠政策缺失
  - 法律体系不健全
  - 国内优质基础资产匮乏，房地产市场差的过高
  - 缺乏高效、透明、免费的产品流通性
  - 产权问题
  - 监管问题

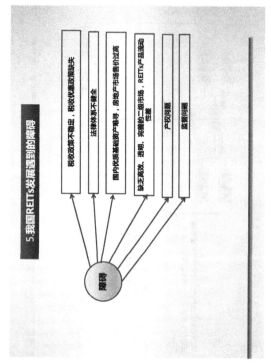

6.我国REITs发展遇到的障碍—税收

- **设立与结束回购**
  - 土地增值税：
    - 契税
    - 印花税：各种合同、产权转移等
  - 企业所得税：
    - 委托人将信托财产转移给受托人发行REITs凭证时；受托人在信托结束时将信托财产返还给委托人
  - 营业税：回购时
- **存续期间**
  - 土地增值税：受托人为信托目的与第三人订立房屋买卖合同时为出卖人
  - 营业税：信托财产转移给受托人时，受托人为信托目的进行的与委托人之外的第三人的房地产买卖活动
  - 房产税

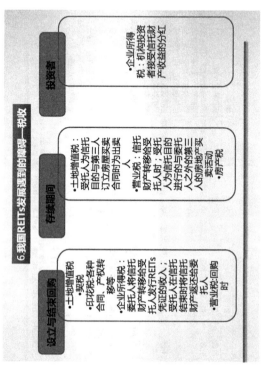

- **投资者**
  - 企业所得税：机构投资者按投资信托财产收益的分红

7.我国REITs发展遇到的障碍——法律

(1)国内优质基础资产难寻，房地产市场售价过高

由于REITs主要着眼于成熟物业资产的投资和管理，收益来源以成熟物业的租金收入与物业资产的增值为主。因此REITs产品的基础资产一般打包着以能产生相对稳定的租金收入或现金流入的物业，而我国目前的前业物业物以及不无规模性的租金收入或现金流入的物业，类似办公楼等这类具有相对稳定的租金收入或现金流入的物业。收益较好的阶段，可以作为REITs基础资产的成熟、优质物业数量少，规模小，形式单一，这也在一定程度上限制了REITs基础资产的选择范围。

(2)缺乏高效、透明、完善的二级市场，REITs产品流动性差

成熟的REITs产品依赖于有较强流动性的二级市场，投资者可以随时根据自身需求进行交易，而我国尚未构建完善的REITs二级市场。截至目前，我国又有两单REITs产品在深交所挂牌转让。由交易数据来看表现出不活跃，二级市场发展不平衡，二级市场流动性弱导致问题，要建立高效、透明、完善的二级市场还需要未来一段较长的时间。

7.我国REITs发展遇到的障碍——法律

障碍

➤ **物业业权。** 国内很多房地产项目在竣工后很长时间，都未获发房地产权证，未能满足REITs对房地产项目必须有完整业权的要求，这就使得这类房地产无法通过REITs融资。因此，物业业权的获得将成为通过REITs融资的前提条件。

➤ **专业管理。** 由于纳入REITs的物业的物业须非实业100%拥有，项目具备的专业管理和资产管理方面的专业支持，才能把握存在价值体现出来。国内的房产项目普遍存在缺乏专业管理等问题，例如物业管理、设施管理、租户组合管理、租金管理等。国内现现有能提供相关行业组合长期回报率等等投资运营状况分析的专业资产管理公司较少。

➤ **基金价格。** 房地产项目要通过REITs上市融资，必须先由当地证监会认可的房地产评估机构对房地产的市场价值、房地的市场价格进行评估；也须说明的房地产市场价格评估相对真实可靠、但实国际资本对的限制，以REITs的基金单位价格及时体现资产价值。

➤ **会计准则。** 证监会对上市公司信息透明度有较高要求，特别是财务及税务方面的房地要求合国际会计准则，并需全面披露，让投资者对这方面开发商的规模及能力有所了解，而国内房地产市场在这方面存在缺陷，有待进一步提高企业的信息透明度。

7.我国REITs发展遇到的障碍——法律

REITs的法律架构

投资基金是一种建立在法律基础上的以合同为基本保障的投资集合，我国法律对于投资集合的地位与性质，并未加以明确，不能为REITs提供明确的法律保障。

REITs的法律主体地位：

中国的投资基金不是一个以法人主体，信托人与基金的关系是一种合同关系，房屋所有权关系是一种物权关系，有待于民法的物权优先于债权的理论来解决

信托基金的建立：

承托人享有以同等条件优先收购权利；需要获得所有承租人的同意放弃优先受让权后才能加以实施

REITs的设立目的与现有法规对外的额外的要求有所冲突；集合信托排除中小投资者进行了REITs的本质；集合信托采用万份以上公募买卖；信息披露制度不健全

REITs缺乏高效、透明、完善的二级市场；REITs上市涉及多个政府部门

7.我国REITs发展遇到的障碍——法律

(3)产权问题

国内不少房地产项目的产权关系复杂，过户问题也有可能会成为通过REITs融资的一大障碍，如以离岸持模式就麻烦，国内物业如何过户到境外的SPV？如果可以确定信托产品的权属，则其市场流动与境内也是问题。由于我国信托没有有会员体的登记制度，所以确定信托信托产品权属尚有一定难度。

(4)监管问题

按照我国金融业分业监管的原则，信托公司由银监会而证监会监管。在这种情况下，作为信托基金的REITs只能在较有问同行业监管流通，导致其募资资金有限，且个人投资者和相当多数的中小投资者不能参与，进以体现REITs的规模和流通性。

(5)其他问题

还有物业业权、专业管理、基金价格、会计准则等多方面问题需要解决。

8. 我国REITs发展的政策建议

（3）选择成熟的商业地产和廉租房进行试点

由于有稳定的现金流、优秀的物业管理等因素可以实现收益和分散风险的，成熟的商业地产、成熟的商业投资类会成为REITs的优先发展对象。此外，廉租房等政府公共资产也都可以通过REITs实现证券化，这不仅能在一定程度上解决保障性住房资金难题，还为其他公共资产所带来的REITs化提供了参考经验。

（4）降低投资、交易门槛，推进REITs市场各层级均衡发展

任何一项资产证券化产品都是以流动性来实现收益和分散风险的，REITs也不例外。为了改善REITs市场流动性不足，排除中小投资者的现状，政策制定方也应尽快出台新规降低相关的政策限制，为实现REITs产品的大众化推广创造条件。交易门槛，建议在规范参与者行为、保护投资者的前提下，加快推进投资产证券化及市场体系改革，实现二级市场与一级市场的均衡发展，提高产品的流动性，从而带动REITs及REITs交易市场的发展。

（5）以债权型REITs发展为先

以债权型REITs发展为先，逐步推行权益型REITs，由于我国征制度尚不健全，先行发展债权型REITs相对成熟和简单。一方面，债权型REITs属于固定收益类产品，并不构成征收对象，从而避免了双重征税的问题；另一方面，债权型REITs不涉及项目所有权以及相应税种的全面变更，可再推行权益型REITs。操作简单、在立法、税收等制度完善之后，可再推行权益型REITs。

8. 我国REITs发展的政策建议

（1）免除SPV税负，改变"双重征税"格局

为降低REITs税负成本，提高投资回报率，推动企业开展REITs业务的积极性，同时吸引更多的投资者，本文认为我国应尽快免除SPV税负。改变我国REITs发展所面临的"双重征税"等不合理格局，减轻投资REITs涉及多次交易所与程序所带来的税收负担。为此，相关部门必要尽快完善现有税收政策，弥补相关REITs发展的税制短板。

（2）尽快出台REITs交易规则与上市细则，完善配套法律法规

虽然我国资产证券化的业务种类逐渐丰富，与之配套的法律法系源亦不断完善，各参与主体也都积累了一定的国际经验，但我国资产证券化的法律体系仍由于暂时性的缺的减少繁成。法律是体运行稳定性都有待提高，而专门针对REITs的监管法规更显缺乏的则，各专门法规的法律体系、REITs的规范化发展亟待完善之指引。因此，尽快制定专门的REITs适用的法律、完善与之相匹配的法律制度设计迫在务务之急。

8. 我国REITs发展的政策建议

（6）采取跨部门监管的机制

REITs作为信托产品上市，涉及大量的部门之间的职责划分和协调问题，因此要明确监管职责，建立统一的监管标准，分层次进行监管，改善多头监管所带来的权责不清、效率低下的问题，促进新业务精准规范化。标准化的方向快速发展。

（7）加强宣传引导力度，调动地方政府推动REITs业务的积极性

由于REITs在我国尚属具有较强创新意义和专业性的金融业务，因此推动其发展需要相关部门加强宣传引导力度，加大地方政府的支持，争取各部门的积极配合，调动同一切可以利用的资源推动工作的顺利开展。为应活企业投资务开展，拓宽企业融资渠道，各地区推动企业融资资源发展的部门应着手协调促进出REITs资产，重点发挥各地国有资管理的方面的作用，从大型国有金融企业入手，挑选优质基础资产、积极争取形成功动案例，再以点带面进行推广；财税部门也应加快极研究制约REITs业务的便等支持政策，为REITs业务的顺利开展提供相关便利。